Meine Stressbalance

• *Dr. med. Sabine Schonert-Hirz* ist seit 20 Jahren eine gefragte Stressmanagement- und Gesundheitsexpertin. Bekannt wurde sie als Moderatorin und Autorin für verschiedene Gesundheitssendungen im WDR- und NDR-Fernsehen. Heute schreibt sie regelmäßig für Hörfunk und Presse (z. B. als Kolumnistin in *Prisma*) und hält als »Dr. Stress« im Jahr zahlreiche Vorträge und Seminare.

Sabine Schonert-Hirz

Meine Stressbalance

Rezepte für Vielbeschäftigte von Dr. Stress

Campus Verlag
Frankfurt / New York

Bibliografische Information der Deutschen Bibliothek.
Die Deutsche Bibliothek verzeichnet diese Publikation in der Deutschen Nationalbibliografie. Detaillierte bibliografische Daten sind im Internet über http://dnb.ddb.de abrufbar.
ISBN-13: 978-3-593-37798-8
ISBN-10: 3-593-37798-5

Umschlaggestaltung: grimm.design, Düsseldorf
Umschlagmotiv: Norbert Guthier
Druck und Bindung: Freiburger Graphische Betriebe, Freiburg i. Br.
Gedruckt auf säurefreiem und chlorfrei gebleichtem Papier.
Printed in Germany

Besuchen Sie uns im Internet: www.campus.de

Inhalt

Anhang

Vorwort

Ohne Stress kein Leben! Ohne seine Kraft hätte die Evolution nicht stattgefunden. Denn nach neuen Erkenntnissen ist Stress nichts anderes als eine Software, die vom Anbeginn des Lebens dazu da ist, Probleme zu lösen. Sie sorgt dafür, dass jedes Wesen, vom Einzeller bis zum Menschen, in Balance bleibt und überleben kann. Stress ist also weder gut noch schlecht. Er ist unser wichtigster Helfer. »Den Stress bekämpfen«, »Stress in den Griff bekommen« oder »Stress abbauen« – diese oder ähnliche Ausdrücke werden Sie daher in diesem Buch nicht finden. Im Gegenteil: Wir setzen auf Kooperation. Machen Sie sich zum Verbündeten des Stresses, nicht zu seinem Feind!

Unsere Stresssoftware kommt in allen Lebensbereichen zum Einsatz: Wenn wir Hunger haben, wenn sich ein Stapel Unterlagen zur Erledigung auf dem Tisch türmt oder die Kinder zum Sport gebracht werden wollen. Sie erfasst die Aufgabe, nimmt das Ziel ins Visier und stellt alles bereit, was wir für seine Erreichung brauchen. Dann sind wir für einen Augenblick in Balance.

Die Evolution liebt ihre Stresssoftware. Sie hat sie über Jahrmillionen gehätschelt und verfeinert. Ohne Stress kein Lernen, keine Weiterentwicklung und kein Glück!

Meinen Sie, die Evolution hätte sich so viel Mühe mit dem Stress gegeben, nur damit Sie jeden Abend halbtot nach Hause kommen? Bestimmt nicht. Wenn man heute unter Stress leidet, läuft irgendetwas schief. Die Stresssoftware meldet Störungen – die Stresssymptome. Haben wir einfach zu viel zu tun? Sind uns unsere Ziele überhaupt klar? Funktioniert die Software nicht richtig, oder streikt der Körper, in dem sich das Ganze abspielt? Alles ist möglich. Wir werden es in diesem Buch gemeinsam herausfinden.

Denn unser Leben verändert sich immer schneller. Es tauchen immer neue Probleme auf; Arbeit, Partnerschaft und Familie verändern sich. Wir sind überall gefordert. Und das wird in Zukunft sogar noch mehr werden. Wenn Sie da mitmachen wollen, sind Sie hier genau richtig! Die Kunst der Stressbalance besteht darin, in jedem einzelnen Bereich des Lebensportfolios eine Balance zwischen Anspannung und Entspannung, zwischen Aufgabe und Ergebnis, zwischen Unzufriedenheit und Erfüllung zu finden. Das hat nicht unbedingt immer etwas mit der Menge der Zeit zu tun, die uns jeweils zur Verfügung steht, sondern mit Konzentration auf Wesentliches und Machbares und das, was man eigentlich schon alles hat. Die Grundlage für unsere Balance ist allerdings, dass wir die biologischen Gebote unseres Körpers befolgen. Dann arbeitet die Stresssoftware ganz hervorragend, hilft uns dabei, das zu bekommen, was wir wollen und brauchen.

Grund genug also, sich gründlich mit ihr zu befassen. Wir können lernen, sie richtig zu programmieren und den Stressmechanismus als treibende Kraft zu begrüßen. Er selbst hilft uns, alles zu tun, damit stressbedingte Zerstörungen der seelischen und körperlichen Gesundheit gar nicht erst um sich greifen können. Stressbalance ist unser Ziel und »gestresst sein« heißt in diesem Sinne: »Ich bin schon dorthin unterwegs!«

1.

Die Kunst der Stressbalance

Über Stress wird viel geredet. Manche finden ihn gut und genießen die Aktivität und den Antrieb, die mit ihm verbunden sind. Einige leiden im Stress unter Zeitdruck, Reizbarkeit und Kopfschmerzen. Andere wiederum behaupten: »Stress? Kenne ich nicht!« Unter Stress zu stehen hat gerade im Geschäftsleben ein sehr schlechtes Image. Dabei ist Stress die Grundlage unseres Lebens!

Der Begriff Stress wird für vier verschiedene Phänomene benutzt

Stress = *Stressprozess.* Die Stresssoftware arbeitet im Gehirn. Sie registriert Reize (Probleme bedeuten Gefahren für das System) und berechnet die notwendigen Schritte. Diese werden als Anweisung formuliert und dann über Nervensignale oder Botenstoffe an die verschiedenen Organe des Körpers weitergegeben.

Stress = *Stressor* (Auslöser, Soll-Ist-Unterschied, Reiz, Problem oder Stimulus), der die Stresssoftware startet. Jeder Stressor zeigt eine Gefahr für die Balance des Systems an: Etwas ist da, was nicht da sein sollte (zum Beispiel ein Tiger, Infektionserreger, schlechtes Wetter) oder etwas fehlt, das da sein sollte (zum Beispiel Nahrung, Schutz, Partner).

Stress = *Stressreaktion, unter Stress stehen, gestresst* (beansprucht, aktiviert) *sein.* Das subjektive Gefühl, unter Stress zu stehen, wenn man eine Aktivierung bemerkt (zum Beispiel erhöhte Aufmerksamkeit, Konzentration und Wachsamkeit, muskuläre Anspannung, trockener

Mund, Herzklopfen, bestimmte Gefühle und Gedanken). Die Veränderungen, die erkennen lassen, dass eine Stressreaktion im Gange ist, nennt man auch Stresssymptome. Es gibt Stresssymptome, die uns gefallen, wie zum Beispiel erhöhte Konzentration, Kreativität und Vorfreude, und andere, die wir nicht sehr schätzen, wie Nervosität, Unruhe oder Anspannung.

Stress = *unerwünschtes Ergebnis einer Stressreaktion* (zum Beispiel Erschöpfung, Herzinfarkt) *und Stresssymptome* (zum Beispiel Schlafstörungen, Rückenschmerzen). Die erwünschten Ergebnisse (zum Beispiel Erfolg) werden leider selten mit Stress in Verbindung gebracht. Jedes Ergebnis eines Stressprozesses ist auch wieder ein Reiz, der die nächste Reaktion auslösen kann.

Ich definiere Stress folgendermaßen:

Stress ist wie eine Software, die allen Lebewesen hilft, ihre Balance zu halten. Nur durch Stress können sie auf Veränderungen reagieren und unter den abenteuerlichsten Bedingungen am Leben bleiben.

Stressbalance halten heißt Probleme lösen

Ein Beispiel für den Einsatz der Stresssoftware: Es ist draußen kühl geworden, einem Warmblüter wie uns wird langsam kalt. Der Soll-Wert für unsere Körpertemperatur von 36,5 Grad Celsius sinkt langsam auf einen Ist-Wert von 35,5 Grad ab. Der entstandene Temperaturunterschied ist so groß, dass er unsere Balance empfindlich stört. Dieser Unterschied zwischen Soll und Ist heißt »Problem« oder »Reiz«.

Jetzt schlägt die Stunde der Stresssoftware! Sie registriert das Problem und beginnt sofort zu arbeiten. Wie groß ist der Unterschied zwischen Soll und Ist? Was muss geschehen, um ihn auszugleichen? Der Mensch ist jetzt gefordert, »gestresst«, denn er möchte den Unterschied ausgleichen und seine Balance wiederherstellen.

Das Problem könnte zum Beispiel durch Zittern behoben werden, um so viel Wärme herzustellen, bis der Temperaturunterschied ausgeglichen und die Balance wiederhergestellt ist. Ebenso könnte man eine Jacke anziehen oder einen heißen Kaffee trinken – je nachdem, wozu man gerade Lust hat und was unter den gegebenen Umständen möglich ist. Die Stressreaktion hilft, eine passende Problemlösung zu finden. Dann sind Soll- und Ist-Wert wieder ausgeglichen, System und Stressreaktion wieder in Balance.

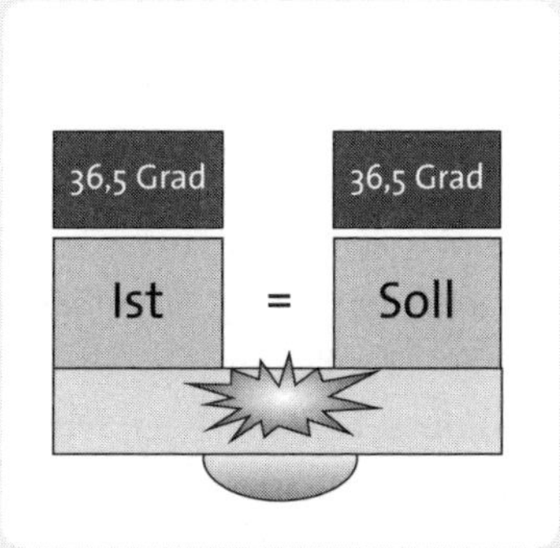

Ist- und Soll-Wert sind ausgeglichen: kein Problem.

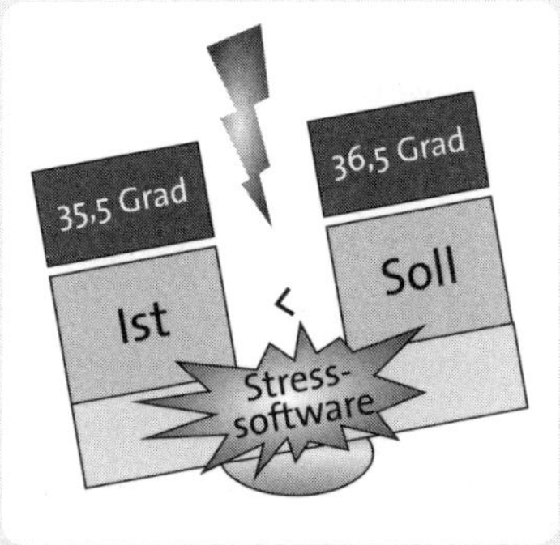

Ist- und Soll-Wert stimmen nicht überein: Ein Problem ist aufgetreten.

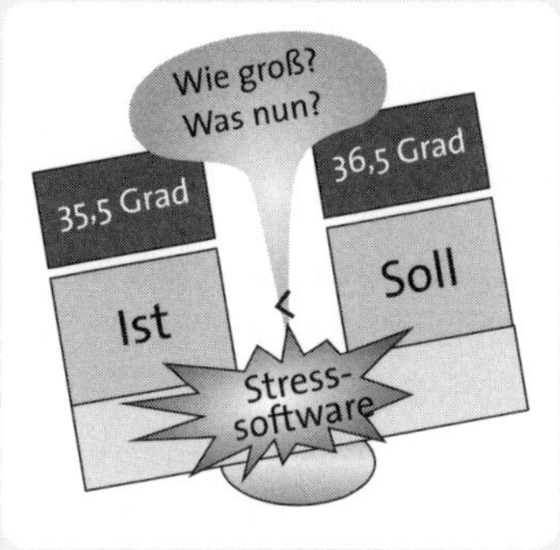

Die Stresssoftware arbeitet und sucht eine Lösung.

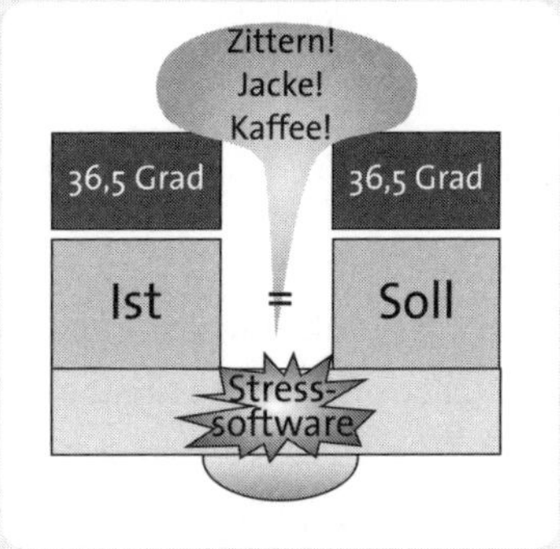

Die Stresssoftware veranlasst das System, die Lösung umzusetzen.

Stressbalance durch Informationen

Unsere Stresssoftware schafft es, für Ist-Soll-Unterschiede aus unterschiedlichen Bereichen Lösungen zu finden. Dafür benötigt sie verschiedene Informationen, die sie aus folgenden Quellen bezieht:

- Ist-Zustände im Inneren eines Organismus, die sein Nervensystem kontinuierlich registriert,
- Ist-Zustände in der Außenwelt, die die Sinnesorgane aufnehmen und
- Soll-Zustände des Lebewesens, die in seinem Erbgut niedergelegt sind.

Aus diesen Daten errechnet sie für jedes Problem die richtige Lösung und setzt sie zielstrebig um. Das Ergebnis merkt sie sich. So bildet sich eine weitere Informationsquelle: ein wachsender Erfahrungsschatz des Lebewesens, der für jede folgende Berechnung herangezogen wird.

Je höher die Lebewesen sich entwickelt haben, desto mehr Informationen kann und muss auch die Stresssoftware verarbeiten. Diese umfassende Informationsverarbeitung führt immer wieder zu neuen, sehr flexiblen Lösungen, die uns alle zu Überlebenskünstlern machen. Die individuellen Erfahrungen sind deshalb bei der Suche nach Lösungen für unsere heutigen Probleme ein wichtiger Wegweiser.

Stressbalance beginnt im Körper

Die Stresssoftware ist Teil unseres Körpers. Sie dient seinem Überleben und ist als Funktion des Gehirns gleichzeitig von ihm abhängig. Je gründlicher unsere Stressreaktion ihre Hausaufgaben macht, je besser die Soll-Werte des Körpers erfüllt sind, desto stabiler ist seine Balance. Und das ist die beste Voraussetzung dafür, dass wir unsere Probleme lösen können. Um die Stressbalance zu verbessern, müssen wir deshalb beim Körper anfangen! Aus diesem Grund werden wir uns auch als erstes mit ihm beschäftigen.

Stressbalance bei allen Überlebensaufgaben

In einfachen Organismen hat die Stresssoftware nicht besonders viel zu tun. Bei einem Einzeller kann sie dafür sorgen, dass er seine Zellmembran nach außen öffnet oder verschließt, je nachdem, was gerade sinnvoll ist. Darüber hinaus kann sie nur warten, bis er von der nächsten Welle aus der Gefahrenzone hinaus getragen wird und zufällig dort ankommt, wo sich wichtige Nährstoffe für ihn befinden. Die auftretenden Probleme werden also innerhalb seiner eigenen Grenzen gelöst. Je weiter sich die Lebewesen entwickelt haben, umso mehr haben sie gelernt, selbst in ihrer Umgebung aktiv zu werden. Ein Fisch kann schon aktiv wegschwimmen, ein Mensch baut sich mit anderen zusammen ein Boot.

Die Stresssoftware hat also im Laufe der Evolution immer mehr Aufgaben dazu bekommen. Sie reguliert heute alles innerhalb des Körpers, was nötig ist, um die Organfunktionen aufeinander abzustimmen. Auch der Austausch mit der Umgebung erfolgt in vielen Bereichen automatisch. In der dünnen Luft auf den Bergen atmen wir zum Beispiel automatisch schneller, um mehr Sauerstoff zu bekommen. Wir sind auf unendlich vielfältige Weise aktiv, um uns in der Umwelt alles das zu beschaffen, was die Stresssoftware uns zur Sicherung unseres Überlebens befiehlt.

Die ursprünglichen Überlebensaufgaben der frühen Menschen lassen sich in fünf Aufgabenfelder einteilen: kämpfen und fliehen, jagen und sammeln, Fortpflanzung, Brutpflege und vorausschauendes Denken, wenn gerade nichts zu tun ist. In jedem dieser Bereiche des Lebensportfolios ergeben sich Ist-Werte, die sich von den Soll-Werten unterscheiden. Sie aktivieren die Stresssoftware und rufen nach einer Lösung.

Bei diesen ursprünglichen Überlebensaufgaben ist ziemlich genau festgelegt, bei welchem Ist-Wert die Stresssoftware anspringt und auf welchen Soll-Wert sie den Menschen hinsteuert. Bei Gefahr treibt die Stresssoftware an, Schutz zu suchen, zu kämpfen oder zu fliehen. Bei Hunger und Durst durchstreift der Urmensch wachsam die Gegend und sucht etwas Passendes. Regelmäßig pflanzt er sich fort, um möglichst viele Nachkommen zu haben, und sorgt für ein gemütliches Nest. Wir sind diesen Vorgaben jedoch nicht wehrlos ausgeliefert. Unser Großhirn stellt der Stresssoftware heute viele Anregungen zur Verfügung, mit denen sie diese Aufgaben so lösen kann, wie wir uns das vorstellen.

In der populärwissenschaftlichen Literatur wird Stress immer nur im Zusammenhang mit Kampf und Flucht beschrieben: Stets wird der arme Säbelzahntiger als Stressor bemüht. Unsere Stresssoftware kann jedoch in allen Lebenslagen zum Einsatz kommen. Schon Hans Selye, der Altvater der Stressforschung, schrieb: »Stress ist unser ständiger Begleiter, solange wir leben. Er sitzt mit uns am Tisch, er geht mit uns schlafen, er ist dabei, wenn leidenschaftliche Küsse getauscht werden.« Unter Stress zu stehen kann also auch gehörig Spaß machen!

Stressbalance heute

Auch wenn unser Leben heute so viel anders aussieht als das der Urmenschen, im Prinzip sind die Überlebensaufgaben die gleichen geblieben, und auch das Ziel ist immer noch dasselbe: Wir sollen unser Erbgut weitergeben. Auch wenn wir uns dagegen entscheiden – in unserer Stresssoftware läuft alles nach diesen uralten Gesetzen ab.

Unser Lebensportfolio besteht heute aus folgenden Bereichen:

- Gesundheit
- Arbeit
- Partnerschaft
- Familie und Sozialleben
- Muße, Persönlichkeit und Weiterentwicklung

In jedem Portfoliobereich möchte unsere Stresssoftware die Balance herstellen. Im Bereich Gesundheit ist eigentlich alles recht übersichtlich, Ist- und Soll-Werte sind bestens bekannt. Wenn wir nicht dauernd dazwischenfunken würden, könnte die Stressreaktion hier ihre Arbeit sehr gut erledigen.

Wie Sie in allen Portfoliobereichen die Stressbalance halten, erfahren Sie in Teil III dieses Buches ab Seite 119.

Stressbalance bedeutet, dass wir einen angemessenen Wechsel zwischen Anstrengung und Erholung, zwischen Aktivität und Ruhe, zwischen unangenehmen und angenehmen Gefühlen erleben. Das genau ist auch das Ziel dieses Buches. Wer schon lange unter der fehlenden Balance leidet, sehnt sich vor allem nach Ruhe, Freizeit und Erholung. Das ist verständlich und richtig, aber keine Dauerlösung. Mit der Stressbalance verhält es sich wie mit der Kunst: ist schön, macht aber viel Arbeit. Das Leben in Stressbalance ist nichts für Faulpelze!

Was Ihnen dieses Buch bietet

Vermutlich lesen Sie dieses Buch, weil Sie bei sich eine gewisse Schieflage der Stressbalance festgestellt haben: Sie haben zu viel um die Ohren und fühlen sich »gestresst«. Je mehr Aufgaben unsere Stresssoftware bekommt, desto wichtiger ist es, alles dafür zu tun, dass sie gut arbeiten kann. Und das geht am besten, wenn Sie diese fantastische Software gründlich kennen. Alles, was für Ihre Zusammenarbeit mit der Stresssoftware an Informationen wichtig ist, finden Sie daher im ersten Teil dieses Buches.

Im zweiten Teil beginnt die Praxis. Sie bekommen einen Überblick über die wichtigsten Symptome für fehlende Stressbalance und erfahren, wie Sie Ihre Stresssoftware unterstützen können. Es gibt einige Grundregeln, mit denen man viel Gutes für den Körper tun kann. Da die Stresssoftware so sehr auf ihn angewiesen ist, kann man hier mit einfachen Mitteln schon viel für die Balance erreichen. Für den Notfall gebe ich Ihnen hier einige kleine Tricks an die Hand, die Sie kurzfristig über die Runden bringen. Langfristige Stressbalance erreicht man jedoch nur, wenn man sich gewissenhaft und ausführlich mit ungelösten Problemen beschäftigt. Dafür habe ich ein System aus sieben Frageblöcken (Werkzeugen) entwickelt, mit dessen Hilfe Sie belastende Dinge verändern können. Es beruht auf den Erkenntnissen der systemisch-lösungsorientierten Psychologie und nutzt alles, was die moderne Neurobiologie über Veränderungsprozesse im Gehirn herausgefunden hat.

Teil III erklärt Ihnen, wie Sie in allen vier Bereichen Ihres Lebensportfolios Stressbalance finden. Sie können hier jeden der Bereiche einzeln durchgehen. Nach den Sachinformationen gibt es in jedem Portfoliobereich Anregungen, Checklisten und Übersichten, mit denen Sie sich auf die Suche nach Ihren persönlichen Ressourcen machen.

Behalten Sie die Übersicht

Wenn Sie Erkenntnisse oder Ergebnisse aus Übungen festhalten möchten, empfehle ich Ihnen die Anschaffung einer großen dicken Kladde. Reservieren Sie einige Seiten für Notizen, und teilen Sie die übrigen Blätter in fünf Kapitel ein, die Sie mit farbigen selbstklebenden Reitern markieren können. (Ich selbst benutze die Farbe Grün für Gesundheit, Gelb für Arbeit, Rot natürlich für Partnerschaft, Pink für Familie und Sozialleben und Blau für Muße, Persönlichkeit und Weiterentwicklung.)

Im Anhang finden Sie eine Reihe an Checklisten. Diese Seiten können Sie sich kopieren und in das entsprechende Kapitel der Kladde einkleben. So bleibt das Ganze einigermaßen übersichtlich und Sie fühlen sich frei beim Aufschreiben Ihrer Ideen.

Teil 1

Stress – eine lebensnotwendige Funktion

2. Wie funktioniert Stress?

Der berühmte Stressforscher Hans Selye formulierte bereits 1946 seine Ideen über das »Allgemeine Adaptionssyndrom« und zeigte uns, dass seine Laborratten auf verschiedene Reize nur eine einzige Antwort kennen: Sie kämpfen bis zum bitteren Ende und verenden schließlich durch Erschöpfung, Magengeschwüre und Herzinfarkt. Diese Reaktion seiner Labortiere nannte Selye »Distress« (griech. dis = schlecht, negativ). Überraschenderweise gelang es jedoch immer wieder einigen Ratten, trotz gleicher Versuchsbedingungen irgendwie zu überleben. Diesen Prozess nannte Selye kurzerhand »Eustress« (griech. eu = gut, positiv), ohne dieses »irgendwie« jedoch genauer zu definieren.

Die Begriffe Eustress und Distress wurden auch auf den Menschen übertragen und halten sich seither hartnäckig in der populärwissenschaftlichen Literatur. Jeder spricht vom »guten« oder »schlechten« Stress, der von außen kommt und uns zu passiven Opfern macht. Das stimmt jedoch glücklicherweise nicht. Wir sind eben keine Laborratten – wir haben Hoffnungen und Gefühle, Erfahrungen und den Glauben an uns selbst. Dadurch können wir vieles in unserem Leben erstaunlich unbeschadet überstehen. Das »irgendwie« wird durch die moderne Stressforschung immer fassbarer, und so eröffnen sich immer mehr Möglichkeiten, die Stresssoftware in unserem Sinne zu nutzen. Heute heißt es: »Es kommt darauf an!« – nämlich auf uns selbst. Auf die Bedeutung, die wir einem Reiz beimessen und auf die Chancen, die wir uns in Anbetracht der aktuellen Situation ausrechnen, etwas Vernünftiges mit ihm anfangen zu können. Die Begriffe Eustress und Distress werden daher heutzutage von Experten nicht mehr benutzt.

Auch ist inzwischen klar geworden, dass das von Selye beschriebene Allgemeine Adaptionssyndrom gar nicht so allgemein ist. Es gibt verschiedene Formen der Stressreaktion. Unsere Stresssoftware hilft uns, sehr flexibel und immer wieder genau passend auf eine Situation zu reagieren, so wie sie es gelernt hat.

Die Arbeit unserer Stresssoftware

Die Stresssoftware reagiert auf Reize und organisiert in zwei Schritten die jeweils passende Antwort. Sie können sie sich als einen Regisseur vorstellen, der in einem High-Tech-Fernsehstudio an einem großen Mischpult sitzt und eine Live-Sendung produziert. Der Ort in unserem Gehirn, an dem dies alles geschieht, ist das limbische System: ein Zusammenschluss verschiedenster Areale zu einer Funktionseinheit, so wie in einem Fernsehstudio Monitore, Abspielgeräte, Mischpulte und Menschen zusammenarbeiten, um eine Sendung herzustellen. Dauernd passiert etwas Unvorhergesehenes, und der Regisseur hat die Aufgabe, Bild, Ton und Akteure so zu koordinieren, dass etwas Zusammenhängendes daraus entsteht. Sobald die Stresssoftware einen Reiz registriert, beginnt ihre Arbeit. Sie stellt alle Schalter auf Power und überprüft zunächst, ob es kein Fehlalarm war. Die Stresssoftware ruft »Ruhe bitte!« und schaut sich alle Monitore an: Ist es wirklich schon ernst? Anschließend wird der Reiz bewertet: Betrifft er uns konkret in diesem Augenblick, und wird der Organismus nicht mehr automatisch mit ihm fertig? Dann ist eine größere Aktion nötig. Doch bevor diese eingeleitet wird, wird erst einmal eine einfache Maßnahme gestartet, um ein wenig Zeit zu gewinnen – etwas, das immer ganz gut passt, bis alle auf ihren Plätzen sind und wissen, was sie zu tun haben. Im Falle der Live-Sendung hieße das: Erst einmal ein wenig Musik spielen.

Im zweiten Schritt prüft die Stresssoftware die Situation genauer. Auch hier greift sie auf die Ist- und Soll-Werte zurück, verbindet diese aber nun mit der entscheidenden Frage: Wie sehen unsere aktuellen Chancen aus, unter den gegebenen Umständen das Ziel zu erreichen?

Es soll eine lebendige Diskussionssendung werden. Der Regisseur schaut auf die Uhr. Noch 28 Minuten Sendezeit. Das Ziel der Stressaktivierung ist also noch nicht erreicht. Jetzt wird der gesamte Wissens- und Kompetenzpool des Individuums angezapft. Alle gespeicherten Ressourcen (Erfahrungen, Fähigkeiten, Mittel) werden auf Brauchbarkeit und Verfügbarkeit hin untersucht. Wer sitzt überhaupt im Studio? Was kann die Moderatorin? Besser noch ein paar interessante Einspielfilme zeigen und viele anrufende Zuschauer durchstellen. Sobald das Ziel erreicht ist, die Sendung vorüber ist, können alle Lampen gelöscht, die Regler heruntergefahren werden und die Akteure den Feierabend genießen. Der Regisseur aber bleibt im Dienst. Er wechselt nur das Studio. Denn das Programm geht gleich weiter.

Startschuss für die Stresssoftware: Ein Reiz

In einem so komplexen Organismus wie dem menschlichen entstehen durch die Lebensprozesse des Körpers permanent unendlich viele Veränderungen. Spezialisierte Detektorzellen und biochemische Signalstoffe informieren das Gehirn kontinuierlich über alles. Auch die äußere Umgebung ist dauernd in Bewegung. Die Sinnesorgane vermitteln dem Gehirn ein Bild davon. Das Gehirn selbst produziert ebenfalls ständig Daten, zum Beispiel in Form von Gedanken und Vorstellungen. Diese ganzen Ist-Werte werden mit den Soll-Werten abgeglichen. In dem Augenblick, in dem der Unterschied so groß ist, dass er die Balance des Systems gefährden kann, wird er zum Reiz (Stimulus, Stressor oder Stressauslöser). Er zeigt eine besondere Situation an: eine Bedrohung. Das ist der Startschuss für unsere Stresssoftware.

Es gibt verschiedene Kategorien von Reizen, die jeweils unterschiedliche Antworten unseres Systems erfordern. Eine Infektion braucht die Reaktion des Immunsystems, Kälte fordert das Schilddrüsensystem heraus, das Angebot an den Kunden stimuliert die geistige Leistungsfähigkeit und ein Haufen schmutziger Wäsche ruft nach entschlossenen Händen. Alle Reaktionen benötigen Energie, unterscheiden sich ansonsten aber stark voneinander.

Reize, die die Stresssoftware starten

Elementare Reize aus dem Körper	• Durst • Temperaturunterschiede • Anstrengung (körperlich) • Lärm • Müdigkeit • Schmerz • Sauerstoffmangel • Krankheitserreger (Viren, Bakterien) • körperliche Erkrankungen • Schadstoffe (Zigaretten, Alkohol, Verunreinigungen in Lebensmitteln, Abgase)
Reize aus dem sozialen Umfeld	• Termindruck • Arbeitslosigkeit • Konflikte (beruflich und privat) • Armut • Gewalt • Diskriminierung • Enttäuschung • seelische Verletzung • Beförderung • Veränderungen in der Familie
Reize aus dem Gehirn: Seelische Reize	• Furcht/Angst • Liebe/Glück • Hoffnung/Erwartung • Hilflosigkeit/Hoffnungslosigkeit • Trauer • Verlust
Reize aus dem Gehirn: Geistige Reize	• schwierige, neue Aufgaben • kreative Herausforderungen • Lernen von neuen Sachinhalten • Anpassung an neue Lebenssituationen und Lebensphasen • Selbsteinschätzung (positiv oder negativ)

Erster Schritt: grobe Orientierung und schnelle Aktivierung

Die Stresssoftware beurteilt den Reiz im ersten Durchgang sehr oberflächlich und schnell. Unbekannt? Gefährlich? Angenehm? Parallel dazu werden drei Reaktionen ausgelöst:

- Alarm (Arousal) versetzt das Gehirn in Reaktionsbereitschaft und bereitet den Körper auf Weiteres vor (Alle Regler auf Power!).
- Stopp (Schreckstarre)! Alle laufenden Aktivitäten werden angehalten (Ruhe bitte im Studio!).
- Einfache Reflexe werden als erste Problemlösung ausgelöst (Musik!).

Das Ergebnis des ersten Schrittes ist eine grobe Weichenstellung. Der erste Lösungsansatz reicht manchmal schon. Dann war die Sendung nur ein kleiner Werbespot: Problem erkannt, Problem gebannt, und alle können wieder nach Hause gehen.

Jeder Mensch hat in seinem Erfahrungsspeicher ein angeborenes Set an fest verankerten Erfahrungen, die ganz stereotype Bewertungen und dazugehörige reflexartige Handlungen auslösen. Entpuppt sich der Reiz als eine bekannte Stimme, ein liebes Gesicht, etwas Warmes, Weiches oder gar Süßes, wenden wir uns ihm interessiert zu. Es wird automatisch die Datei »Annäherungsverhalten« aktiviert. Schließlich möchten wir das Angenehme ja bekommen und genießen. Wir setzen uns freudig in Bewegung. Die meisten Stressforscher bezeichnen diese freud- und lustvolle Aktivität auch als Stressreaktion. Denn wenn man Stress als die Tätigkeit unseres Systems bezeichnet, die eine Lücke zwischen einem Ist- und einem Soll-Zustand schließt, ist dieser Tatbestand erfüllt. Etwas hat gefehlt. Jetzt wo es auftaucht, kommt der Befehl: Nichts wie hin! Denn das Soll heißt: Das muss ich haben! Ist der Reiz etwas Unbekanntes oder Negatives, eine rasche Bewegung, ein Geräusch, ein bestimmter Geruch, ein heller Lichteindruck, ein Temperaturunterschied, eine Berührung auf der Haut oder ein Schmerz, dann wird er unmittelbar mit einem Schutzreflex beantwortet.

Zweiter Schritt: Chancen berechnen und spezifische Stressantwort ausführen

Im zweiten Durchgang wird das bisherige Ergebnis bewertet und das weitere Vorgehen eingeleitet. Wieder laufen mehrere parallele Prozesse gleichzeitig ab:

1. Ist der Reiz schon zufriedenstellend beantwortet worden? Ist das Ziel erreicht? (Sendung beendet oder doch eine hitzige Talk-Show?)
2. Wie sehen unter den gegebenen Umständen die Chancen aus, mit ihm fertig zu werden? (Wen haben wir überhaupt eingeladen? Wie gut ist die Moderatorin?)
3. Die passende Aktionen wird in die Wege geleitet und die Energie dafür bereitgestellt (Anrufer zuschalten, alle Regler auf Power).

Das Ergebnis dieses zweiten Schrittes ist die ausgeführte Anpassungsleistung oder Problemlösung. Da sie meistens etwas länger dauert und unter Umständen auch anstrengend ist, wird hier sehr viel Energie bereitgestellt. Entscheidend für die Gestaltung der Stressantwort und ihrer Intensität ist das Heranziehen aller Ressourcen.

Dieser individuelle Erfahrungsschatz ist das, was den Menschen jeweils so einzigartig macht. Bei aller ererbten Gemeinsamkeit hat doch jeder in seiner Lebensgeschichte anderes erlebt und besitzt damit andere Ressourcen. Jede Erfahrung wird gespeichert und bei Bedarf wieder aktiviert. Die Stresssoftware nutzt diesen Wissensschatz und projiziert ihn in die Zukunft, um die Erfolgschancen ihrer Problemlösungen genau zu berechnen. Deshalb gibt es so viele unterschiedliche Bewertungen und Erwartungen in Stresssituationen. Manche fühlen sich von viel Arbeit und ihrem Ehrgeiz herausgefordert. Sie sind überzeugt, dass sie es schaffen werden. Andere geben dagegen sofort auf. Und wieder andere werden verbissen kämpfen und alles versuchen, bis ihnen ihr Körper die rote Karte zeigt.

Exkurs: Die zwei Schritte der Stressreaktion

Schritt 1: Grobe Orientierung und schnelle Aktivierung Der Alarm (Arousal) aktiviert einen Ausgang aus dem Mischpult im limbischen System, den die Stressforscher »Sympathicus-Nebennieren-Achse« nennen. Im Gehirn stimuliert das Stresshormon Noradrenalin im Hirnstamm den Sympathicus, den aktivierenden Ast des vegetativen Nervensystems, über sehr schnelle Nervenimpulse erreicht er die wichtigsten Organe. Herz, Atmung, Muskulatur und Stoffwechsel befinden sich zwar im Dauerbetrieb, jetzt ist jedoch erhöhte Leistungsbereitschaft gefragt. Auch die weit entfernte Nebenniere muss aktiv werden und das Stresshormon Adrenalin freisetzen. Besonders intensiv wirkt es sich auf den Stoffwechsel aus. Die Energieversorgung ist für die Stressreaktion so wichtig, dass sie »sicherheitshalber« doppelt stimuliert wird: Über das Nervensystem und auf dem Blutwege durch Adrenalin. Alle Körpervorgänge, die jetzt nicht überlebensnotwendig sind, wie zum Beispiel Verdauung oder Fortpflanzung, werden nun gedrosselt.

Schritt 2: Chancen berechnen und spezifische Stressantwort ausführen Um den Energieoutput für die spezielle Stressantwort richtig zu dosieren, muss die Stresssoftware eine Erwartung berechnen. Vielleicht ist der Reiz ja so überwältigend, dass es sich gar nicht lohnt, irgendetwas zu unternehmen, oder er ist so weit entfernt, dass man sich am besten unauffällig und ruhig verhält beziehungsweise sich vorsichtig und langsam zurückzieht. Möglicherweise ist er auch so nah und bedrohlich, dass nur noch ein heftiger Kampf helfen kann. Vielleicht ist der Reiz aber auch ein attraktives Beutetier und selbst schon auf der Flucht, sodass ein beherzter Sprung nötig ist, um die Beute zu erwischen. Diese Einschätzung der eigenen Chancen nennt man auch Kontrollüberzeugung (s. Seite 31).

Unterdessen ist aus der Tiefe des Gehirns eine Kaskade an Botenstoffen auf den Weg gebracht worden, die in der Nebenniere ein weiteres Stresshormon freisetzen: das Cortisol. Die Stressforscher sprechen von der Aktivierung der zweiten Stressachse, der Hypothalamus-Hypophysen-Nebennieren-Achse (HHNA). Nacheinander springen diese drei anatomischen Strukturen an. Im Hypothalamus (liegt im limbischen System) wird ein Signalstoff (CRH) gebildet, der die Stressaktivierung fördert. Er informiert die Hypophyse (Hirnanhangdrüse). Jetzt wechselt die Signalkette den Transportweg. Von den Nervenfasern geht es auf dem Blutweg weiter. Die Hypophyse produziert den Signalstoff ACTH (Adrenocorticotropes Hormon), der die Nebenniere anregt, Cortisol auszuschütten. Cortisol hat in dieser Phase eine positive Wirkung. Im

Körper verbessert es die Immunabwehr und regt den Stoffwechsel zur langfristigen Energiebereitstellung an. Es gelangt aber auch ins Gehirn. Dort fördert es die Informationsübertragung zwischen den einzelnen Abteilungen, stimuliert das Lernen, versorgt die Zellen mit dem Energielieferanten Glucose und fördert damit eine sinnvolle Stressantwort. Jeder von uns profitiert von dieser Wirkung. Man fühlt sich wach, aufmerksam, angeregt und konzentriert.

Sobald klar ist, dass es gelingt, den Reiz angemessen zu verarbeiten, meldet Cortisol der Stresssoftware, dass sein Spiegel ausreichend hoch angestiegen ist und schaltet seine eigene Produktion ab. Diese Rückkopplung ist der entscheidende Mechanismus, durch den die Stressaktivierung zurückgenommen wird. Das Problem nähert sich seiner Lösung und der zentrale Reizdetektor im limbischen System meldet das der Stresssoftware. Jetzt machen sich Endorphine auf den Weg. Je mehr von ihnen ausschwärmen, umso entspannter und froher werden wir, während wir unsere Aufgabe vollenden. Schließlich kommt richtig Freude auf und trägt uns auf den Armen der Entspannung zur wohlverdienten Ruhe. Ziel erreicht! Die Stressreaktion klingt ab, Regenerationsmechanismen werden über den Parasympathicus des vegetativen Nervensystems gestartet und laufen so lange, bis die Stressbalance wieder hergestellt ist und sich alles in der Ausgangslage befindet.

Balance oder nicht: Entscheidend ist, was dabei herauskommt

Eine Problemlösung stellt die Stressbalance wieder her. Alle Aktivierungen können abklingen, und das System erholt sich für den nächsten Durchgang. Das hängt von zwei Einflussgrößen ab: der Dauer der Aktivierung und der so genannten Kontrollüberzeugung, die in der zweiten Bewertung die entscheidende Rolle spielt. Kontrollüberzeugung bedeutet in diesem Zusammenhang, sich seiner eigenen Fähigkeiten bewusst zu sein und zu wissen, dass man das Problem damit lösen kann. Sie ist das Ergebnis der Abschätzung der eigenen Ressourcen. Dieses Ergebnis ist die wichtigste Einflussgröße, die die Stresssoftware zur Planung der Stressantwort heranzieht. Sie beeinflusst ganz entscheidend die Dauer, die Intensität und den Verlauf der Stressantwort. Die Stressforscher unterscheiden deshalb heute zwischen akutem und chronischem und zwischen kontrolliertem und unkontrolliertem Stress. Daraus ergeben sich vier unterschiedliche Verlaufsformen der Stressreaktion. Zwei davon sichern uns die Stressbalance:

- akut kontrollierte Stressreaktionen
- chronisch kontrollierte Stressreaktionen

Die beiden anderen erzeugen fehlende Balance:

- akut unkontrollierte Stressreaktion
- chronisch unkontrollierte Stressreaktion

Kontrollierter Stress

Akut Wer plötzlich aus Leibeskräften losrennt, um ein Kind aus einem brennenden Haus zu retten, wer unter Hochdruck eine Präsentation vorbereitet oder wer in kurzer Zeit einen ganzen Haushalt auf Vordermann bringt, kennt den akuten kontrollierten Stress – und seine Freuden! Ein gesunder Organismus schafft das spielend. Schon während der Tätigkeit entstehen positive Gefühle wie Stolz, Freude, Befriedigung. Obwohl man noch richtig in Schwung ist, lässt die Stressaktivierung bereits nach. Das Stresshormon Cortisol befindet sich bereits auf dem Rückzug. Das Verblüffende dabei ist: Es sind Ihre eigenen Gedanken, die diesen Rückzug anordnen. Die Überzeugung »Es läuft gut, ich schaffe es!« steuert die biochemische Stressreaktion und lässt sie in gesunden Bahnen ablaufen.

Chronisch Die kontrollierte Stressreaktion kann auch längerfristig (chronisch) stattfinden, zum Beispiel während einer Prüfungsvorbereitung, in einem längeren Projekt, bei saisonbedingter Mehrarbeit im Weihnachtsgeschäft oder in Phasen länger dauernder familiärer Probleme. Ständig wird dem System gemeldet: Das Ziel ist noch nicht erreicht! Man ist derart gefordert, dass es über einen bestimmten Zeitraum auf hohem Niveau arbeitet. Jeder weiß aus eigener Erfahrung, dass dieses Leistungsniveau nur bei sorgfältigster Beachtung und Pflege der körperlichen und emotionalen Ressourcen zu halten ist. Neben allem, was auf der körperlichen Ebene zu tun ist, um stabil bleiben zu können, ist es vor allem die Überzeugung »Ich kann immer noch und will es auch!« ergänzt durch das Wissen »Es lohnt sich!« und »Es macht Sinn, dass ich mich so abrackere!«, die uns bei der Stange hält. Diese Einstellung kontrolliert die Stressreaktion und hält sie auch auf hohem Niveau in Balance.

Unkontrollierter Stress

Akut Wenn das Problem nicht gelöst werden kann, läuft auch die Stressreaktion aus dem Ruder. Sie fällt in sich zusammen oder treibt den Organismus in den Zusammenbruch – die Balance geht verloren.

Stellen Sie sich vor, Sie sehen sich einem Reiz gegenüber und der Check Ihrer aktuellen Handlungsmöglichkeiten kommt zu dem Ergebnis: Ich kann überhaupt nichts machen! Es ist aus! Es hat alles keinen Sinn! Das ist das Gegenteil von Kontrollüberzeugung. Nach einer kurzen heftigen Aktivität des Systems, das versucht, sich dagegen aufzulehnen und alles wieder in den ursprünglichen Zustand zu bringen, bricht die Energie in sich zusammen. Hoffnungslosigkeit breitet sich aus – ein Gefühl, das das Individuum schnell zum Aufgeben bringt. In einer akut unkontrollierbaren Stresssituation wird das Leistungsoptimum gar nicht erst erreicht und damit eine Problemlösung unmöglich. Zunächst scheint die Situation in Ordnung zu sein, die Stresshormone Adrenalin und Noradrenalin fallen ab, ebenso das vitalisierende männliche Geschlechtshormon Testosteron. Aber das Problem bleibt ungelöst. Die Cortisolspiegel bleiben hoch und beginnen Schaden anzurichten. Auf Dauer kann sich eine Depression entwickeln mit den typischen Symptomen Gedächtnisstörung, Schlafstörung, ängstliche Anspannung bei völlig blockierter Aktivität, Antriebslosigkeit und hoffnungslos negativer Grundstimmung (Trauer). Das System verliert die Stressbalance.

Chronisch Ähnlich schlecht sieht es aus, wenn wir uns gefordert fühlen, aber die Bewertung der eigenen Möglichkeiten permanent meldet:

Ergebnis unsicher! Ich will und ich muss, aber ich bin nicht sicher, ob ich es schaffe, ob ich es möchte, ob ich es darf, ob die Zeit reicht, ob mein Wissen oder meine Mittel genügen, ob ich mich trotz der ständigen Störungen genug konzentrieren kann, ob mir nicht dauernd wieder irgendjemand dazwischenfunkt... Das damit verbundene Gefühl heißt Ärger oder Frust und führt zu einem verbissenen Aufschaukeln der Leistungsbereitschaft, ohne dass eine adäquate Lösung erreicht werden kann. Das Signal »Es gelingt!« kommt einfach nicht. Jedes negative Zwischenergebnis erzeugt einen weiteren vergeblichen Versuch und will die Lösung erzwingen. Die Stressreaktion wütet andauernd unkontrolliert und chronisch in Körper und Gehirn und richtet einiges an Flurschaden an. In dieser ärgerlich gereizten, leicht in Aggressivität umschlagenden Stimmung befinden sich heute viele Menschen, ohne zu wissen, welche Zeitbombe in ihnen tickt. Das Einzige, was sie bemerken, sind vielleicht Schlafstörungen, verstörte Rückmeldungen der Mitmenschen (»Mecker doch nicht so rum!«) oder eine Anzeige wegen Drängelns und Lichthupens auf der Autobahn. Das geht so lange, bis der Organismus erschöpft ist und in dem Gefühl völliger Hilflosigkeit im Burnout zusammenbricht. Die Stressbalance existiert nicht mehr.

Kontrolle: Schlüssel für die Balance

Das Schlüsselwort aller vier Stressformen heißt Kontrolle. Dieses Gefühl oder Wissen, »etwas unter Kontrolle« zu haben, beruht auf der persönlichen Überzeugung, in jeder Hinsicht stark genug zu sein, um eine bestimmte Handlung trotz innerer oder äußerer Schwierigkeiten auszuführen. Die Gewissheit, genug Ressourcen zu haben, fördert die Kontrollüberzeugung. Kontrolle führt zur Stressbalance, fehlende Kontrolle lässt sie verloren gehen.

Die Psychologie beurteilt Kontrollüberzeugung heute als so wichtig, dass sie ihr neben Nahrung, Schlaf, Schutz und Fortpflanzung einen Platz unter den Grundbedürfnissen eingeräumt hat. Es gibt eine unüberschaubare Menge an Forschungsarbeiten dazu, die alle ihre

Wichtigkeit bestätigen. Jede Form der modernen Psychotherapie, der Familienberatung und Sozialarbeit, des Gesundheitsmanagements und der Organisationsentwicklung zielt heute darauf ab, den Klienten zu mehr Kontrollüberzeugung zu verhelfen. Dieses Ziel versteckt sich gelegentlich hinter so komplizierten oder blumigen Begriffen wie »Ressourcenorientierung« (Konzentration auf das, was man hat und kann), »Empowerment« (Ermächtigung) oder »Resilience« (wörtlich: Federwirkung, übertragen: innere flexible Stärke). Gemeint ist damit immer, den Menschen die Idee und das Gefühl zu vermitteln »Ich kann das!«.

Vielleicht erscheint es Ihnen etwas fragwürdig, wieso gerade Kontrolle von so großer Bedeutung für uns sein soll. Ist nicht der Kontrollfreak, der Erbsenzähler und zwanghaft auf Ordnung und Korrektheit bedachte Zeitgenosse jemand, den wir mitleidig belächeln? Und finden wir nicht jemanden, der durch Macht Kontrolle über andere ausübt, abstoßend? Doch schon wenn man Kontrolle durch den zugegebenermaßen etwas umständlichen, aber in der Fachwelt genauso geläufigen Begriff »Selbstwirksamkeitsüberzeugung« ersetzt, wird deutlich, worum es hier geht: Die Erfahrung zu machen, dass man aus eigener Kraft ein wichtiges Ziel erreichen kann, ist für den Menschen so wichtig, dass er dafür jeden Aufwand (Stressaktivierung) in Kauf nimmt.

Denken Sie an kleine Kinder. Da sie selbst noch nicht viel können, müssen sie Kontrolle über ihre Mitmenschen gewinnen, das heißt, sie müssen diese dazu bringen, für sie zu sorgen. Jedes Mittel ist ihnen recht, ob schreien oder strahlend lächeln – Hauptsache, alle Ist- und Soll-Werte sind ausgeglichen, alle Stressprozesse klingen ab und wohlige Gefühle sagen: Es ist alles in Ordnung.

Die Alternative dazu lautet: selbstständig werden. Wie strengen sich Kinder an, um endlich aus eigener Kraft laufen zu können! Und dann dieses überirdische Strahlen: »Ich kann!« Ein großartiger Moment! Rund um dieses Kontrollbedürfnis entwickelt sich aus vielen derartigen »Ich kann!«-Erlebnissen im Laufe der ersten Lebensjahre die Kontrollüberzeugung.

Übersicht: Kontrollüberzeugung

Kontrollüberzeugung: Stressbalance

- Ich weiß, was ich zu tun habe.
- Ich weiß, dass ich es kann.
- Ich will es.
- Ich darf es.
- Ich bin sicher, dass es gut ausgehen wird.

Fehlende Kontrollüberzeugung: Fehlende Stressbalance

- Ich weiß nicht, was ich tun soll.
- Ich kann mich nicht entscheiden, ob ich es will.
- Ich weiß nicht, ob ich es kann.
- Ich weiß nicht, ob ich es darf.
- Ich weiß nicht, wie es ausgeht.

Wer viele Kontrollerfahrungen macht, wer alle Ressourcen der eigenen Person und seiner Umgebung nutzen kann, entwickelt Lebensmut, ein stabiles Selbstbewusstsein und eine große innere Sicherheit. Er erlebt sein Leben als sinnvoll und kann dadurch Krisen und Schicksalsschläge besser verkraften und dabei gesünder bleiben. Denn im Kern ist er überzeugt: Es wird gut gehen – und wenn nicht, dann kann man etwas dagegen tun. Wenn diese innere Überzeugung weniger ausgeprägt ist, weil man in den wichtigen Jahren oft erleben musste, dass man selbst nichts oder nur wenig ausrichten kann, braucht man viel Sicherheit durch äußere Arrangements, wie zum Beispiel den zwanghaft aufgeräumten Schreibtisch. Solange die Strategien, mit denen man Kontrolle und damit innere Ruhe und Sicherheit gewinnen möchte, nicht zu unpraktisch werden und das ganze Leben dominieren, ist dagegen nichts einzuwenden. Auf jede nur erdenkliche Art und Weise für gute Gefühle zu sorgen, ist unser gutes Recht. Wie Sie das am geschicktesten anstellen, erfahren Sie in dem Kapitel *Probleme konstruktiv lösen* auf Seite 92.

In unserem Zusammenhang ist die Kontrollüberzeugung so wichtig, weil sie für die Stressbalance verantwortlich ist. Kontrollüberzeugung entsteht durch emotionale Erfahrungen, die wir mit uns und unserer Umwelt machen. Deshalb sollten wir uns noch ein wenig ausführlicher mit den Emotionen beschäftigen und uns ansehen, wie sie am Mischpult des limbischen Systems in die vier Formen der Stressreaktion einfließen.

Unsere Emotionen und ihre Bedeutung für die Stressbalance

Auch wenn es manche nicht zugeben wollen: Gefühle sind das, was uns im Leben am meisten interessiert. Wir alle wollen glücklich werden und uns wohl fühlen. Unsere Gefühle dienen als Stoff für Opern, Dramen und Gedichte, sie entscheiden, ob wir gesund oder krank, glücklich oder unglücklich sind – und sie stellen sich als praktische Erfindung der Evolution heraus. Sie hat die Emotionen in die Steuerung der Stressreaktion eingebaut und damit nichts anderes im Sinn gehabt, als ihre Kreaturen erfolgreich durch die vielfältigsten Lebensumstände zu navigieren. Seit ungefähr 150000 Jahren gibt es den Homo sapiens auf der Erde, und seit dieser Zeit hat sich an den Emotionen, ihren Funktionen und Arbeitsweisen nichts geändert.

Das hat folgende Vorteile:

- sehr schnelle Ordnung vieler Daten im Gehirn durch vier große emotionale Systeme,
- blitzschnelle Entscheidung für ein gerade passendes Reaktionsmuster aus einem der emotionalen Systeme,
- dadurch sehr effiziente Unterstützung der Stressreaktion bei der Erfüllung der Überlebensaufgaben,
- Feedback über abgelaufene Reaktionen: im Sinne des Überlebens richtig (positive, angenehme Gefühle) oder falsch (negative, unangenehme Gefühle).

Die Nachteile sind:

- Emotionen sind recht ungenau und erfassen Situationen aus Gründen der Geschwindigkeit manchmal falsch negativ,
- Emotionen laufen überwiegend unbewusst ab.

Diese Aufstellung äußerst praktischer Argumente für das bunte Treiben unserer Seele soll uns aber nicht daran hindern, die angenehmen Emotionen zu genießen und die unangenehmen als hilfreiche Warnzeichen zu begrüßen. Darüber hinaus muss uns bewusst sein: Egal wie wir Emotionen persönlich bewerten, ob wir sie wahrnehmen oder nicht, sie arbeiten sowieso nach ihren jahrmillionenalten Regeln und haben uns und unseren Stress fest im Griff. Es gibt keine Sachlichkeit unter Menschen: Wir sind immer emotional!

Gefühle: Buntes Treiben im Untergrund

Wie kommt es, dass manche Menschen Emotionen nicht wahrnehmen und ihnen daher auch gar keine praktische Bedeutung beimessen? Es gibt zwei Gründe dafür, die weder etwas mit Verdrängung noch mit Unfähigkeit oder gar Dummheit zu tun haben. Es ist vielmehr eine weitere nützliche Strategie der Evolution, meint Antonio Damasio, der zurzeit populärste Emotionsforscher und Leiter der größten neurologischen Klinik der Welt in Iowa City. Gerade in Situationen, in denen Leib und Leben gefährdet sind, sollen wir uns nicht mit unseren Emotionen aufhalten. Sie werden aus dem Bewusstsein ausgeblendet, denn die knappe Ressource Aufmerksamkeit soll sich voll und ganz auf die Beobachtung der Gefahren und auf das Aufspüren von Rettungswegen richten. Über die komplexen emotionalen Abläufe sagt Damasio lapidar: »Wir müssen die Emotionen gar nicht bemerken. Sie und die Stressreaktion arbeiten trotzdem ganz automatisch und sehr zielstrebig darauf hin, ihre Verhaltensziele zu realisieren.«

Der zweite Grund: Manche Menschen wissen nicht, dass körperliche Empfindungen und geistige Inhalte gemeinsam die Gefühle ausmachen. Sie nehmen entweder das eine oder das andere wahr. Jede Emotion verändert den Körper, insbesondere die Muskelspannung, Herz-Kreislauftätigkeit, Durchblutung und Atmung. Erst wenn wir dieses Treiben in unserem Körper erkennen und auf dem Wege der geistigen Zuordnung mit einer aktuellen Lebenssituation, mit unseren Erfahrungen und Plänen in Beziehung setzen, kommt das zustande, was wir Gefühle nennen. Da die Begriffe im alltäglichen Sprachgebrauch sehr willkürlich gebraucht werden, hier noch einmal die Übersicht über die Definitionen.

Übersicht: Terminologie der Seele

Psyche (Seele) Gesamtheit aller geistigen und emotionalen Funktionen des Gehirns. Sie können auch stattfinden, ohne dass das Bewusstsein sie bemerkt.

Geist Tätigkeit des Gehirns, die vom Bewusstsein als denken, beurteilen, erkennen, wahrnehmen oder erinnern bemerkt werden.

Emotion Biologische Funktion des Nervensystems, die auf bestimmte Reize hin ein komplexe Handlungsmuster organisiert. Es gibt vier emotionale Systeme (Such- / Belohnungssystem, Bindungs- / Paniksystem, Furcht- / Angstsystem, Wut- / Ärgersystem), viele davon abgeleitete und eine Reihe gemischter Emotionen.

Wahrnehmung Ergebnis der Reizverarbeitung durch die Sinnessysteme (hören, sehen, riechen, schmecken, fühlen). Kann auch unbewusst bleiben.

Empfindung Bewusste Wahrnehmung der körperlichen Auswirkungen einer oder mehrerer Emotionen (Herzklopfen, Erregung, Muskelspannung, »Schmetterlinge im Bauch«).

Kognition Verstandesmäßige Gehirnleistungen: Aufmerksamkeit, Wahrnehmung, Abstraktionsfähigkeit, Erkenntnis, Schlussfolgerungen, Urteilsfähigkeit, Merkfähigkeit. Kognitionen bilden die Vorstellungen des Individuums über sich und die Welt.

Gefühl Zusammengesetzt aus der Wahrnehmung der Empfindungen, die durch ein emotionales System im Körper erzeugt werden und den dazugehörigen Bewertungen (Kognitionen): Gegenwärtige, vergangene und zukünftige Umstände werden mit berücksichtigt.

Bewusstsein Übergeordnete Gehirnfunktion, die alle anderen Funktionen und sich selbst beobachtet (Damasio: »Selbst-Sinn«).

Die Bedeutung der Emotionen schildert Damasio in seinem lesenswerten Buch *Ich fühle, also bin ich* anhand des Schicksals seines Patienten Elliot, in dessen Gehirn durch einen tragischen Unfall die emotionalen Zentren zerstört wurden. Obwohl Elliots Wissen und seine Intelligenz völlig unbeschädigt waren, konnte er kein »normales« Leben mehr führen. Er traf immer die falschen Entscheidungen. Wie ein Computer konnte er zwar jedes Für und Wider auflisten, aber die Beurteilung durch frühere Erfahrungen, die ihm sagten, was für ihn gut oder schlecht ausgehen würde, fehlte. Er ruinierte sich innerhalb kurzer Zeit finanziell. Seine persönlichen Beziehungen zerbrachen, weil er an menschlichen Regungen keinen Anteil mehr nehmen konnte. Er war freundlich und unaggressiv, wirkte aber immer ein wenig wie ein »Roboter«. Elliot konnte nicht selbstständig leben, weil ihm die Instanzen fehlten, die ihm halfen, sich richtig zu entscheiden und er kein emotionales Feedback mehr zu seinen Handlungen bekam.

Schnelligkeit als Überlebensvorteil

Haben Sie auch in Ihrer Schulzeit den Blinzeltest gemacht und versucht, nicht mit der Wimper zu zucken, wenn ein Mitschüler so tat, als wolle er Ihnen mit der Faust ins Auge schlagen? Es geht nicht. Die Stressreaktion ist zu schnell, und Schnelligkeit ist ein eindeutiger Überlebensvorteil: Lieber einmal zu oft reagieren als einmal zu wenig und das mit dem Leben bezahlen.

In unseren emotionalen Systemen arbeiten fünf negative Basisemotionen – Furcht, Angst, Wut, Ärger und Trauer –, aber nur drei positive: Erwartung, Lust und Liebe. Die Evolution hat alle erfunden und tief in unserem Erbgut verankert, damit wir in jeder Situation das Wichtigste immer zuerst tun: uns aus einer Gefahr erretten. Die unangenehmen Gefühle sind deshalb immer dominant. Wo sie die Stressreaktion lenken, erlischt jedes andere Interesse. Sogar heftiger Schmerz, normalerweise ein Signal für den körperlichen Rückzug, verschwindet im intensiven Überlebenskampf aus dem Bewusstsein. Die Botenstoffe der Furcht oder des Ärgers pfeifen alle anderen biochemischen Signalgeber zurück. Sie kennen es selbst: Wer verbissen für die Erledigung einer Arbeit kämpft, verspürt keinen Hunger und keine Zärtlichkeit.

Furcht und Angst gehören heute zu den häufigsten Emotionen. Obwohl sie im normalen Sprachgebrauch gleichgesetzt werden, unterscheiden die Psychologen beide Begriffe. Furcht entsteht angesichts einer greifbaren, nahen und bestehenden Gefahr oder Bedrohung. Angst wird dagegen für undefinierte Gefahren in einer fernen Zukunft benutzt, bei denen es unklar bleibt, ob sie für jemanden überhaupt real werden können. Schlüsselwörter für Angst sind »vielleicht« und »ich weiß nicht«. Die zentrale Information heißt: »Ich weiß nicht, was passiert. Ich weiß nicht, ob ich einen Einfluss ausüben kann. Es kann gut ausgehen oder schlecht.« Angst ist mit fehlender Kontrollüberzeugung verbunden. Deshalb wirkt sie sich auch so negativ auf die Stressbalance aus.

Im täglichen Sprachgebrauch ist mit Angst sowohl die konkrete als auch die unkonkrete Form der Gefahr gemeint. Hier werden die Begriffe wegen der besseren Unterscheidbarkeit und größerer Klarheit im Sinne der Psychologie gebraucht.

Freuen Sie sich mit den Neurobiologen, dass es all diese emotionalen Funktionen noch gibt, auch wenn wir manche nicht so gerne mögen. Sie leisten uns ungeheuer gute Dienste – wenn wir sie kennen und sie nutzen können. Wie sagt ein Sprichwort? »Wo die Angst ist, da geht's lang!« Die Chinesen nennen es etwas eleganter »den Tiger reiten«.

Die emotionalen Systeme

Moderne Psychobiologen wie der Gehirnforscher Jaap Panksepp von der Bowling Green State University in Ohio haben sich viele Gedanken über die Emotionen gemacht und keine Mühe gescheut, ihre Beobachtungen an Mensch und Tier zusammenzutragen. Aus klassischer Verhaltensforschung und modernsten bildgebenden Verfahren, die den Emotionen bei der Arbeit zuschauen können, ergibt sich momentan folgendes Bild:

Wir besitzen vier grundlegende emotionale Systeme, die alle zum limbischen System gehören. Sie operieren in deutlich voneinander abgegrenzten Schaltkreisen aus vernetzten Zellgruppen und benutzen unterschiedliche Botenstoffe, um ihre Schaltkreise zu aktivieren oder zu beruhigen. Jedes dieser Systeme organisiert eine bestimmte Art von Aufgaben, deren Bewältigung für das Lebewesen überlebensnotwendig sind:

- Flucht (Furcht- und Angstsystem)
- Verteidigung bei Gefahr (Wut- und Ärgersystem)
- Schutz durch andere (Bindungs- und Paniksystem)
- Suche nach Nahrung und Fortpflanzungspartnern (Erwartungs- und Belohnungssystem)

Jedes emotionale System ist als ein Doppelsystem konstruiert. Man kann Emotionen unterscheiden, die eine Aktion starten (so ruft Furcht zum Beispiel Fluchtverhalten hervor), und Emotionen, die auftreten, wenn das Ziel erreicht beziehungsweise nicht erreicht ist. Lustgefühle treten beispielsweise als Belohnung auf, wenn die Nahrung genossen wird. Kann man einer misslichen Lage nicht entkommen, verspürt man wachsende Angst.

Die Stresssoftware hat an ihrem Mischpult für jede Emotion einen eigenen Regler. Hier stellt sie ein, mit welcher Stärke sie ihre Energie im jeweiligen System arbeiten lässt. Sie kann dabei auch mehrere Systeme gleichzeitig nutzen oder blitzschnell von einem zum anderen springen.

Stressbalance: Die Rolle der Emotionen

Gute Gefühle treten auf, wenn die Stressreaktion auf einem guten Weg ist, ihr Ziel schon im Blick hat und es dann auch erreicht. Dabei spielt es keine Rolle, welches Ziel das ist. Die Soll-Werte sind teilweise biologisch festgelegt, können aber auch von uns selbst bestimmt werden. Wenn Sie hungrig waren und gerade ein köstliches Vollkornbrötchen verspeisen, stellen sich angenehme Sättigungsgefühle ein, und Ihre Stimmung wird besser. Bemerken Sie, wie Sie beim Formulieren eines Textes vorwärts kommen, werden ebenfalls gute Gefühle Ihre Arbeit begleiten. Geraten Sie aber durch eine Störung ins Stocken und verlieren den Faden, wird der von Ihnen gesetzte Soll-Wert »Ich will den Text in fünf Minuten fertig haben« nicht erreicht. Negative Gefühle melden, dass Ihr Ziel gefährdet ist. Ihre Stressreaktion wird sich nun verändern: Am Mischpult im limbischen System kommen etwas Angst und Ärger dazu und etwas mehr Power. Gefühle helfen der Stressreaktion bei der Ausrichtung und der Gestaltung der Handlung und geben ihr gleichzeitig Feedback.

Stressbalance erkennt man an der emotionalen Ausgeglichenheit, der Balance zwischen positiven und negativen Gefühlen. Manche verstehen unter emotionaler Ausgeglichenheit aber etwas ganz anderes: Einen ruhigen und turbulenzfreien Zustand eines entspannten Lebens ohne große Höhen und Tiefen. Ein großes, graues, manchmal auch fast ein wenig langweiliges Einerlei. Das ist jedoch nicht das, was ich mit emotionaler Balance meine! Da kann es schon mal etwas heftiger zugehen.

Die emotionalen Systeme sind jedes auf seine Weise an dieser Balance beteiligt:

Das Furcht- und Angstsystem ist das wichtigste und bekannteste emotionale System im Zusammenhang mit der Stressreaktion. Wenn ein Reiz als eine reale oder vermeintliche Gefahr vom Gehirn entdeckt wird, startet die Furcht eine Verstärkung der Stressaktivierung, egal auf welchem Niveau sie sich gerade befindet. Das Handlungsmuster der

Furcht ist die Flucht. Der Befehl lautet: »Nichts wie weg, raus aus der Gefahrenzone!« Ist die Kontrollüberzeugung vorhanden, läuft alles wunderbar. Gegen Ende der Flucht, wenn das sichere Ziel in Sicht ist, mischt die Stresssoftware einen Zustrom aus dem Erwartungssystem hinzu und angenehme Vorfreude macht sich bemerkbar: »Gleich habe ich es geschafft.« Das gibt noch einmal Schwung! Schließlich ist das Ziel erreicht und das Belohnungssystem schüttet seine beliebten Endorphine aus: man fühlt Freude, Stolz und schließlich zufriedene Entspannung.

Fehlt die Kontrollüberzeugung (»Ich weiß nicht, was ich tun soll«, »Ich bin nicht sicher, wie es ausgehen wird«) wird der zweite Schaltkreis dieses Systems aktiv und erzeugt Angst. Bei dieser Emotion jagt die Software die Energie hoch. Alle laufenden Reaktionen werden verstärkt. Die Aktivität steigt weiter und weiter, die Balance schwindet, aber das Ziel ist nicht in Sicht. Die Richtung der Handlung ist unbestimmt. Insgesamt ergibt sich ein sehr unbefriedigender und anstrengender Verlauf. Entweder man treibt dieses Spiel weiter, bis der Organismus in der Erschöpfung aufgibt und seine ganze Hilflosigkeit (»Ich kann ja doch nichts machen«) zu spüren bekommt, oder man kriegt kurz vor dem Ende doch noch einmal die Kurve.

Das Wut- und Ärgersystem springt an, wenn die Bedrohung sehr real und sehr nahe ist und eine aggressive Verteidigung die einzige Möglichkeit darstellt. Der Befehl lautet: Ran an den Feind! Im modernen Leben muss nicht immer ein konkreter Feind vor uns stehen. Es reicht, dass wir genau wissen, was passiert, wenn wir eine bestimmte Sache nicht erledigen. Wir bekommen Schwierigkeiten, weniger Geld, verlieren unser Ansehen oder die Liebe eines wichtigen Menschen. Dieses Gefühl ist sehr motivierend und antriebssteigernd, wir erleben es als Herausforderung. Solange wir die Kontrollüberzeugung behalten, ist dieses System unser wichtigster Helfer bei allen Aufgaben. Kritisch wird es erst wieder, wenn wir dabei an Hindernisse oder Grenzen stoßen. Dann spüren wir Ärger und Gereiztheit. Die Spannung steigt, wir verlieren mehr und mehr die Kontrolle. Je mehr uns unser Ziel abhanden kommt, umso verzweifelter wird unsere Wut. Wir können daran scheitern, wenn wir nicht rechtzeitig aussteigen.

Diese beiden emotionalen Systeme fasste man früher als Kampf- und Fluchtreaktion zusammen, und allein ihre Emotionen wurden mit der Stressreaktion in Verbindung gebracht. Doch heute weiß man, dass auch die beiden anderen Systeme in der Gestaltung der Stressantwort eine wichtige Aufgabe haben.

Das Erwartungs- und Belohnungssystem haben wir schon kennen gelernt. Es wird aktiviert, wenn die Aktionen aus den ersten beiden Systemen sich ihrem erfolgreichen Ende zuneigen. Aber es hat auch eine ganz eigene Art, die Stressreaktion zu starten. In dem Moment, in dem ein Lebewesen nur ungenau spürt, dass ihm irgendetwas fehlt und es deshalb schon ein wenig unruhig herumstreunt, kommt plötzlich ein Reiz ins Blickfeld, der verspricht, die Lücke zu schließen und das Fehlende zu ersetzen: Ein Duft nach Essen, ein interessanter Zeitungsartikel, ein attraktives Gesicht, die tollen Schuhe im Schaufenster, die traumhafte Jobchance. Sofort springt das Erwartungssystem an und wir stürzen uns auf den Reiz. Hinterher und festhalten! Die erwartungsfrohe Aktivität gehört zu unseren liebsten Erfahrungen. Vorfreude ist die schönste Freude, egal auf welches Objekt oder Projekt sie sich richtet. Wenn das Ziel erreicht ist, schaltet das System auf Belohnung. Lustgefühle, Freude, Glück: Endorphine! Das Herz hüpft, und wohlige Entspannung macht sich breit; die Balance stimmt wieder. Kleine Hindernisse, einige kleine Schwierigkeiten machen das ganze noch attraktiver und lassen uns nur umso hartnäckiger auf das gewünschte Ziel zugehen.

Aber wehe, auf dem Weg zum Ziel kommt etwas Gravierendes dazwischen! Dann machen uns Wut und Ärger zum verbissenen Kämpfer, vielleicht blasen die Gefühle irgendwann sogar zum Rückzug. Alles ist möglich. Es sind unsere Bewertungen und Erwartungen, die die Stresssoftware beachtet, um ihre Regler zu verschieben.

Das Bindungs- und Paniksystem wacht darüber, dass alles da ist, was wir an Schutz und Sicherheit brauchen. Der Schaltkreis der Bindungsgefühle (Vertrautheit, Liebe, Zugehörigkeit, Freundschaft, Geborgenheit, Sicherheit) bestätigt uns mit seinen beruhigenden Botenstoffen, dass alles in Ordnung ist. Zu seinem Handlungsrepertoire gehören pflegende, sorgende und soziale Aktivitäten. Es schenkt uns fürsorgliche Menschen, die Wärme und Geborgenheit geben, die uns bei der Vorbereitung der Präsentation unter die Arme greifen oder auf unsere Kinder aufpassen.

Ein sicheres Dach über dem Kopf, ein Arbeitsplatz, Recht und Ordnung – wenn alles so ist, wie es (unserer Meinung nach) sein sollte, ist der erste Schaltkreis dieses Systems aktiv. In dem Moment aber, in dem eines dieser Sicherheit vermittelnden Objekte verschwindet oder wir auch nur befürchten, dass es verschwinden könnte, fährt die Stresssoftware den zweiten Schaltkreis dieses Systems sehr heftig hoch. Deshalb nennen die Forscher diesen Teil Paniksystem. Ein kleines Kind fängt lauthals an zu schreien, wenn die Mutter plötzlich weg ist. Es gerät in Panik. Dasselbe geschieht, wenn eine Flutwelle unser Haus zerstört oder Krieg und Gewalt plötzlich Löcher in das gewohnte Sicherheitsnetz reißen. Eifersucht und Verlustangst sind geläufige Emotionen, die in diesem System stattfinden. Manchmal reicht schon die Idee, jemand könnte an unseren Gewohnheiten vielleicht etwas ändern wollen, um uns heftig unter Stress zu setzen. Wir leisten Widerstand und kämpfen. Wenn wir aber sehen: Es nutzt alles nichts, es ist hoffnungslos, stellt sich tiefe Trauer ein. Die Stressaktivierung fällt zurück, und Lähmung breitet sich aus.

Jedes der vier Emotionssysteme hängt mit einem ganzen Bündel aus abgeleiteten Gefühlen zusammen, die sich erst im Laufe der Evolution herausgebildet haben. Sie entstanden während der Entwicklung der sozialen Zusammenarbeit unter den höheren Lebewesen. Stressforscher nennen sie deshalb soziale Emotionen. Sie gehen davon aus, dass die negativen unter ihnen, wie zum Beispiel Neid, Herabsetzung oder Scham, dafür verantwortlich sind, dass heute so viele Menschen unter Stress leiden. Ebenso gibt es kombinierte Emotionen: Man kann interessiert an einer Bekanntschaft sein und gleichzeitig Furcht in Form von

Schüchternheit verspüren. Die Kombination macht die Bestimmung des eigenen emotionalen Zustands manchmal schwierig. Auch fällt die Entscheidung schwer, welchem der unterschiedlichen Handlungsimpulse man nun folgen möchte. Ein Konflikt tritt auf, der uns lähmt. Anders gesagt: Die Stressreaktion fährt hoch, kann aber keine Richtung finden, in die sie uns bewegen soll. Mit angezogener Handbremse verharren wir in der Startposition. Manche Emotionen treten auch kurz hintereinander auf: Man wird unzufrieden, da man aus Zeitmangel keines der Ziele wirklich erreichen kann.

3.

Stress: Was wir noch davon haben

Sollten Sie immer noch nicht ganz davon überzeugt sein, dass Stress das Beste ist, was uns passieren kann, dann finden Sie hier weitere Argumente.

Stress als Trainer Ein alter Neurologen-Spruch lautet: »Das Gehirn ist schließlich auch nur ein Muskel – es kann trainiert werden.« Diesem Trainingseffekt sind Sie mit Sicherheit schon sehr häufig begegnet. Je öfter sie ein bestimmtes Problem lösen, umso besser und effizienter werden Sie dabei. Diese Fähigkeit können Sie sogar auf andere Probleme übertragen: Wer in einem Bereich gut ist, kann auch in anderen erfolgreich sein! Und natürlich ist es niemand anderes als die Stresssoftware, die unter Benutzung verschiedener Netzwerkabschnitte des Gehirns alle dazu nötigen Funktionen aktiviert und koordiniert.

Aktivierung des vorhandenen Potenzials Sollten Sie jemals eine gewisse Zeit lang sportlich tätig gewesen sein, haben Sie wahrscheinlich gespürt, wie aus anfänglicher Anstrengung, aus Unwillen und Muskelkater nach und nach lustvolle Bewegung mit Glücksgefühlen, Zufriedenheit und verbesserter Leistungsfähigkeit wurde.

Training von Kompensationsmechanismen Aus biologischen Gründen können wir unsere körperlichen Soll-Werte natürlich nicht verändern. Wir können kaum üben, mit einer Körpertemperatur von 34 Grad zu leben. Aber wenn Sie sich abhärten, sich kontrollierten Kälteerfahrungen (zum Beispiel Sauna, Reizklima) aussetzen, wird die Wärmeregulation effektiver arbeiten. Alle beteiligten Systeme (Durchblutung, Energieproduktion, Bereitstellung von Abwehrstoffen) werden trainiert und koordiniert. Sie werden feststellen, dass Sie weniger frieren, das heißt weniger Stress durch Kältereize erleben und sogar seltener erkältet sind.

Stressforscher nennen diesen Trainingseffekt auch Habituation (Gewöhnung). Zum Beispiel verursachte Ihre erste Präsentation vielleicht wochenlang heftiges Lampenfieber. Je mehr Erfahrungen man damit gemacht hat, desto ruhiger bleibt man. Allerdings gibt es hier erhebliche individuelle Unterschiede. Die Stressforscher beobachten, dass sich manche Menschen besser an Stress gewöhnen und andere schlechter. Sie vermuten, dass die Lernvorgänge auf der Ebene der Nervenzellen im Gehirn durch frühe intensive Stresserfahrungen so programmiert wurden, dass diejenigen Veränderungen, die zur Gewöhnung führen, nicht mehr möglich sind. Ein Individuum wird dadurch anfälliger für unkontrollierte Stressreaktionen.

Rückzug und Erholung Seit einiger Zeit kursiert unter Stressforschern eine ungewöhnliche Fragestellung. »Was ist das Gute an den Schäden, die unkontrollierter Stress vor allem im Gehirn anrichtet?« Manche Gehirnzellen reduzieren ihre Rezeptoren für Stresshormone, um ihnen gegenüber unempfindlicher zu werden, manche teilen sich langsamer und bilden neue Tochterzellen, die sehr langlebig sind, manche ziehen ihre Ausläufer zurück und lösen so die vorhandenen Netzwerke auf. Die bisherige Problemlösungsfähigkeit bricht zusammen. Sollte das nur zu unserem Schaden sein? Der Stressforscher Bruce McEwen vergleicht das Gehirn unter intensiver Stresseinwirkung mit einer Schildkröte, die Kopf und Beine unter den Panzer zurückzieht, um sich selbst zu schützen. Ein urzeitlicher Mensch hätte sich in diesem Zustand nicht mehr aus seinem Unterschlupf herausgewagt, denn in jeder Auseinandersetzung hätte er den Kürzeren gezogen. Die Natur hätte ihm die Chance gegeben, sich erst einmal wieder zu erholen. So gesehen hat auch heute der Ausbruch einer stressbedingten Erkrankung einen Sinn. Er zwingt zum Boxenstopp und zum Nachdenken.

Stress macht kreativ Haben Sie auch schon einmal die Erfahrung gemacht, dass Ihnen in größter Verzweiflung plötzlich eine Idee oder eine Vorstellung zufliegt, mit der Sie ganz anders als bisher denken und handeln können? Viele stellen nach einer schweren Erkrankung fest, dass sie einige Dinge nun anders beurteilen. Ihre Einstellungen, Überzeugungen und Meinungen haben sich verändert. Der Wert von menschlichen Beziehungen oder Ihre eigene Bedeutung sieht zu Ihrer eigenen Überraschung ganz anders aus. In diesem Fall muss es also irgendwie dazu gekommen sein, dass eine fest verdrahtete Überzeugung wie zum Beispiel »Ich bin der Wichtigste« durch die Überzeugung »Es geht auch prima ohne mich« ersetzt wurde. Oder anders gesagt, dass sich ein geistiger Soll-Wert verändert hat. Solange noch alle grundlegenden Funktionsbereiche eines Menschen unter Stress intakt bleiben, ist die Chance sehr groß, gestärkt aus der Krise hervorzugehen und innerlich zu wachsen. Das ist zwar eine Binsenwahrheit, die aber praktisch gesprochen nichts anderes besagt, als dass seit langem eingeführte Denk- und Handlungsmuster verändert und durch neue ersetzt werden können. Starke Stressaktivierung löst mithilfe von hohen Cortisolspiegeln im Gehirn vorhandene Verdrahtungen und macht damit den Weg frei für neue Muster.

Die Realität: Chronischer Stress

Viele von uns kämpfen heute mit chronischem Stress – kontrolliert und unkontrolliert. Wer seine Arbeit liebt und sich freiwillig eine Menge abverlangt, kann Schaden nehmen, wenn er seinen Körper nicht ausreichend zur Ruhe kommen lässt. Unkontrollierter Stress erzeugt negative Gefühle und fördert stressabhängige Krankheiten. Die Konsequenz aus dem bisherigen Wissen über Stress lautet: Wehret den Anfängen! Beachten Sie die Stresssignale und beugen Sie vor. Denn Stressbalance ist das Beste, was uns passieren kann!

Teil 2

Die Basis der Stressbalance

4. Stressbalance heute: Jeden Tag!

Ist Stress eigentlich ein modernes Phänomen? War früher wirklich alles besser oder liegt es nur daran, dass man heute einfach viel mehr über Stress redet? Wenn wir Stress an seinem ureigenen Ziel messen, dem Überleben der Arten, dann stellen wir fest, dass er zumindest bei uns Menschen seinen Job gut gemacht hat: Unsere Lebenserwartung hat sich in den letzten 100 Jahren fast verdoppelt! Aus unserer Sicht haben wir unser Leben durch intelligente Nutzung der Stresssoftware ständig verbessert. Aus der Sicht der Evolution ist das weniger gut: Unsere jahrmillionenalten Kompetenzen, die sie uns zum täglichen Gebrauch zurechtgebastelt hat, können in unserem modernen Lebensstil nicht mehr ihr angestammtes Betätigungsfeld finden.

Es sind drei wichtige Veränderungen, die durch verschiedene Strategien aufgefangen werden können, damit wir unsere Stressbalance behalten.

Strategie 1: Langfristig und nachhaltig die Balance sichern durch systematische Problemlösung in allen Lebensbereichen. Wir brauchen zur Erledigung unserer Überlebensaufgaben viel weniger Zeit als die Natur ursprünglich veranschlagt hat und haben viel weniger konkrete, praktische und elementare Überlebensaufgaben zu lösen als vorgesehen. Jagen und Sammeln ist reduziert auf den wöchentlichen Großeinkauf. Unsere Aufgaben liegen heute vor allem im geistig emotionalen Bereich und ziehen sich über einen längeren Zeitraum hin in allen Feldern unseres Lebensportfolios. Wir sollten unsere Stresssoftware nicht als Feind sehen, den es zu bekämpfen oder zu bewältigen gilt, sondern sie für uns nutzen. Ab Seite 101 finden Sie die Werkzeuge, die Ihnen dabei helfen, und in Teil III wenden Sie diese systematisch in allen Portfoliobereichen an.

Strategie 2: Funktionsfähigkeit erhalten durch emotionalen Ausgleich. Als wichtigsten Stabilisator für Gesundheit, Wohlbefinden und Überleben hat uns die Evolution den wohlwollenden, fürsorglichen und freundlichen Mitmenschen an die Seite gestellt. Er ist ein fester Soll-Wert im Gefüge unserer Überlebensmechanismen. Ein spezielles emotionales System, das Bindungssystem, ist ständig damit beschäftigt, die Nähe zu pflegenden, sorgenden und mitfühlenden Menschen zu organisieren. Diese sind jedoch zurzeit in unserer Gesellschaft leider rar. Ungewollte Einsamkeit (zum Beispiel durch moderne, flexible Arbeitsbedingungen) oder der Verlust von sicheren persönlichen Bindungen spielen heute eine wichtige Rolle als Stressauslöser und können auch durch die charmante Fernsehmoderatorin oder den begehrten Popstar nicht ersetzt werden. Die Stressreaktion springt ständig an, ohne jedoch eine ihrer bewährten Abwehrstrategien (Kampf oder Flucht) umsetzen zu dürfen. Wir müssen professionell freundlich, entspannt, zugewandt und serviceorientiert bleiben, egal, wie uns gerade zumute ist. Kurzfristiger emotionaler Ausgleich durch gezielte Steuerung der Gefühle und Gedanken ist deshalb heute zu einer neuen »Überlebensstrategie« geworden. Dazu gibt es eine Reihe praktischer Tipps auf Seite 95. In dem Kapitel über Muße, Persönlichkeit und Weiterentwicklung erfahren Sie, wie Sie noch nachhaltiger positive Emotionen unterstützen können, um Ihre Stressbalance zu halten. Diese Strategie wird von vielen bereits erfolgreich umgesetzt – in der Freizeit. Doch darf man nicht vergessen, dass es nur um einen Augleich geht, der einen rasch wieder »funktionsfähig« macht. Denn die grundlegenden Probleme bleiben.

Strategie 3: Körperliche Basis stabilisieren durch Body-Tuning. Wir müssen heute unseren Körper, seine Kräfte, seine Ausdauer und seine Geschicklichkeit viel weniger einsetzen als von der Natur vorgesehen. Dadurch werden wir schlapp, träge, dick und ungeschickt, wenn wir nicht »künstlich« durch Sport gegensteuern. Um uns wohl zu fühlen und leistungsfähig zu sein, sollten wir ein Minimum der körperlichen Soll-Werte erfüllen, sonst verzichten wir auf vielfältige Quellen unserer Kontrollüberzeugung. Die Erfahrung »Ich kann!« entsteht bei jeder schwungvollen, geschickten und zielgerichteten Bewegung. Unterschätzen Sie bitte nicht die Auswirkung, die ein unausgeschlafener, verqualmter und verkaterter Körper auf das Selbstvertrauen hat! Er kann keine anderen Signale generieren als »Viel zu anstrengend, lass es sein, das bringt doch nichts!« Da kommt durch schlichtes Vernachlässigen der einfachsten Bedienungsregeln für unseren Körper ganz schnell eine gehörige Portion an Hilflosigkeit und Hoffnungslosigkeit zusammen. Gesundheit ist die Basis für alles. Deshalb geht es jetzt gleich damit weiter.

Für die meisten ist »Stressmanagement« etwas, das ausschließlich im Nachhinein als »Stressausgleich« stattfindet. Man beansprucht sich bis zum Äußersten, lässt unkontrollierten, chronischen Stress seinen Schaden anrichten und abends, am Wochenende oder gar erst im Urlaub leckt man sich die Wunden, pflegt und erholt sich. Aber würden Sie Ihr Auto jeden Tag schrottreif fahren und es dann über Nacht in die Werkstatt bringen, um am nächsten Tag wieder von vorne zu beginnen? Nein. Sie würden sich ein neues Auto kaufen und besser fahren lernen.

Wählen Sie aus jeder Strategie jeden Tag eine oder mehrere Anregungen aus. Machen Sie es sich zur Gewohnheit, in allen Strategien immer besser, geschickter und routinierter zu werden, bis alles von alleine läuft. Keine Sorge, langweilig wird es trotzdem nicht werden!

5. Body-Tuning – Die Basics

Wartung und Pflege ist für jeden Autobesitzer eine Selbstverständlichkeit – bei unserem Körper sind wir nicht so sorgfältig. Vor jeder längeren Urlaubsfahrt geht es natürlich zur Inspektion in die Werkstatt, schließlich will man ohne Panne in Südspanien ankommen. Aber gehen Sie zum Arzt, bevor Sie ein großes Projekt stemmen, eine Woche auf der Messe arbeiten, das Weihnachtsgeschäft abwickeln, umziehen, die pflegebedürftige Oma aufnehmen oder sechs Wochen lang Überstunden fahren müssen? Im Gegenteil. Man macht vieles aus Unachtsamkeit oder Zeitmangel falsch: zu wenig Sport, zu wenig Schlaf, zu viel Kaffee, Alkohol und Zigaretten, und statt Salat und Gemüse gibt es Tiefkühlpizza und Bratwurst. Das geht so lange gut, bis der Körper Störungen meldet oder gar zusammenbricht – und mit ihm die Stressbalance. Dann erst merkt man, dass etwas nicht in Ordnung ist, geht zum Arzt oder versucht etwas kürzer zu treten.

Wir machen es also jetzt wie die spießigen Autobesitzer und sorgen für das normale Programm. Den Wagen gleich zu frisieren oder eine Riesenlautsprecheranlage einzubauen ist völlig überflüssig. Immer wieder gibt es »Gesundheitsfanatiker«, die sich die Optimierung ihres Körpers zur Lebensaufgabe gemacht haben. Dagegen ist nichts einzuwenden. Aber eigentlich reicht es aus, den Körper von einem in der Regel anzutreffenden Gesundheits- und Leistungszustand von minus 20 auf Normal Null zu bringen, und das ist zugegebenermaßen auch schon richtig Arbeit.

Die Beachtung der Grundregeln des Körpers ist die Basis der Stressbalance. Sie brauchen

- ausreichend Bewegung,
- genug Regeneration und Schlaf und
- richtige Ernährung.

Bewegen Sie sich genug?

Als Jäger und Sammler war der Mensch täglich mindestens sechs Stunden mit schnellem Gehen beschäftigt, legte zwischendurch einen kleinen Sprint ein und stählte dann seine Muskeln beim Heranschleppen der Beute. Ausdauersport und Bodybuilding waren lebensnotwendig, und daran hat sich bis heute nichts geändert. Daher erübrigt sich eigentlich jede Diskussion, ob man Sport mag oder nicht. Wenn die Intensität dem aktuellen Leistungsstand entspricht, ruft jede Form der Bewegung eine akute, kontrollierte Stressreaktion hervor, inklusive aller positiven emotionalen Erfahrungen, der Stärkung des Körpers und der Kontrollüberzeugung »Ich kann!«.

Wenn man nicht viel Zeit zur Verfügung hat, ist Ausdauersport genau das Richtige. Die Definition ist einfach: Mindestens 30 Minuten kontinuierlich bei mäßiger Intensität aus der Kraft der großen Muskeln (Beine und Gesäß) unterwegs sein. Die Faustregel lautet: Laufen, ohne außer Atem zu kommen oder drei Sätze in einem Ausatmen laut sprechen können. Garten- oder Hausarbeit, Tennis, Squash und andere Ballsportarten scheiden da leider wegen zu geringer Kontinuität schon aus. Besser geeignet sind Walking, Joggen, Radfahren, Ergometertraining, Stepper oder Laufband, Wandern, Schwimmen, aber auch Tanzen, Aerobic und Inlineskaten, das Ganze zwei- oder besser dreimal die Woche jeweils 30 bis 60 Minuten. Wenn es sich bei Ihnen besser in den Berufsalltag integrieren lässt, dürfen Sie diese Dosierungsanleitung auch ein wenig entspannter sehen: einmal am Wochenende und noch einmal in der Woche trainieren. Das ist schon das ganze Rezept! Für den Untrainierten ist ein flotter Spaziergang genau das Richtige.

Es kommt nicht darauf an, sich sklavisch an Vorschriften zu halten, sondern dass das Training überhaupt und in einer gewissen Regelmäßigkeit stattfinden kann: Laufen ohne schnaufen, dreimal 30 bis 60 Minuten.

Ausdauertraining: So viele Fliegen mit einer Klappe!

Ausdauersport steigert die Freisetzung der Botenstoffe Serotonin und Endorphine, die im Gehirn an den positiven Gefühlen beteiligt sind und fördert die Testosteronbildung für mehr Energie und Liebeslust.

Ein strammer Spaziergang bringt dem Gehirn 100 Prozent mehr Sauerstoff für bessere Konzentration. Die Stresshormone Cortisol und Noradrenalin bewirken, dass Geist und Kreativität zu Hochform auflaufen. Die Ideen kommen wie von selbst, die Motivation verbessert sich. Die Fettverbrennung wird durch richtig dosierten Ausdauersport ganz erheblich verbessert und Fettpolster verschwinden. Die Körpersilhouette verändert sich, die Haltung wird aufrecht und straff, der Gang beschwingt und elastisch.

Ausdauertraining beugt zudem Herzinfarkt und Schlaganfall vor. Die Herzleistung wird verbessert, es kommt mit einer geringeren Schlagzahl aus. Das entlastet das Herz sehr. Bewegung ist außerdem die beste Versicherung gegen das Metabolische Syndrom (s. Seite 89), Krebs und Schlafstörungen. Der Blutzuckerspiegel wird gesenkt und die Empfänglichkeit der Körperzellen für Insulin verbessert, was Altersdiabetes verhindern kann. Man nimmt mehr Sauerstoff auf, die Durchblutung der Lunge wird gesteigert und Infektionen vorgebeugt. Die Atemmuskulatur verstärkt sich, man atmet besser durch. Auch das Immunsystem verbessert seine Leistungsfähigkeit. Rückenschmerzen verschwinden, Bandscheibenvorfällen und Knochenbrüchigkeit wird vorgebeugt. Sie schlafen außerdem schneller ein, erholen sich besser und kommen mit weniger Schlafenszeit aus, denn Sport stimuliert die Freisetzung des Wachstumshormons, das in der Nacht seinen Heinzelmännchen-Dienst tut und alles regeneriert und repariert, was wir an einem turbulenten Tag an Geweben und Zellen verschlissen haben.

Salopp gesagt, macht uns die fehlende Stressbalance auf Dauer unglücklich, dumm, hässlich und krank. Ausdauersport ist in allen Punkten das Gegenmittel: Er macht glücklich, klug, schön und gesund!

Bevor Sie loslegen

Sind Sie sicher, dass Sie gesund und belastbar sind? Besonders wenn Sie über 35 Jahre alt sind und/oder lange keinen Sport mehr getrieben haben, ist der Gang zum Sportarzt, Internisten oder Orthopäden ein guter Trainingsstart. Sie sollten überprüfen lassen, ob Blutdruck und Puls okay sind, ein Ruhe- und Belastungs-EKG machen, Ihre Standard-Laborwerte checken lassen, die Belastbarkeit und Funktionsfähigkeit der Gelenke (Knöchel, Knie, Hüfte, Wirbelsäule, Schulter) kontrollieren und sich auf chronische oder akute Infektionen untersuchen lassen.

Wenn Sie Medikamente nehmen, fragen Sie, welchen Einfluss Sport auf Ihre Wirkung haben kann. Betablocker gegen Bluthochdruck zum Beispiel sind für Sportler ungeeignet, da sie die Leistungsfähigkeit des Herzens einschränken. Bitten Sie in diesem Fall Ihren Arzt, Ihnen eine andere Medikation zu verschreiben.

Praxis-Tipp für Vielbeschäftigte

Zugegeben, es sieht nicht gut aus, tut aber gut: Standjogging. Ziehen Sie sich Laufschuhe an und laufen Sie am geöffneten Fenster, auf dem Balkon oder vor dem Fernseher auf der Stelle: langsam, locker, gut in den Knien abfedern. Zu Beginn reichen fünf Minuten, um überhaupt erst einmal festzustellen, dass so etwas grundsätzlich möglich ist. Dann nach und nach auf 30 Minuten steigern. Nach circa drei Wochen die Knie höher heben und die Arme mitbewegen, um die Intensität zu erhöhen. Man kann dieses Training überall und zu jeder Tageszeit durchführen, wenn man will!

Warum Sie es beim Audauersport nicht übertreiben sollten

»Viel hilft viel!«, »Wer nicht über seine Grenzen geht, wird nicht fitter!«, »Wenn ich nicht gewinnen kann, macht Sport doch gar keinen Spaß!«. Diese Vorurteile aus der Mottenkiste der Sportwissenschaft können gefährlich werden, denn niemand weiß genau, wie es im Inneren Ihrer Blutgefäße mittlerweile mit der »Verkalkung« steht und ob nicht eine akute Überbelastung Herz und Kreislauf überfordert. Hinzu kommt der so genannte »oxidative Stress«, dem sich jeder aussetzt, der es mit der körperlichen Belastung übertreibt. Bei Verbrennungsprozessen im Körper, so auch beim Sport, entstehen aus der Reaktion mit Sauerstoff (Oxidation) freie Sauerstoffradikale. Bekannt sind diese kleinen Bösewichte als Zerstörer von Zellwänden und -kernen, wodurch sie alt machen, die Blutgefäße angreifen, Blutfette ranzig werden lassen und Krebs auslösen können. Ursprünglich sollten die freien Radikale ihre destruktive Kraft zu unserem Schutz einsetzen und Wurmeier, Amöben und sonstige Fremdbewohner des Körpers vertreiben. Doch heute sind sie unterbeschäftigt. Daher müssen wir uns vor ihnen schützen: mit den so genannten antioxidativen Vitaminen A, C und E, UV-Schutz der Haut, Verzicht auf Rauchen (ein Zug enthält circa eine Billion freie Radikale) und dem goldenen Mittelmaß auch im Sport. (Mehr Hinweise zu einer guten Ernährung finden Sie in dem Kapitel *Ernähren Sie sich richtig?* ab Seite 66.)

Tipp: Fünf gute Gründe, sich um seine Muskeln zu kümmern

→ Beim Muskeltraining können Sie zeigen, was in Ihnen steckt. Atmen Sie gut weiter, und strengen Sie sich an. Eine kräftige, gut geschulte und dehnfähige Muskulatur schützt die Gelenke vor vorzeitigem Verschleiß (Arthrose) und sorgt für sichere Bewegungen. Das senkt die Verletzungs- und Unfallgefahr. Wenn sie aber nicht gebraucht wird, schwindet sie (pro Jahrzehnt verlieren Sie 4 Prozent). Außerdem ist die

Muskulatur das einzige Organsystem Ihres Körpers, das in sichtbarer Menge Fett verbrennt. Jedes Kilogramm Muskeln braucht schon in Ruhe täglich 40 Kilokalorien zusätzlich. Muskeltraining regt die Bildung von Testosteron und Wachstumshormon an und sorgt so für Vitalität und gute Regeneration.

Schlafen Sie genug?

Siebeneinhalb Stunden Schlaf braucht der Durchschnittsmensch pro Nacht, sagen die Schlafforscher, zu wenig und zu viel Schlaf ist schädlich. Vorübergehend kann man einige Nächte mit weniger Schlaf aushalten, dann machen sich allerdings schnell erste Störungen bemerkbar. Viele Menschen fühlen sich heute ausgebrannt und »gestresst«, weil sie schlichtweg zu wenig schlafen.

Die Nachtschicht: Regeneration, Lernen und Kreativität

Ausstrecken, einkuscheln – endlich Ruhe! Ruhe? Während wir Nacht für Nacht das Bewussstsein verlieren, beginnt für Körper und Geist die Nachtschicht. Im Schlaf regenerieren sich alle Organe. Das Immunsystem arbeitet auf Hochtouren, um verschlissene Zellen abzubauen, eingedrungene Krankheitserreger zu eliminieren und spontan entstandene Krebszellen abzufangen. Diese Aufräumarbeiten finden hauptsächlich in der ersten Nachthälfte statt und werden durch das in dieser Zeit freigesetzte Wachstumshormon gefördert.

Schlafforscher, allen voran der Lübecker Psychologe Jan Born, haben heute sehr deutliche Hinweise darauf, dass in den Tiefschlafphasen der ersten Nachthälfte Fakten, Zusammenhänge und erlebte Situationen aus einem Kurzzeitspeicher in den Langzeitspeicher »überspielt« und damit gelernt werden. Ein Minimum von sechs Stunden Schlaf ist für gutes Lernen nötig. Wer länger schläft, behält auch mehr. Während der REM-Phasen (Rapid-Eye-Movement-Phasen, Traumschlaf), die besonders in der zweiten Nachthälfte stattfinden, trainiert das Gehirn Bewegungsabläufe, die im so genannten prozeduralen Gedächtnis verankert werden. Ob es sich um das Tippen auf der Tastatur des Computers, neue Tanzschritte oder den optimalen Bewegungsablauf beim Golfen handelt, wer genug REM-Schlaf bekommt, wird gute Fortschritte machen.

Eine alte Erfahrung aller kreativen Menschen kann von der Schlafforschung heute bestätigt werden. Das berühmte »darüber schlafen« ist tatsächlich sehr sinnvoll. Kreativitätsexperten empfehlen ein spezielles Training: Formulieren Sie abends vor dem Einschlafen eine exakte Suchaufgabe für Ihr Gehirn, zum Beispiel: Wie kann ich die Präsentation am besten aufbauen? Fragen Sie beim Erwachen nach der Lösung, und freuen Sie sich, wie Ihr Gehirn lernt, immer besser passende Antworten zu finden. Während des Schlafes haben sich bisher unzusammenhängend verstreute Wissenselemente geordnet und zu neuen und kreativen Mustern zusammengefügt. Nach dem Aufwachen befindet das Gehirn sich noch in einem entspannten Modus, in dem es leichten Zugriff auf diese neuen Ideen hat. Nutzen Sie diese kreative Zeitspanne und halten Sie immer Papier und Stift bereit.

Ausreichend erholsamer Schlaf ist die Grundlage der Lebensqualität. Schlaf ist die einfachste Methode, um die Stressbalance zu stabilisieren! Umgekehrt gilt aber auch: Fehlende Stressbalance ist die häufigste Ursache für Schlafstörungen. Deshalb nehmen Sie Schlafstörungen bitte ernst! Unternehmen Sie alles, um Schlafstörungen zu beheben – jeder Mensch kann besser schlafen lernen!

Schlafstörungen: Weit verbreitet

Bei den vielfältigen Aufgaben die im Schlaf erledigt werden, verwundert es nicht, dass sich bei länger bestehenden Schlafstörungen Müdigkeit und Konzentrationsschwäche, Gedächtnisstörungen, Frieren, Kopfschmerzen, Stimmungsschwankungen und Störungen des Immunsystems bemerkbar machen.

Strömen vielfältigste Stressauslöser auf uns ein, so hält die Stresssoftware alle Funktionen zur Problemlösung zu lange in intensiver Anspannung. Das ganze System ist auf Leistung eingestellt. Regelmäßiges Abschalten gelingt deshalb schlecht oder nur unzureichend. Auch körperliche oder psychische Erkrankungen, die sich aus der fehlenden Stressbalance entwickeln können, senden aktivierende Reize aus und halten so ihrerseits die Schlafstörung weiter aufrecht.

Übersicht: Was stört den Schlaf?

Oft sind es die kleinen Dinge, die Ursache für schlechten Schlaf sind, sich aber leicht abstellen lassen.

Rhythmusverschiebungen

- Unregelmäßiger Schlafrhythmus (besonders nach einem Wochenende mit langen Abenden)
- Jetlag
- Schichtarbeit
- Sommer- / Winterzeitumstellung

Körperliche Ursachen und Erkrankungen

- Hormonstörungen in den Wechseljahren
- Hunger (löst Aktivierung aus)
- Nächtliche Unterzuckerung
- Schmerzen
- Kalte Füße
- Wadenkrämpfe
- Schilddrüsenüberfunktion
- Herz-Kreislauf-Erkrankungen
- Ängste und Depressionen
- Restless-Legs-Syndrom (Bewegungsdrang bei Missempfindungen in Beinen und Armen)

Medikamente und andere Substanzen

- Genuss von Kaffee, schwarzem oder grünem Tee am Abend (Wirkung hält 5–7 Std. an)

- Ephedrin in Grippe- und Hustenmitteln (wirkt wie Stresshormone anregend)
- zu hoch dosierte Schilddrüsenhormone
- zu viel Alkohol (stört den Tiefschlaf, unterdrückt den REM-Schlaf, steigert Herzschlag und Blutdruck)
- zu viel Nikotin
- Medikamente (Schmerz- und Grippemittel mit Koffein, Asthmamittel mit Theophyllin – wirkt wie Koffein –, durchblutungsfördernde und konzentrationssteigernde Medikamente)

Lebensstil und Umgebung

- zu viel, zu spät, zu intensiv Sport am Abend
- zu viel und zu spät gegessen
- zu viel und zu spät getrunken (Druck auf der Blase)
- Geräusche (Schnarchen des Partners, Nachbarn, Kinder, Straßenverkehr)
- Licht
- intensive Gerüche (Blumen, Parfums, Zigarettenrauch, Ausdünstungen von Möbeln oder Teppichen)
- Schlafzimmer zu warm/zu kalt
- Decke zu schwer/zu warm/zu dünn
- unbequeme Matratze (Zu harte Matratzen erzeugen Druckstellen und führen dazu, dass man sich nachts unruhig herumwälzt. Unterlagen, die punktgenau nachgeben und sich der Kontur des Körpers gut anpassen, reduzieren den Druck, lassen ruhiger schlafen und verbessern die Schlafqualität erheblich! Gute Geschäfte verleihen Matratzen zur Probe.)

Abschalten bitte!

Wer abends schlecht abschalten kann, ist mit den Aufgaben, Pflichten und Zielen des Tages noch zu sehr beschäftigt. Das ist von unserer Stresssoftware gut gemeint, doch führt es meistens nicht zu kreativen oder produktiven Ergebnissen. Wer müde ist, braucht eine Pause; dann geht es am nächsten Tag umso besser, schneller, leichter und effizienter weiter. Das müssen Sie sich deutlich klar machen, um tatsächlich einen Schlusspunkt zu setzen und sich die Erlaubnis zum Abschalten zu geben. Körper, Gefühle und Gedanken kommen am besten durch feste Abendrituale zur Ruhe, zum Beispiel:

- Abendspaziergang (entspannt Körper, Gefühle und Geist, bringt oft noch gute Ideen)
- Leichte sportliche Tätigkeit
- Sauna (nur wer sich dadurch entspannt fühlt)
- Warme Dusche oder warmes Bad (mit Melisse, Baldrian oder Hopfen und höchstens 10 Minuten, Temperatur nicht zu heiß)
- Tagebuch schreiben
- Checkliste für den nächsten Tag erstellen (entlastet von dem Gefühl, Wichtiges vergessen zu können)
- Sex und/oder Kuscheln
- Entspannungsübungen
- Lesen (erfreuliches Thema)
- Musik hören

Die Glücksliste ausfüllen Positive Emotionen entspannen, beruhigen und helfen, besser einzuschlafen. Es ist traurig, wenn Sie sich am Ende eines langen Arbeitstages mit dem Gedanken »Gut, dass dieser Tag endlich vorbei ist!« in die Federn fallen lassen. Immerhin war es ein ganzer Tag Ihres Lebens! Er sollte sich gelohnt haben! Bestimmt können Sie an jedem Tag etwas Gutes finden, wenn Sie nur genau hinsehen. Gerade anstrengende Zeiten lenken den Blick auf Negatives. Das enthält wichtige Hinweise auf Verbesserungspotenzial und gehört deshalb zur abendlichen Bilanz unbedingt dazu. Aber das darf nicht alles sein. Stellen Sie selbst die Balance wieder her, indem Sie die vielen positiven Kleinigkeiten sehen, die Ihnen jeden Tag beim Überleben helfen. Üben Sie das täglich! Drei Minuten genügen.

Übersicht: Die Glücksliste

Teil 1

- Was war heute weniger schön?
- Was ist mir misslungen?
- Was habe ich verpasst?
- Was hat mich gestört?
- Worüber habe ich mich geärgert?
- Wie habe ich selbst zu den negativen Erlebnissen beigetragen?
- Wie kann ich das vermeiden?

Teil 2

- Was habe ich heute Positives erlebt?
- Was habe ich alles geschafft?
- Mit wem hatte ich ein nettes Gespräch?
- Worüber habe ich gelacht?
- Worüber habe ich mich gefreut?
- Was habe ich Angenehmes mit den Sinnen genossen (gesehen, gefühlt, gerochen, geschmeckt, gehört)?
- Worauf freue ich mich?
- Wie kann ich davon etwas wiederholen?

Grübelstopp üben Wichtigster Schritt dabei: bemerken, dass man sich grübelnd im Bett herumwälzt. Zweiter Schritt: innerlich energisch »Stopp!« rufen. Dritter Schritt: sich bewusst auf etwas Positives konzentrieren. Ein angenehmer Gedanke, eine schöne Erinnerung, die angenehmen Berührungen durch das kuschelige Bettzeug; es sollte immer dieselbe Vorstellung sein. Nach und nach »erziehen« Sie Ihr Gehirn, auf diese Signale zu reagieren und können das Grübeln effektiv abschalten. Zwei Wochen sind ein realistischer Zeitraum, in dem Sie deutlich merkbare Verbesserungen erreichen können.

Vorsicht: Schlafmittel und Alkohol Rezeptpflichtige Schlafmittel (Tranquilizer, Benzodiazepine) sollten immer nur im äußersten Notfall genommen werden, wenn alle anderen Methoden versagen – und niemals länger als zwei Wochen. Sie machen abhängig. Wenn es schon sehr spät geworden ist und Sie morgens früh raus müssen, nehmen Sie besser nur die halbe Dosis, sonst gefährden Sie sich im Verkehr und bei der Arbeit durch den gefürchteten »Hang-over«, das Nachwirken des Schlafmittels. Besonders, wenn Sie es vor der Tablette schon mit ein paar Gläsern Alkohol versucht haben.

Alkohol ist als Entspannungs- und Einschlafmittel sehr verbreitet, aber leider völlig ungeeignet. Alkohol beruhigt nicht, sondern regt den Kreislauf an, stört den Tiefschlaf und erzeugt Durchschlafstörungen. Besser, allerdings auch nicht immer ganz ohne Nebenwirkungen, sind die Schlafmittel der Natur, wie zum Beispiel Hopfen-, Melissen-, Passionsblumen-, Lavendel- oder Johanniskrauttee oder -tabletten.

Schnelle Regeneration auf Geschäftsreisen Beneidenswert, wer in der Bahn, im Flieger oder auf dem Rastplatz innerhalb von zehn Minuten mit einem Kurzschlaf frische Kraft tanken kann! Das kann jeder lernen. Entspannungsübungen zu beherrschen sollte heute zur Grundkompetenz eines jeden viel beschäftigten Menschen gehören. Überall werden Entspannungskurse angeboten (Volkshochschulen, Bildungswerke, Krankenkassen, Weiterbildungs- oder Gesundheitsmanagementprogramm der Firma), es gibt eine Vielzahl an CDs zum Selbsttraining, und die Investition von wenig Geld und etwas mehr Zeit lohnt sich in jedem Fall. Es sei denn, Sie gehören zu den Glücklichen, die jederzeit und überall kurz einnicken können. Dann weiter so! Alle anderen üben, bis sie auch so weit sind.

Ein paar Annehmlichkeiten helfen, auch unterwegs etwas Erholung zu finden. Bringen Sie Ihre Wertsachen in allernächster Nähe Ihres Körpers unter, und machen Sie es sich bequem. Stellen Sie sicher, dass Sie rechtzeitig wieder wach werden, indem Sie den Wecker Ihres Handys stellen. Jetzt das aufblasbare Kissen aus dem Flughafenshop zurechtschieben, Lärmschutzstöpsel oder MP3-Player mit Entspannungsübung auf die Ohren und angenehme Ruhe!

Weitere kurze Übungen und kleine Tipps zur raschen Regeneration im Berufsalltag finden Sie unter *Erste-Hilfe-Tipps* im Anhang auf Seite 226.

Ernähren Sie sich richtig?

Essen und Trinken hält Leib und Seele zusammen. Wie wahr! Nur leider übertreiben es viele Menschen heute damit. Der Leib geht durch zu viel Essen auseinander, und die Seele zerfällt, wenn zu viel Alkohol getrunken wird. Ernährungsbedingte Erkrankungen führen leider die Liste der modernen Volkskrankheiten an.

Auf der anderen Seite sind Fitness, Schlankheit und Leistungsfähigkeit Synonyme für Gesundheit und Erfolg und damit Statussymbole einer modernen Business-Elite geworden. Sich so zu ernähren, dass Körper und Seele gesund bleiben, dass man den ganzen Tag über mit allem versorgt ist, was ein überwiegend geistig tätiger Mensch für optimale Konzentration und Kreativität braucht, ist nicht schwer!

Die unübersehbare Menge an »Besser essen«- und »Besser abnehmen«- Literatur, die sich in schöner Regelmäßigkeit auf den Spitzenplätzen der Bestseller-Listen abwechselt, können Sie ignorieren, denn die entscheidenden Regeln sind sehr alt, sehr einfach und sehr übersichtlich:

- Weniger Fett (1 g liefert 9 kcal, eine Scheibe Salami enthält circa 5 g Fett)
- Weniger Zucker (1g liefert 4 kcal, ein Glas Cola (200 ml) enthält circa 20 g)
- Weniger Alkohol (1g liefert 7 kcal, ein Drink enthält circa 10 g Alkohol)
- Mehr Wasser
- Mehr Obst und Gemüse

Das war es schon: Weniger Kalorienreiches, dafür mehr gesundes Obst und Gemüse. Es ist wirklich so einfach. Man kann das Thema zu einer

Geheimwissenschaft machen, falls man nichts anderes zu tun hat, als über die berühmte Frage nachzugrübeln »Esse ich oder esse ich nicht?«. Wenn sie das Wichtigste in Kürze suchen, hier ist es!

Fett weg! Auch wenn sie vermeintlich nur böse sind – Fette sind ein sehr wichtiger Bestandteil der Ernährung! Sie dienen als Energiespeicher, helfen die fettlöslichen Vitamine A, D, E, K und Betakarotin aufzunehmen und sind Geschmacksträger.

Empfohlen werden circa 1 Gramm pro Kilogramm Körpergewicht täglich. Wer abnehmen möchte, reduziert um 20 Gramm. Zunächst allerdings würde es reichen, den Normalbedarf einzuhalten, denn der durchschnittliche Fettverzehr liegt leider bei 120 Gramm pro Tag – nicht schwer zu erreichen, wenn man bedenkt, dass eine Bratwurst bereits circa 50 Gramm, eine Portion Pommes frites circa 20 Gramm und eine Portion Mayonnaise ebenfalls 20 Gramm Fett enthält.

Pflanzliche Fette und Fischöl Omega-3-Fettsäuren sind für uns essenziell – wir müssen sie essen! Denn unser Stoffwechsel kann sie nicht zusammenbasteln: Alpha-Linolensäure kommt in grünem Blattgemüse, Salat, Spinat, Leinöl (57 Prozent Anteil) Leinsamen, Rapsöl und Walnussöl (9 Prozent Anteil), und Sojaöl (8 Prozent) vor; EPA (Eicosapentaensäure) und DHA (Docosahexaensäure) sind in fettem Seefisch enthalten, zum Beispiel (je 100 Gramm) in Hering (1,7 Gramm), Makrele (2,7 Gramm), Lachs (1,5 Gramm), Tunfisch (1,6 Gramm). Wir brauchen von ihnen nur circa 1 Gramm pro Tag. Die pflanzlichen Omega-3-Fettsäuren werden in die beiden im Fisch enthaltenen Fettsäuren umgewandelt. Die Ausbeute beträgt allerdings nur 10 Prozent. Um den Tagesbedarf allein zum Beispiel mit Raps-, Soja- oder Walnussöl zu decken, müsste man 140 bis 150 Gramm davon zu sich nehmen! Beim Leinöl würden circa 20 Gramm (circa 2 Esslöffel) reichen. Deshalb: Zwei- bis dreimal pro Woche Fisch zu essen ist die angenehmere Möglichkeit.

Nach allem, was man bisher über die Aufgaben der Omega-3-Fettsäuren weiß, scheinen sie besonders im Gehirn an verschiedenen wichtigen Schaltstellen Gutes zu tun. Damit wirken sie genau den Schäden entgegen, die bei dauerhaft gestörter Stressbalance durch erhöhte Stresshormonspiegel ausgelöst werden. Deshalb ist es auch nicht verwunderlich, dass sie so viele positive Wirkungen haben: Sie reduzieren die Blutgerinnung, verbessern die Fließeigenschaften des Blutes, senken Triglyceride, erhöhen das wichtige HDL, senken den Blutdruck und sind deshalb bei Patienten mit Herzinfarkt als erstattungsfähiges Medikament zugelassen, um den Zweitinfarkt zu verhindern. Sie wirken entzündungshemmend (Rheuma, Neurodermitis, Psoriasis, Colitis Ulcerosa) und sollen Allergien vorbeugen. Intelligenz und Sehvermögen von Babys werden gefördert (Schwangere sollten auf jeden Fall genug Fisch essen!), Hyperaktivität bei Kindern, chronisch aggressive Verhaltensstörungen und Depressionen bessern sich deutlich. Es gibt sogar Hinweise, dass sie an den »Satt-Signalen« im Gehirn beteiligt sind und so beim Abnehmen helfen können.

Schnelldenkers Mittagssnack

➔ Ein großer weißer Magerjoghurt mit einer halben Banane und einem Apfel, ein Glas Wasser, ein Kaffee – und alle wichtigen Substanzen für die geistige Leistungsfähigkeit sind gebunkert! Da graust es die Schnitzel-mit-Pommes-Junkies oder die Spaghetti-Carbonara-Freaks. Doch viel Fett und schnell verdauliche Kohlenhydrate machen einfach nur müde und schwerfällig. Stattdessen lieber eine kleine Portion Geflügel oder Fisch mit Salat oder gedünstetem Gemüse essen oder ein Schwarzbrot mit Käse oder Schinken, dazu etwas Obst und Wasser und Kaffee.

Eiweiß: nicht zu wenig – nicht zu viel Pro Tag brauchen Sie 0,8 Gramm Eiweiß pro Kilogramm Körpergewicht. Eiweiß liefert die 20 verschiedenen Aminosäuren (Bausteine) für alle Zellen, besonders die der Muskulatur, für Hormone, Enzyme, Bindegewebe, Immun- und Botenstoffe.

Wenn Sie zu wenig Eiweiß essen (minimaler Erhaltungsbedarf circa 31 Gramm/Tag), machen die Antikörper Ihres Immunsystems schlapp und Ihre mühsam antrainierten Muskeln werden langsam weggeknabbert. Die Haare fallen aus, und Sie fühlen sich ohne Energie. Zu viel Eiweiß wird – wie auch anders – zur Energiegewinnung verbrannt.

Alle benötigten Eiweißbausteine (Aminosäuren) bekommen Sie, wenn Sie tierisches und pflanzliches Eiweiß mischen. Empfehlenswerte Gerichte sind in diesem Fall beispielsweise Pellkartoffeln und Spiegelei oder Chili con Carne. Der Durchschnittsdeutsche nimmt pro Tag 100 Gramm Eiweiß zu sich – viel zu viel also. Die Diät haltende weibliche Jugend aber ist absolut unterversorgt, Bodybuilder tun zu viel des Guten, und irgendwo dazwischen stehen Sie.

Fit auf Geschäftsreisen

Ob es Ihnen unter den Bedingungen des modernen Geschäftslebens gut oder schlecht geht, hängt im Wesentlichen von Ihnen selbst ab. Bitte gehen Sie einmal gewissenhaft in sich und überprüfen Sie Ihre Ausreden! Beliebte Ausflüchte für falsche und zu üppige Ernährung auf Geschäftsreisen lauten zum Beispiel: »So etwas Leckeres (Ausgefallenes, Unbekanntes) gibt es ja sonst nicht«, »Was sollen die anderen von mir denken, wenn ich jetzt nur Salat und Mineralwasser bestelle?« oder »Das ist ja jetzt nur eine Ausnahme«. Haben Sie sich wiedererkannt? Dann machen Sie sich klar,

- dass man den Geschmack von seltenen, ungewöhnlichen und unbekannten Delikatessen auch in ganz kleinen Portionen genießen kann,
- dass man jedes angebotene Glas Alkohol dankend annehmen und nach dem ersten Höflichkeitsschluck abstellen oder in der Hand behalten kann, ohne es auszutrinken,
- dass es überall in Deutschland und den umliegenden Ländern Wasserhähne gibt, an denen man kleine Plastikflaschen für unterwegs

jederzeit wieder auffüllen kann (außer im außer- und südeuropäischen Ausland),

- dass man für eine Reise nicht nur Unterlagen und frische Socken einpacken kann, sondern auch ein paar Stücke Obst, eine Tüte mit geschnittenem Gemüse (Möhren, Paprika, Cocktailtomaten, Fenchel usw.), Studentenfutter, Trockenfrüchte oder Früchteriegel als schnelle Energiespender, Mineralwasser und selbst geschmierte Vollkornbrote mit magerem Schinken oder Käse und ein paar hart gekochte Eier (bei Cholesterinproblemen Eigelb wegwerfen und nur das fettfreie Eiweiß genießen),
- dass man grundsätzlich alles essen und genießen soll und dabei einfach nur die Menge im Auge behalten muss!

Wasser – das Lebenselixier In vielen Studien konnte inzwischen bewiesen werden: Nicht nur Sportler leiden bereits bei 2 Prozent (1 – 1,5 Liter) Wasserverlust an einer Leistungseinbuße von 20 Prozent, sondern auch normale Kopfarbeiter. Dadurch verschlechtert sich das Kurzzeitgedächtnis, das Durchhaltevermögen bei geistigen Aufgaben sinkt, das Lernen wird erschwert und Unbehagen, Ungeduld und Müdigkeit stellen sich ein.

Trinken Sie also immer ausreichend Wasser – und zwar, bevor sich der Durst meldet. Denn der springt erst an, wenn bereits ein Defizit von 1 Liter entstanden ist. Der Tagesbedarf liegt unter normalen Bedingungen bei circa 2,5 bis 3 Liter Flüssigkeit. Faustregel: Mindestens acht Gläser (à 200 ml) am Tag oder 1,5 bis 2 Liter Trinkmenge über den Tag verteilen. Circa einen Liter bekommen Sie schon aus dem Wassergehalt der festen Nahrung (drei Stück Obst oder drei Portionen Gemüse enthalten bis zu 500 ml) und aus dem Wasser, das im Stoffwechsel selbst gebildet wird. Alles am Abend zu trinken, weil man es tagsüber vergessen hat, ist unsinnig. Sie haben während des Tages nichts von Ihrer Flüssigkeit und nachts kommen Sie nicht zur Ruhe. Kaffee, schwarzer Tee, Matetee und Grüner Tee waren wegen ihrer koffeinbedingten entwässernden Wirkung zeitweilig verpönt. Neuere Untersuchungen haben jedoch ergeben, dass Koffein erst in hohen Dosen (zum Beispiel ab circa drei Tassen Kaffee) eine nennenswerte Wasserausscheidung bewirkt.

Fit im Flieger

An Bord eines Flugzeuges ist die Luftfeuchtigkeit auf 2 Prozent reduziert. (Zum Vergleich: Die Sahara bringt es immerhin auf noch 20 Prozent.) Dadurch trocknen die Schleimhäute aus und werden erkältungsanfällig. Der Flüssigkeitsverlust macht schlapp und das um ein Viertel reduzierte Sauerstoffangebot tut sein Übriges. Kein Wunder, dass Fliegen so anstrengend ist... Vom Alkohol sollten Sie in der Luft besser die Finger lassen, denn er erhöht die Wasserausscheidung. Trinken Sie viel: am besten alle 20 Minuten ein Glas stilles Mineralwasser.

Ein Wort zu den Alltagsdrogen Koffein, Alkohol und Nikotin

Koffein Die harmloseste Alltagsdroge vertreibt die Müdigkeit, regt die Konzentration und Kreativität an und hebt die Stimmung. Seine Hauptwirkung entfaltet das Koffein circa 30 Minuten nach dem Genuss im Gehirn. Einerseits verdrängt es dort den müdemachenden Botenstoff Adenosin, der zum Beispiel auch nach sportlicher Anstrengung ausgeschüttet wird, von seinen Rezeptoren und hält uns dadurch wach und leistungsfähig. Andererseits wirkt es wie der Botenstoff Dopamin in jenem emotionalen System, das für die anregende Vorfreude und die dazugehörige Munterkeit zuständig ist, die sich einstellt, wenn wir angenehme Pläne für die Zukunft schmieden.

Alkohol Alkohol beruhigt, dämpft die Stressreaktion, löst Angst und hellt die Stimmung auf, indem er im Belohnungssystem die beliebten Endorphine freisetzt. Alkohol ist daher unser beliebtester Stresskiller (»Wer Sorgen hat, hat auch Likör«, wusste schon Wilhelm Busch). Schon lange ist jedoch bekannt, dass Alkohol als Anreger des vegetativen Nervensystems (erste schnelle Aktivierung der Stressreaktion) funktioniert und von vielen Fachleuten als der Blutdrucksteigerer Nummer 1 angesehen wird. Er trägt damit wesentlich zur Steigerung des Herz-Kreislaufrisikos bei. 10 Gramm Alkohol pro Tag für Frauen (das entspricht einem Glas Wein oder einer halben Flasche Bier) und das Doppelte für Männer gilt jedoch als unbedenklich.

Nikotin Warum sind Zigaretten trotz der bekannten schädlichen Nebenwirkungen so beliebt? Nikotin wirkt nicht nur appetithemmend, sondern schlägt im Gehirn gleich zwei Fliegen mit einer Klappe: Es verursacht im Erwartungssystem die angenehm aktivierende Dopaminfreisetzung und löst im Belohnungssystem die zufriedenstimmenden und beruhigenden Endorphine aus. Die Zigarette zur Entspannung und Anregung – vermeintlich ideal für Stressgeplagte! Im Kapitel über Muße, Persönlichkeit und Weiterentwicklung finden Sie Anregungen, wie Sie die gewünschten Botenstoffe auch auf anderen Wegen stimulieren können – substanzfrei und ohne schädliche Nebenwirkungen.

6. Stressabhängige Erkrankungen

Es ist heute eine Binsenweisheit, dass der Körper Krankheitssymptome zeigt, wenn die Seele leidet. Die Psychosomatik, eine schon recht alte, empirische Wissenschaft, hat die Zusammenhänge beobachtet. Unsere geflügelten Worte bestätigen es ebenfalls: Das Herz bricht vor Schmerz, und die Last der Verpflichtungen drückt auf den Schultern. Was oft plausibel erscheint und manchmal zufällig sogar stimmt, trifft aber nicht in jedem Falle zu. Denn es gibt Menschen, die auch bei größten persönlichen Katastrophen völlig gesund bleiben!

Bei dem heutigen Wissensstand liegt der Schluss nahe, dass sie eine besondere Fähigkeit haben: Sie verfügen über unerschütterliche positive Erwartungen und Überzeugungen, können damit ihre Stressreaktionen kontrollieren und diese Kontrolle behalten, was auch immer geschieht. Sie behalten die Stressbalance, Wohlbefinden und Gesundheit bleiben stabil. Psychosomatik funktioniert auch im Guten! Die fröhliche Seele hält den Körper gesund. Das ist alles wissenschaftlich gut abgesichert, trotzdem wird die Psychosomatik noch häufig belächelt. »Das war doch alles nur eingebildet«, heißt es oft, es besteht ein permanenter Verdacht der Simulation. Die Schwierigkeit besteht darin, psychosomatische Beschwerden nachzuweisen, denn körperlich kann ein Arzt oft nichts finden. Das jedoch wird sich in Zukunft ändern, in der modernen Forschung werden bereits dementsprechende Methoden angewandt. Sie decken biochemische Veränderungen auf, die durch unkontrollierten Stress tatsächlich zu Symptomen wie Schmerzen, Müdigkeit oder Stimmungsschwankungen führen, lange bevor sich ein körperlicher Schaden entwickelt hat.

Das Netzwerk von Körper, Seele und Geist

Seit knapp zwei Jahrzehnten gibt es zwei neue Wissenschaftszweige, die die klassische beobachtende Psychosomatik durch messbare Ergebnisse erweitert haben: die Psychoneuroimmunologie und die Psychoneuroendokrinologie. Mit raffiniertesten biochemischen, molekularbiologischen und bildgebenden Methoden sind sie den Zusammenhängen zwischen Seele und Gesundheit auf der Spur. Gedanken und Gefühle (Psycho-) verändern über das Netzwerk von Gehirn und Nervensystem (-neuro) die Steuerung des Immunsystems (-immunologie) oder der Hormone und Botenstoffe (-endokrinologie). Sie können so Krankheit, genauso gut aber auch die Heilung beeinflussen. Dreh- und Angelpunkt ist dabei die Stresssoftware. Sie hat Zugriff auf alle Bereiche. Ihre Leistung als Hochgeschwindigkeitsrechner beruht auf biochemischen Botenstoffen, die in einem großen Netzwerk alle Gehirnabschnitte mit allen Regionen und Organen des Körpers verbinden. In der Stressbalance sind alle Botenstoffe in einem sinnvollen Maß unterwegs und bringen Gehirn und Körper dazu, genau so zu arbeiten, wie es gerade richtig ist. Diese Arbeit erzeugt ihrerseits auch wieder Signalstoffe, die Rückmeldung an Gehirn und andere Organe gibt. Wir fühlen uns leistungsfähig und fröhlich.

Fehlt die Stressbalance, gerät auch die Balance der Signalstoffe durcheinander. Sie bringen die Zellen zu unausgewogenen Reaktionen, die auch die Balance der Signalstoffe durcheinander bringt. Die Feedbackschleifen melden Störungen, die sich als Stresssymptome bemerkbar machen. Sie reichen von einer leichten Konzentrationsstörung über Reizbarkeit, Missmutigkeit und Kopfschmerzen bis zu stressbedingten Erkrankungen. Jedes Stresssymptom, die leichten vorübergehenden wie die schweren krankhaften Veränderungen, hat Auswirkungen auf andere Stellen im Netzwerk. Es verändert zum Beispiel die emotionalen Bewertungen. Mit heftigen Kopfschmerzen fühlt man sich einer Aufgabe weniger gewachsen, entwickelt eher die Überzeugung »Ich schaffe es nicht« und landet schnell über eine unkontrollierte Stressreaktion im nächsten Desaster. Aber glücklicherweise funktioniert die Beeinflussung auch in der anderen Richtung: Wenn Sie schnell das Richtige gegen Kopfschmerzen unternehmen, kann die Stressreaktion Ihr Problem wieder lösen!

Körper, Gefühle und Gedanken hängen über die Stressreaktion im Guten wie im Schlechten eng zusammen. Eine gelungene Stressbalance führt zu Wohlbefinden und Gesundheit. Nicht gelungene Problemlösungen äußern sich in Stresssymptomen, die von leichten Befindlichkeitsstörungen bis zu ernsten Erkrankungen reichen und ihrerseits den negativen Zustand verstärken.

Deshalb gilt für alle Stresssymptome: Wehret den Anfängen! Wenn bei Ihrem Auto ein Lämpchen aufleuchtet, fahren Sie doch auch gleich in die Werkstatt, oder?

Anzeichen der Stressbalance

Die World Health Organisation (WHO) hat eine Definition für Gesundheit formuliert, die sehr gut zu dem passt, was wir unter Stressbalance verstehen: Gesundheit ist die Fähigkeit, trotz eines gewissen Maßes an Mängeln, Störungen und Schäden leben, arbeiten, genießen und zufrieden sein zu können. Auch für Gesunde gibt es Probleme, die gelöst werden oder durch entsprechende Gegengewichte in Balance gehalten werden können.

Übersicht: Stressbalance: Die guten Momente!

Klares Denken zeigt, dass sie mit sich und Ihren Anforderungen im Gleichgewicht sind:

- Konzentration
- Geistige Beweglichkeit
- Prioritäten setzen können
- Realistische Einschätzung von Risiken
- Fähigkeit, zügig eins nach dem anderen abzuarbeiten

- Geistige Kapazität, neue Zusammenhänge rasch zu erfassen
- Gutes Gedächtnis
- Kreative Ideen und Problemlösungen
- Schlagfertigkeit
- Überblick
- Weitblick
- Humor (im individuellen Rahmen)

Diese guten Gefühle und Gedanken begleiten die Stressbalance:

- Zufriedenheit: »Ich finde mich und meine Leistungen klasse.«
- Offenheit anderen gegenüber: »Ich bin gerne mit anderen zusammen und beschäftige mich mit ihnen.«
- Toleranz: »Ich kann andere so nehmen, wie sie sind.«
- Selbstvertrauen: »Ich bin gut, ich schaffe, was ich mir vorgenommen habe.«
- Motivation: »Ich habe Lust, mich anzustrengen.«
- Wohlige Entspannung: »Alles ist gut, ich kann mich fallen lassen.«
- Sicherheit: »Mir wird schon nichts passieren.«
- Freude: »Es macht einfach Spaß zu leben!«
- Liebe: »Ich mag mich und andere richtig gerne.«
- Lust: »Ich freue mich auf den Sex.«
- Vertrauen: »Ich fühle mich im Kontakt mit anderen sicher.«
- Glück: »Ich könnte die ganze Welt umarmen!«

Wenn Sie die angenehmen Gedanken und Gefühle, die die Stressbalance begleiten, nur einmal in der Woche oder noch seltener spüren, sollten Sie sich darum bemühen, Ihre Stressbalance zu stärken. Beginnen Sie mit Body-Tuning (ab Seite 54) und emotionalem Ausgleich (ab Seite 92) und arbeiten Sie dann an der Balance Ihrer Portfolio-Bereiche (ab Seite 121).

Wenn die Stressbalance aus dem Gleichgewicht gerät

Einige Experten kennen sich mit ihrem Auto gut aus: Schon wieder die Elektronik, alles viel zu anfällig heutzutage. Kurzerhand drehen sie einige LEDs raus oder stöpseln irgendwo etwas ab und alles ist wieder in Ordnung. Bei den Stresssymptomen machen sie es ähnlich. »Was von selbst kommt, geht auch von selbst wieder«, hört man da gelegentlich oder auch »Ich habe gar keine Zeit, mich um solche Wehwehchen zu kümmern!« Schade. Denn manches anfänglich noch harmlose Stresssymptom kann sich mit der Zeit zu einem Schaden im Organismus auswachsen.

Die ersten Stresssymptome betreffen unsere empfindliche geistige Leistungsfähigkeit, dann verändern sich Stimmung und Gefühle und schließlich meldet sich der Körper mit kleinen Unpässlichkeiten. Alle Symptome warnen: Achtung, die Stressbalance geht gerade verloren, Problemlösungen werden schwierig. Eine ganze Zeit lang zeigen die Symptome die unkontrollierte Daueraktivität an, bis sich schließlich eine Erschöpfung und Ermüdung einstellt, die wiederum an anderen Symptomen zu erkennen ist.

Im Berufsalltag sind solche Situationen »Stressnotfälle«, gegen die man sofort etwas unternehmen sollte. Es muss ganz klar sein: Kleine Manöver gegen unkontrollierten Stress lösen keine Probleme, sondern dämpfen die überhitzte Stressreaktion lediglich. Sie sind auch keine Dauerlösung, sondern fangen Sie nur eine Weile auf, wenn Sie erschöpft sind, aber trotzdem weiterarbeiten müssen. Das Wichtigste dabei: Sie können ganz konkret etwas tun, um sich Ihrer Balance wieder anzunähern (s. Seite 227). Wenn es auch nur eine winzige Maßnahme ist, es ist das Gegenteil von Hilflosigkeit und damit grundsätzlich nützlich!

Übersicht: Stresssymptome

Geistige Stresssymptome bei überhitzter Stressreaktion (akut oder chronisch unkontrollierter Stress)	• Konzentrationsstörungen • Kontrolle und Überblick gehen verloren • Wahrnehmungsstörungen • Denkblockade • Kurzschlussreaktion • Auffassungs- und Gedächtnisstörungen • Mangelnde Flexibilität • Fehlende Prioritätensetzung • Blockierte Reaktion • Fehlleistungen • Unklarheit • Entscheidungsschwäche
Emotionale Stresssymptome	• Kämpfergeist • Reizbarkeit • Selbstüberschätzung • Negative Beurteilung und Ablehnung anderer • Innere Hektik • Innere Unruhe • Ärger • Misstrauen • Mangelndes Delegieren • Zynismus • Isolation • Kein Feedback und kein Lob • Abbruch der Kommunikation
Körperliche Stresssymptome	• Schwitzende, kalte Hände • Angespannte Schultern und Rückenmuskulatur • Angespannte Kiefermuskulatur • Kopfschmerzen • Herzklopfen • Gesichtsrötung • Druckgefühl im Kopf • Rauschen in den Ohren

	• Unruhe und Bewegungsdrang • Druck auf der Brust • Herzstolpern • Schwindel
Veränderungen der geistigen Leistungsfähigkeit	• Konzentrationsstörungen • Verlangsamte Reaktionen • Mangelnde Aufmerksamkeit • Mangelnde Entscheidungsfähigkeit • Ideenlosigkeit • Ineffektivität • Entschlusslosigkeit • Unsicheres Auftreten • Ausweichende Aussagen • Keine klaren Stellungnahmen (»Ist mir egal.«)
Emotionale Veränderungen	• Motivationsverlust • Unzufriedenheit • Minderwertigkeitsgefühl • Unselbstständigkeit • Lustlosigkeit • Energielosigkeit • Sinnlosigkeit • Unsicherheit • Depressive Verstimmung • Enttäuschung • Hoffnungslosigkeit • Innere Distanz zu anderen Menschen • Eifersucht
Körperliche Stresssymptome bei Erschöpfung	• Schlaffe Körperhaltung • Gesenkter Blick • Wenig Gestik und Mimik • Wenig Gesprächsbeteiligung • Müdigkeit und Gähnen • Blässe

Termin bitte!

Sollten stärkere und länger andauernde Stresssymptome häufiger auftreten und mit Konzentrationsschwierigkeiten oder schlechter Stimmung kombiniert sein, ist der Besuch beim Arzt der nächste Schritt! Er wird sich auch mit der Frage nach der erblichen Belastung beschäftigen und die nötigen Untersuchungen veranlassen. Wer dann ohne handfeste Diagnose nach Hause kommt, darf sich freuen, dass bisher nichts Schlimmes passiert ist! Denn noch ist Zeit, sich an die eigene Nase zu fassen, eine dicke Kladde zu kaufen und sich mit seinem Lebensstil und den ungelösten Problemen zu befassen. Die Basics für die Gesundheit zu organisieren ist noch vergleichsweise einfach (s. Seite 54). Stressforscher wie Bruce McEwen behaupten sogar, der größte Teil der Stresssymptome verschwände von allein, wenn wir unseren Körper nur ordentlich behandelten.

Übersicht: Stresssymptome, die medizinisch abgeklärt werden sollten

- Bluthochdruck
- Schlafstörungen (länger als zwei Wochen)
- Herzrhythmusstörungen
- Schwindel (länger/häufiger)
- Angstgefühle (wiederholt)
- Niedergeschlagenheit
- Hörsturz
- Ohrgeräusche
- Infektionsanfälligkeit
- Unbestimmte Schmerzen
- Magen-Darm-Probleme
- Starke Schmerzen im Rücken- und Schulterbereich (bis zum Bandscheibenvorfall)
- Hautprobleme und Wundheilungsstörungen
- Gewichtsprobleme (starke Zu- oder Abnahme)

Die wichtigsten stressabhängigen Erkrankungen

Die chronisch unkontrollierte Stressreaktion kann eine Reihe an Erkrankungen nach sich ziehen, bei denen die Hormone der beiden Stresshormonachsen Adrenalin und Cortisol die Hauptrolle spielen. Adrenalin stimuliert dann Herz, Kreislauf, Muskulatur, Atmung, Leber, Fettgewebe und Energiestoffwechsel übermäßig und erschöpft die Leistungsfähigkeit der betroffenen Organe. Etwas später, dafür aber langsamer und nachhaltiger überhitzt Cortisol den energiebereitstellenden Stoffwechsel, stört die geistige Leistungsfähigkeit und die Stimmung im Gehirn und drosselt die Funktion des Immunsystems übermäßig. Durch ihre Auswirkungen auf andere Signalstoffe im Netzwerk ziehen die Stresshormone aber auch Störungen in weiter entfernten Bereichen und Organsystemen nach sich. Stressabhängige Erkrankungen betreffen am häufigsten

- Gehirn und Psyche,
- den Bewegungsapparat,
- das Immunsystem,
- das Magen-Darmsystem,
- Gewicht und Stoffwechsel sowie
- das Herz-Kreislaufsystem.

Psychische Erkrankungen durch fehlende Stressbalance

Professor Dr. Hans-Ulrich Wittchen von der TU Dresden stellt fest: »Psychische Störungen sind Erkrankungen unseres Gehirns und Nervensystems – dem komplexesten Organ des Menschen! Warum sollte ausgerechnet dieser komplexe Teil unseres Körpers weniger häufig erkranken als andere Organe unseres Körpers?« Das Organ, das wegen seiner hochkomplexen Arbeitsweise am empfindlichsten auf Balancestörungen reagiert, ist das Gehirn selbst. Seine Aufgaben werden in ihrer Gesamtheit als »Psyche« bezeichnet. Diese Funktionen zeigen bei fehlender Stressbalance bestimmte Störungen.

Nun bekommen Sie bitte keinen Schreck! Nicht jeder bekommt durch zu viel Stress zwangsläufig eine psychische Erkrankung. Genauso wenig wie einen Herzinfarkt oder einen Bandscheibenvorfall. Ich möchte Sie vor allem auf die fließenden Übergänge zwischen Stresssymptomen und Erkrankungen aufmerksam machen und Sie anregen, immer wieder auf sich und Ihre Stressbalance zu achten.

Störungen der psychischen Funktionen bei fehlender Stressbalance

Normale Funktion	*Gestörte Funktion*
• Aufnahme und Verarbeitung von Informationen (Wahrnehmung)	• Konzentrationsstörungen • Eingeengter Fokus auf negative Aspekte des Lebens • Konzentration auf körperliche und seelische Symptome, Gedankenkreisen, Grübeln
• Steuerung von automatischen Reaktionen und bewussten Handlungen	• Fehlsteuerung, unverständliche Handlungen • Körperliche Symptome der Erkrankung (psychosomatische Symptome)
• Produktion und Auswertung von Gefühlen als »Ratgeber«	• Überwiegen von negativen Gefühlen
• Denken, Bewertung und Planung	• Blockiertes Denken, falsch negative Bewertung, abnehmende Fähigkeit zu planen, abnehmendes Interesse an angenehmen Dingen
• Speichern und Abrufen von Informationen (Lernen und Gedächtnis)	• Gedächtnisstörungen

Erst wenn diese Symptome so lange bestehen, dass man sie aus eigener Kraft nicht mehr in den Griff bekommt, entwickeln sich psychische Störungen. Während alle anderen Krankheiten als Ursache für Fehlzeiten im Berufsleben abnehmen, steigt die Zahl der psychischen Erkrankungen derzeit so rapide an, dass sich die Krankenkassen bereits Sorgen machen. Dieses Phänomen wird weltweit beobachtet. Die WHO spricht von Ängsten und Depressionen als der Epidemie des dritten Jahrtausends. Von diesem Anstieg aber nicht betroffen sind die Psychosen (zum Beispiel Schizophrenie). Ein stabiler Prozentsatz von 1 bis 2 Prozent daran Erkrankter in der Bevölkerung kommt in allen Gesellschaften vor.

Psychische Erkrankungen bedeuten leider nach wie vor ein Stigma, das Patienten zu verbergen suchen und selbst Ärzte nicht gerne diagnostizieren. Fehlendes Wissen, irrige Vorstellungen, die zum Teil von den Medien geschürt werden, Unsicherheit wie man mit einer solchen Krankheit umgehen soll und die Furcht, »verrückt« zu werden, beherrschen das Thema. Genauso weit verbreitet ist die etwas hemdsärmelige Einstellung, man solle sich doch ein wenig zusammenreißen und sich nicht so ernst nehmen, dann würden auch die Stimmungsstörungen verschwinden. Aus dieser Vorstellung ergeben sich gut gemeinte Ratschläge, vielerlei Anregungen und Besserungsversuche, die der Betroffene aber krankheitsbedingt gar nicht annehmen kann. Das erzeugt Frustration, Ärger und Abwendung. Menschen mit (noch) nicht diagnostizierten psychischen Erkrankungen leben häufig in einem sozialen Umfeld, das von Ärger, Frust, Ablehnung und sogar Mobbing bestimmt wird. Fatal für Kranke! Gut geschulte Ärzte bieten heute ihren Patienten mit psychischen Störungen eine richtige und akzeptable Erklärung an: Sie sprechen von einem Ungleichgewicht der Botenstoffe im Gehirn oder von einer Stoffwechselstörung, die die Symptome auslöst.

Wenn die psychischen Symptome so stark in den Vordergrund treten, dass das Wohlbefinden und die Leistungsfähigkeit eingeschränkt sind, man sich in der Gesellschaft nicht mehr wohl fühlt und auch aus eigener Kraft nicht mehr umschalten kann, muss man davon ausgehen, dass sich eine psychische Störung oder Erkrankung entwickelt hat. Die wichtigsten Erkrankungen:

Angst Furcht und Angst haben bei der Auslösung und Ausrichtung der Stressreaktion eine lebenserhaltende Funktion. Sie sind nützliche Warnsignale und begleiten jede Aktivierung des Stresssystems, auch wenn wir sie nicht immer deutlich wahrnehmen. Problematisch werden Angstgefühle, wenn sie durch chronisch unkontrollierten Stress überhand nehmen. Angststörungen kommen in unterschiedlichen Formen vor:

- Panikattacken (überraschend auftretende Empfindung von Angst ohne erkennbaren Anlass)
- Gerichtete Ängste/Phobien (Angst vor öffentlichen Auftritten, Prüfungen, Spinnen, Plätzen)
- Generalisierte Angstzustände (andauerndes Angst- und Unruhegefühl, sorgenvolle Stimmung)

Depressionen Viele Angststörungen münden nach einiger Zeit in Depressionen. Was nicht verwundert, denn die Botenstoffe, die Ängste oder Niedergeschlagenheit verursachen, sind dieselben und die neuronalen Systeme, in denen sie gebildet werden, liegen im Gehirn eng beieinander. Es gibt zurzeit circa vier Millionen depressive Patienten in Deutschland. Aber nur geschätzte 10 Prozent von ihnen werden behandelt. Das ist besonders fatal, da Depressionen zu den gefährlichsten Krankheiten gehören. 11 000 Selbstmorde gehen pro Jahr auf ihr Konto. Zwei Drittel werden von Männern begangen.

Depression ist der Oberbegriff für eine Reihe an Störungen, die ähnliche Symptome aufweisen, aber unterschiedliche Ursachen haben können. Es gibt Depressionen

- als Begleiterscheinung von Erkrankungen des Gehirns und des Nervensystems (Alzheimer, Durchblutungsstörungen im Alter, Parkinson, Epilepsie, Psychosen);
- als Folge einer Schädigung des Gehirns durch Drogen und Alkohol;
- nach akuten traumatischen Erlebnissen (akut unkontrollierte Stressreaktion) wie zum Beispiel nach dem Tod nahe stehender Personen, Unfällen oder Gewalterlebnissen;

- als bipolare Depression (manisch-depressive Störung): übertrieben euphorische und niedergeschlagene Phasen im Wechsel, sehr selten;
- im Rahmen der Hormonumstellung nach Geburten, in den Wechseljahren oder im Zyklus;
- im engeren Sinne durch Überstrapazierung der chronisch unkontrollierten Stressreaktion (Major Depression, unipolare Depression, Erschöpfungsdepression), die sich nach einer bestimmten Zeit bessern kann, häufig wieder auftret und chronisch wird.

Therapie der Psychischen Erkrankungen

Psychische Erkrankungen sind ernsthafte gesundheitliche Störungen, die den Betroffenen seelisch, aber auch körperlich stark beeinträchtigen. Diagnose und Therapie gehören – wie bei jeder anderen Erkrankung auch – in die Hand eines Facharztes. Sie lassen sich in den allermeisten Fällen sehr gut heilen, auf jeden Fall immer bessern. Bewährt hat sich die Kombination aus Medikamenten, Psychotherapie und Ausdauersport. Medikamente sorgen für das nötige biochemische Gleichgewicht im Gehirn. Die Psychotherapie beim Psychiater oder beim therapeutisch ausgebildeten Psychologen »übt« mit dem Patienten, konstruktive, positive und optimistische Einstellungen zu sich selbst. Sie stärkt durch Gespräche, Übungen und »Hausaufgaben« alle vorhandenen Ressourcen. Kurz: Die Behandlung bezweckt nichts anderes, als dem Patienten wieder zu einer guten Stressbalance zu verhelfen.

Leider dauert es oft jahrelang, bis psychisch kranke Menschen überhaupt endlich behandelt werden. Da die Erkrankungen in »Schüben« verlaufen, verschwinden die Symptome immer wieder für eine gewisse Zeit und der Betroffene wiegt sich in Sicherheit. In diesen Jahren wird die psychische Erkrankung, wie jede andere Krankheit auch, oft chronisch und damit immer schwerer zu behandeln.

Sprechen Sie deshalb Menschen an, bei denen Sie auffällige Veränderungen in Stimmung, Verhalten und Arbeitsleistung festgestellt haben. Bringen Sie Ihre Sorge zum Ausdruck, und helfen Sie dem Betreffenden, fachkundige Beratung zu finden.

Physische Erkrankungen durch fehlende Stressbalance

Kurze intensive Stressaktivierungen sind in der Regel unschädlich, besonders bei jüngeren Menschen. Mit der Zeit können sich jedoch Krankheitssymptome entwickeln, wenn die Kompensationsmechanismen des Organismus die Effekte der erhöhten Stressaktivität nicht mehr abfangen. In denjenigen Organsystemen, die eine genetische »Schwäche« (zum Beispiel familiäre Veranlagung zu Bluthochdruck) aufweisen, zeigen sich erste Krankheitszeichen (zum Beispiel Episoden von Bluthochdruck bei Ärger). Kommen dann noch ungünstige Umgebungsbedingungen (zum Beispiel Zeitdruck am Arbeitsplatz, Lärm) und gesundheitlich schädigendes Verhalten (zum Beispiel Rauchen, Alkohol) dazu, entwickeln sich Krankheiten (zum Beispiel behandlungsbedürftiger Bluthochdruck). Bei bestimmten Erkrankungen wirken besondere Persönlichkeitsmerkmale zusätzlich negativ verstärkend.

Bewegungsapparat und chronische Schmerzen Chronisch erhöhte Stressaktivierung erzeugt eine Daueranspannung in der Muskulatur. Besonders betroffen sind der Schulternackenbereich, die Kiefermuskulatur und der untere Rücken. In Kombination mit Fehlhaltungen und Bewegungsmangel entwickeln sich Fehlstellungen im Bereich der Gelenke. Von dort ist es nun nicht mehr weit bis zum schmerzhaften Gelenkverschleiß, dem üblen Bandscheibenvorfall oder dauerhaften Rückenschmerzen.

Schmerz selbst aber ist einer der potentesten Stressoren, die wir kennen. Wer zum Beispiel nicht sofort etwas gegen Rückenschmerzen unternimmt, gerät leicht in einen sich selbst verstärkenden Teufelskreis von Schmerz und Verspannung, der noch dadurch gefördert wird, dass sich im angespannten Muskel Stoffwechselprodukte ansammeln, die die Schmerzfasern reizen und wiederum zu mehr Verspannung anregen. In diesem Teufelskreis spielen auch Entzündungsstoffe und die Schmerzsubstanz P eine Rolle. Sie werden sowohl vor Ort in der Muskulatur als auch im Gehirn gebildet. Sie schaukeln sich untereinander auf, und ihre Wirkung greift mit der Zeit auch auf das seelische Befinden über. Chronischer Schmerz und Depression sind bekanntermaßen zusammengehörende Phänomene, bei denen man oft nicht mehr unterscheiden kann, was Ursache und was Folge ist.

Auch die Fibromyalgie, eine schmerzhafte, jahrelang bestehende Reizung im Bereich von Muskeln und Sehnen, begleitet von Schlafstörungen, Müdigkeit, Herzrhythmusstörungen, depressiver Verstimmung, Reizdarm und Reizmagen stellt sich immer deutlicher als Ausdruck chronisch gestörter Stressbalance dar. Die Regulation der Signalstoffe Serotonin, Tryptophan und der schmerzfördernden Substanz P ist aus der Balance geraten.

Immunsystem Das Immunsystem ist sehr eng mit der Stresssoftware verbunden. Jede Immunantwort braucht eine starke Unterstützung durch die Stressreaktion. Umgekehrt aber schwächt zu viel chronischer Stress das Immunsystem, es kommt also wieder auf die Balance an. Aus vielen Untersuchungen ist heute bekannt, dass lange andauernder psychosozialer Stress das Immunsystem schwächt. Denn wer dauernd negative Gefühle erlebt, gerät in die chronisch unkontrollierte Stressaktivierung, und langfristig erhöhte Cortisolspiegel pfeifen die Truppen des Immunsystems zurück. Man wird infektionsanfällig und hat eine Erkältung nach der anderen. Latent im Körper schlummernde Viren wie Herpes simplex (Herpesbläschen), Windpockenviren (Herpes Zoster) oder Epstein-Barr-Viren (Pfeiffersches Drüsenfieber) können reaktiviert werden. Außerdem heilen Wunden wesentlich langsamer: Wer große Angst vor einer Operation hat, leidet häufiger an verzögerter Wundheilung, erlebt mehr postoperative Komplikationen und bleibt länger im Krankenhaus. Auch Zahnfleischentzündungen wie die gefürchtete Parodontitis können durch chronischen Stress entstehen, Impfungen schlagen nicht richtig an und bieten im Infektionsfall keinen ausreichenden Schutz. Gesichert ist der Zusammenhang zwischen der hohen emotionalen Belastung einer Depression und Infektionsanfälligkeit besonders bei Personen über 40. Denn auch das Immunsystem altert und lässt in seiner Aktivität mit den Jahren nach!

Auf der anderen Seite kann chronischer Stress aber auch die Cortisolfreisetzung erschöpfen. Jetzt fehlt dem Immunsystem die Bremse, die seine Angriffe auf eigenes Gewebe hemmen. Es wird überaktiv und damit autoaggressiv. Autoimmunerkrankungen sind zum Beispiel Rheuma, Neurodermitis, Psoriasis, Magen- und Darmentzündungen (M. Crohn, Colitis ulcerosa). Hier wird oft das fehlende Cortisol durch das Medikament Cortison ersetzt und ist in der Hand des Arztes ein hilfreiches Mittel, um den fortschreitenden Gewebeschaden zu verhindern.

Magen-Darmsystem Verdauungsprobleme gehören zu den klassischen stressabhängigen Störungen. Schon lange ist bekannt, dass ein Ungleichgewicht im vegetativen Nervensystem, das die Bewegung der Darmmuskulatur und die Produktion der Verdauungssekrete steuert, hier eine wichtige Rolle spielt. So kann man Störungen wie Verstopfung oder Durchfall gut erklären.

Inzwischen kennt man viele Zusammenhänge zwischen Magen-Darmtrakt und Veränderungen der Netzwerkbalance. Die Darmwände sind mit einem dichten Netz an Nervenzellen durchzogen, die genauso wie die Nervenzellen des Gehirns in der Lage sind, bestimmte Signalstoffe zu produzieren und über ihre Verbindungen im Netzwerk auch Signale aus dem Gehirn zu empfangen. Der Reizdarm, eine recht verbreitete stressabhängige Störung, hat offensichtlich hier seinen Ursprung. Er äußert sich in heftigen Schmerzattacken, die bei genauester Untersuchung keinen körperlichen Befund ergeben, in wechselnden Stuhlgewohnheiten, Blähungen, Druck- und Völlegefühl. Auffällig ist, dass diese Symptome häufig im Rahmen von (noch) nicht diagnostizierten Depressionen auftreten. Die schmerzauslösende Substanz P und eine Veränderung im Serotoninhaushalt des Nervensystems kommt bei Depression und Reizdarm gleichermaßen vor und erklärt den Zusammenhang.

Übergewicht und Stoffwechsel Stress macht dick – eine leidige Erfahrung, die viele Menschen heute machen. Immerhin hat schon jeder zweite Deutsche heute Übergewicht, jeder fünfte ist regelrecht fettsüchtig! Besonders erschreckend ist, dass bereits jedes sechste Kind zu dick ist. Wer zu viel Stress hat, bewegt sich nicht genug, isst mehr und trinkt mehr Alkohol oder andere kalorienreiche Getränke.

Hinzu kommt die Stresschemie: Chronischer Stress erhöht bei vielen Menschen den Pegel des Stresshormons Cortisol. Es befreit die »Brennstoffe« Fettsäuren und Glucose (Einfachzucker) aus ihren Speichern. Können sie nicht in ausreichendem Maße verbraucht werden, weil sich der Betroffene zu wenig bewegt, werden sie kurzerhand in die Fettzellen des Wohlstandsbäuchleins umgelagert. Diese Zellen sind normalerweise sehr aktiv. Sie produzieren Botenstoffe, die Hunger, Nahrungsaufnahme und Gewicht in Balance halten. Sind diese Fettzellen aber prall und gespannt, verändern sie ihre Aktivität oder stellen sie ganz ein. Das hat schädliche Folgen. Die Körperzellen können nun keinen Zucker mehr verwerten. Wir werden müde, lustlos und bekommen Hunger auf Süßes. Geben wir dem Hunger nach, wird Insulin freigesetzt, um den Zucker aus den Süßigkeiten in die Körperzellen zu schleusen. Insulin aktiviert aber auch die Stresshormone und erzeugt damit wieder chronischen Stress. Jetzt geht der Teufelskreis von vorne los. Diesen Zustand nennen die Mediziner Metabolisches Syndrom. Es ist eine Volkskrankheit, von der an die 15 Millionen Menschen in Deutschland betroffen sind. Es gilt als Vorläufer des Diabetes (Typ II), weil die Insulinproduktion auf Dauer erschöpft wird, und erzeugt die wichtigsten Risikofaktoren für Herz- und Kreislauferkrankungen.

Der erste Schritt zur Besserung besteht in einer Überwindung der Antriebsstörung. Schon nach wenigen Tagen mit Sport ist die Ansprechbarkeit der Körperzellen auf Insulin wiederhergestellt. Glucose kann endlich verwertet werden, und Stimmung, Leistungsfähigkeit und Fitness bessern sich schnell spürbar. Jetzt setzt sich die Aufwärtsspirale in Richtung Normalgewicht und Gesundheit in Gang! Medikamente gegen alle Risikofaktoren können bis auf die Hälfte reduziert werden, viele können ganz weggelassen werden.

Herz-Kreislauf-Erkrankungen Sobald der chronische Stress ein Metabolisches Syndrom erzeugt hat, treten auch die Risikofaktoren für diese

Krankheiten auf: Dauerhaft erhöhte Stresshormone erhöhen Blutfettspiegel und Blutdruck, fördern chronische Entzündungen in den arteriosklerotischen Ablagerungen und steigern die Blutgerinnung (Verstopfung der Blutgefäße) – damit steigt das Risiko für Herzinfarkt, Schlaganfall, Nierenstörungen und Störungen der Sehkraft.

Hoher Blutdruck ist der wichtigste Risikofaktor für den Schlaganfall, und auch beim Herzinfarkt spielt er eine große Rolle. Schon lange ist bekannt, dass der Bluthochdruck mit dem Älterwerden zunimmt. Auch weiß man, dass erhöhter Blutdruck die geistige Leistungsfähigkeit einschränkt. Er lässt das Gebiet des Gehirns, in dem Erinnerungen gespeichert werden, schrumpfen. Jeder zweite über Fünfzigjährige leidet bereits an erhöhtem Blutdruck. Die Fähigkeit körperlich und seelisch abzuschalten scheint mit dem Alter abzunehmen. Umso wichtiger ist es, sich rechtzeitig mit Entspannungstechniken zu beschäftigen und diese Fähigkeit systematisch zu trainieren. Zusammen mit Bewegung und Gewichtsabnahme kann dadurch schon die Hälfte der Blutdruckpatienten ihre Medikamente reduzieren oder sogar ganz weglassen!

Ganzheitliche Behandlung der stressabhängigen Erkrankungen

Die moderne Medizin weiß heute bereits genug, um bei den stressabhängigen Erkrankungen die Zusammenhänge aufzeigen und eine im besten Sinne ganzheitliche Therapie einleiten zu können. Das bedeutet, dass viele dieser Erkrankungen, gegen die bis vor kurzem »kein Kraut gewachsen war« (wie zum Beispiel Reizdarm oder Schlafstörungen, chronische Schmerzen) heute mit Medikamenten behandelt werden, die an den zentralen Steuerungsstellen des Gehirns das Gleichgewicht der Signalstoffe wiederherstellen, aber früher ausschließlich den psychischen Erkrankungen vorbehalten waren. Die neuen Erkenntnisse zeigen immer deutlicher auf, dass die traditionelle Aufteilung zwischen körperlich und seelisch ausgedient hat und dem Netzwerkmodell Platz macht.

Ganzheitliche Therapie besteht deshalb aus den Elementen:

- Medizinische Behandlung
- Sportliches Training und Entspannungstechniken
- Beratung, Coaching und Therapie bei emotionalen und praktischen Problemen zur Stabilisierung der Stressbalance

Die ganzheitliche Medizin kann überzeugende Wirksamkeitsnachweise vorlegen, die mit wissenschaftlichen Methoden gewonnen wurden. Damit verliert sie den Beigeschmack von »Esoterik«, »Erfahrungswissen«, »Wellness« oder gar »Psychokult«. Leider scheitert sie häufig daran, dass Patienten oft ein eher technisches Verständnis für ihre Beschwerden haben und vom Arzt eine schnelle, mühelose und bequeme Reparatur wünschen. Das ist in vielen Fällen auch möglich. Aber es macht keinen Sinn, mit dem zusammengeflickten Auto jeden Tag wieder vor dieselbe Wand zu fahren. Langfristige Balance heißt Arbeit: Den Körper in Ordnung bringen und seine Bedürfnisse erfüllen, Gegengewichte zur Stressbelastung setzen und langfristig Probleme lösen. Und damit geht es jetzt gleich weiter.

7. Probleme konstruktiv lösen

Wie Sie bereits gehört haben, organisiert die Stresssoftware alle notwendigen Problemlösungen unseres gesamten Lebens. Dazu braucht sie genaue Informationen über den jeweiligen Ist-Zustand, eine exakte Vorstellung, wie das Soll aussehen muss und einen Plan, was genau sie veranlassen soll, um die aufgetretene Lücke dazwischen zu schließen.

Bezüglich der rein körperlichen Überlebensprobleme verfügt die Stresssoftware zu diesem Zweck über ein ganzes Heer an bewährten Informationssystemen, die ihr ein detailliertes Bild über alle laufenden Funktionen vermitteln. Fühlende und messende Zellen, Signalstoffe und Nervenimpulse zeigen die Ist-Werte von Sauerstoff, Nahrungsversorgung, Muskelspannung, Hormonspiegel und so weiter kontinuierlich an. Die anzustrebenden Soll-Werte sind fest im Erbgut eingebrannt, und unsere Stressreaktion weiß genau, was sie zu tun hat, um den Ausgleich herzustellen. Und solange die Natur bei unseren grundlegenden Überlebensaufgaben Jagen und Sammeln, Fortpflanzung, Brutpflege oder Kampf und Flucht die Finger mit im Spiel hat, sorgt sie schon im eigenen Interesse dafür, dass die Ist-Zustände recht unangenehm sind und das Soll jeweils durch heftige Endorphinausschüttung so begehrenswert ist, dass wir wie folgsame Marionetten alles tun, um es zu erreichen.

Die Überlebensaufgaben sind im Prinzip seit der Urzeit die gleichen geblieben. Aber ihre Form hat sich sehr verändert. Unser Äquivalent für Jagen und Sammeln spielt sich überwiegend im Arbeitsalltag ab, die Fortpflanzungsaufgabe wird durch alle Variationen des Dauerthemas »Können Mars und Venus überhaupt miteinander klarkommen?«

ersetzt, bis es fast zu spät ist. Das Brutpflegeprogramm tobt sich in den Details um Kindererziehung, Haushalt und Nachbarschaftsfeste aus, während sich Muße und die persönliche Weiterentwicklung als Hobbys ihre zeitgemäße Erfüllung suchen und oft genug leider zu kurz kommen.

Was allen Bereichen jedoch gemeinsam ist: Es treten permanent neue Ist-Werte auf, Bedürfnisse und Wünsche, Dinge fehlen und Aufgaben müssen erledigt werden. Es gibt lästige Verpflichtungen, Abläufe, die nicht funktionieren, freiwillige Herausforderungen, langweilige Anforderungen oder schwierige Belastungen. Aber wer sagt der Stressreaktion genau, was nicht in Ordnung ist? Die Urprogramme sind als Wegweiser ungeeignet, und uns selbst die Mühe zu machen, die Stresssoftware über Ist und Soll und den richtigen Weg zu informieren, dazu nehmen wir uns keine Zeit. Das allerdings wollen Sie jetzt ja tun. Denn die Stressreaktion kann sonst nicht anders, als mit laufendem Motor und angezogener Handbremse in der Startposition zu verharren.

Probleme lösen: So nicht!

Wie gehen Sie eigentlich mit Stresssymptomen um? Manche nehmen weder emotionale noch körperliche Symptome wahr und wundern sich, wenn ganz unerwartet heftige körperliche Anzeichen von Stress auftauchen. Andere kreisen dagegen übermäßig lange um Probleme und äußern ihre Beschwerden. Besonders ehrgeizige Menschen spüren die Symptome häufig ganz deutlich und äußern sie auch, nehmen sie aber nicht ernst. »Stressprofis« machen es richtig, wenn sie über eine hohe Kontrollüberzeugung verfügen und auch in schwierigen Situationen Ansätze für praktikable Lösungen suchen.

Im Berufsleben ist Problemelösen etwas ganz Normales, man geht dabei systematisch und zielgerichtet vor. Hinsichtlich persönlicher und privater Probleme allerdings kommt man selten auf die Idee, es nach professionellen Regeln anzugehen. Wieso eigentlich?

Das Privatleben ist für viele immer noch der Gegensatz zum Beruf: Hort der Freiheit, der Spontaneität, des natürlichen, eigentlichen Lebens, in dem man endlich mal so sein kann, wie man wirklich ist. Alles wird gut, ganz von alleine. Willkommen in der Sackgasse! Dauernörgeln und Dampf ablassen, Problemhypnose und Hauruck-Verfahren sind als Gesellschaftsspiele leider sehr verbreitet. Sie machen Spaß, erleichtern zwar die Seele ein bisschen, weil man sich in der gemeinsamen Meckerecke gut aufgehoben fühlt, lösen aber kein einziges Problem. Versuchen Sie, das zu vermeiden. Sie reduzieren bei sich und anderen dadurch die Stressbelastung ganz erheblich und bringen wieder mehr Balance in Ihr Leben! Betrachten wir die häufigsten Problemlösungsfehler, und erfahren wir, was die Profis uns stattdessen vorschlagen.

Nörgeln ist toxisch!

Manche Menschen haben sich angewöhnt, jedes noch so kleine Vorkommnis ganz automatisch mit einer heftigen Problemrhetorik zu kommentieren und aus jeder Mücke einen Elefanten zu machen. Dass Worte über die damit verbundenen emotionalen Assoziationen einen erheblichen Effekt haben, die Stimmung verschlechtern und sogar gefährlichen Dauerstress auslösen können, ist ihnen oftmals gar nicht bewusst! Wirklich ändern wollen sie allerdings an ihrer Situation oft auch nichts – ein klassischer Fehlalarm, der auf Dauer leider schädlich sein kann.

Der amerikanische Psychiater und Depressionsforscher Martin Seeligmann hat die automatischen Kommentare depressiver Patienten untersucht und typische Muster festgestellt. Depressive beurteilen Ereignisse überwiegend negativ und geben grundsätzlich sich selbst die Schuld. Das liegt zum Teil an genetischer Veranlagung und chronischer Überlastung, aber auch dieses Denkmuster gehört zu den auslösenden Faktoren. Der erste Schritt zur Vorbeugung wäre also, die nachfolgenden Formulierungen aus dem Sprachschatz zu tilgen und durch wohlwollende und konstruktive Kommentare zu ersetzen.

Haben Sie sich schon einmal selbst zugehört, wenn es so richtig hoch hergeht? Dann kennen Sie vielleicht die unten aufgeführten Beispiele. Und sehr wahrscheinlich haben Sie sich auch schon mehr als einmal mit einem aufatmenden »Wer weiß, wozu das gut war!« aus einer emotional unangenehmen Situation gerettet. Jeder nutzt diese gedanklichen Tricks. Leider nur viel zu selten, ganz unsystematisch und wenn sie einem zufällig einmal einfallen. Alle diejenigen, die das Glück hatten, von Kindesbeinen an auf diese Manöver konditioniert zu werden, sie in gut gelernten, fest verdrahteten Schaltkreisen in ihrem Gehirn zu verankern, können sich im Notfall immer auf sie verlassen. Mit Formeln (»langsam, locker und lässig«), Sprichwörtern (»Alles geht einmal vorbei«) oder Stoßgebeten (»Herr, lass Abend werden!«) aktivieren Sie positive Erwartungen und Kontrollüberzeugungen und können so Ihre Stressreaktion zum Abklingen bringen. Auch in der Psychotherapie lernt man angsterzeugende oder entmutigende Gedankenautomatismen abzustellen und stärkende Überzeugungen an ihre Stelle zu setzen. Lassen Sie es erst gar nicht so weit kommen! Hier einige Vorschläge, mit denen Sie sofort beginnen können.

Umschalten bitte! Stresskontrolle per Gedanken

So nicht!	***Besser!***
• Wenn das passiert, bin ich verloren!	• Erstens kommt es anders und zweitens als man denkt.
• Das ist ja zum Durchdrehen!	• Das ist ja mal was ganz Neues!
• Das wird furchtbar!	• Was soll ich mich über ungelegte Eier aufregen. Erst mal abwarten.
• Das war die reinste Tortur!	• Gut, dass ich das jetzt so schnell/ prima hinter mich gebracht habe.
• Das kostet mich den letzten Nerv!	• Da brauche ich heute meine ganze Geduld.
• Da könnte ich sofort ausrasten!	• Erst mal tief durchatmen und dann weitersehen.

So nicht!	*Besser!*
• Jedes Mal, wenn ich hier lang fahre, sind alle Ampeln rot!	• Schade, gerade umgesprungen.
• Das ist ja entsetzlich! Das ist ja eine Katastrophe!	• Mal sehen, was hier los ist und was ich schnell noch retten kann.
• Nie kann die mal etwas pünktlich abgeben!	• Da muss ihr etwas dazwischengekommen sein.
• Immer muss mir so was passieren!	• Da habe ich eben mal Pech gehabt. Kann ja jedem mal passieren.
• Ich bin einfach immer unter Druck!	• Eins nach dem anderen.
• Alles Idioten hier!	• Die anderen kochen auch nur mit Wasser.
• Das ist mal wieder typisch für mich. Logisch, mal wieder meine Schuld!	• Wo gehobelt wird, fallen Späne.
• Ich bin ein Versager!	• Ich glaube, da werde ich noch etwas dran üben!
• Siehst du, hab ich gleich gesagt, ich schaffe so was nie.	• Bist du so lieb, und erklärst mir noch mal, wie das geht?

Ist Dampf ablassen gesund?

Nein, leider ganz und gar nicht! Brüllen, schreien oder toben erzeugen eine akute Stressreaktion, die für den Rasenden Roland in der Schlacht bestimmt hilfreich ist, für den modernen Couch-Potato aber nachgewiesenermaßen sehr gefährlich werden kann. Denn Herz, Kreislauf und Blutgefäße werden extrem hoch beansprucht. Hinzu kommt ein Lerneffekt des Gehirns, das sich unter dem Einfluss der Stresshormone alles sehr gut merkt, was mit diesem Wutanfall zu tun hat. Nach wenigen Wiederholungen sind sogar die ursprünglich neutralen Umgebungsfaktoren in der Lage, die emotionale Überflutung auszulösen. Der Befehl ist fest eingebrannt: Bei jeder Kleinigkeit Stressreaktion hochfahren! Trotzdem bestehen einige temperamentvolle Zeitgenossen darauf, dass sie gelegentlich mal Dampf ablassen dürfen. Ihre Mitarbeiter würden das ja schon kennen, und auch die Familie habe nichts mehr dagegen. Man akzeptiere das, denn danach wäre man ja wieder freundlich und alles wäre vergessen. Von wegen! Besser ist es, kleine Anzeichen für Ärger früh zu bemerken und lösungsorientiert darauf zu reagieren, statt immer wieder das hoffnungslos veraltete »Dampfkesselmodell der Psyche« zu zitieren.

»Problemhypnose«

Die beste Art, bei Problemlösungen Misserfolge zu erzielen, ist, ständig wie hypnotisiert um die Ursachen zu kreisen und sich auszumalen, was man alles nicht will. Offensichtlich gibt es Vorurteile, die manche zu diesem Verhalten bringen.

Vorurteil 1: Die Wurzeln des Problems müssen erkannt werden. Seit die Theorien der Psychoanalyse ihren Platz in jedem guten Haushalt gefunden haben, fühlt sich ein Heer von Hobbypsychiatern berufen, abenteuerliche Hypothesen über das Warum von privaten Problemen zu formulieren. Alles ist möglich: Komplexe, Zurücksetzungen, schlechte Behandlungen, Liebesentzug. Die ganze Kindheit – eine wahre Fundgrube! Statt zu wissen, wie man sich aus dem ganzen Schlammassel am eigenen Schopf herauszieht, sitzt man am Ende vor einem Scherbenhaufen an Erklärungen und fühlt sich schuldig, weil man keine Idee hat, was man nun damit anfangen soll. Der bessere, pragmatischere Ansatz lautet: Probleme beruhen auf Gewohnheiten des Denkens und Handelns, die inzwischen in gewisser Hinsicht unpraktisch geworden sind. Man hat sie durch Lernen erworben und kann sie deshalb auch wieder verlernen.

Vorurteil 2: Klagen und Wünschen reicht, um Lösungen zu finden. Es ist wie beim Arzt oder beim technischen Kundendienst: So viele Symptome aufzählen wie nur möglich. Der Experte weiß dann schon, was los ist und was man tun soll. Man selbst hat auch eine Vorstellung davon, was rauskommen soll: »Ich will nicht so viel arbeiten!« – »Ich hasse Buchführung!« – »Ich darf nicht mehr so schlampig sein!« Wünsche und Hoffnungen werden formuliert, aber keine Ziele. »Ich möchte nicht krank werden!« ist kein Ziel, sondern ein Wunsch. Besser wäre es, den Zustand genau zu formulieren (»Ich mache mir Sorgen um meine Gesundheit«), einen realistischen Soll-Zustand festzulegen (»Ich habe alles in meiner Macht stehende für meine Gesundheit getan«) und es dann systematisch zu tun (s. auch Checkliste im Anhang auf Seite 238).

Keine Lösung: »Mit Karacho vor die Wand«

Klar ist, es muss was passieren! Am besten, die anderen ändern sich, es geschieht ein Wunder oder ein glücklicher Zufall wendet alles zum Guten. Vielleicht reift auch die Einsicht, dass man selber etwas ändern kann – gewöhnlich führt das aber nur zu einem weiteren Neujahrsvorsatz: »Ich höre auf zu rauchen.« – »Ich bin jetzt ordentlicher.« – »Ich werde mehr Sport treiben.« Oder man gibt sich selbst einen guten Rat: »Sei doch nicht so verbissen.« – »Halte doch einfach mal was durch!« – »Du könntest doch auch …« Solche Hauruck-Methoden funktionieren leider, wenn überhaupt, immer nur eine kurze Zeit und auch nur mit enormem Kraftaufwand. Dann versanden sie in den alten Gewohnheiten. Psychologen haben herausgefunden, dass die Neujahrsvorsätze bis März halten. Günstigenfalls.

Schnelle Lösungen für kleine Probleme

Problemelösen ist in erster Linie gründliche gedankliche Arbeit. Sie muss nicht immer langwierig, aufwändig und schwierig sein, aber sie muss getan werden. Hier finden Sie einige einfache Methoden, mit denen Sie kleine Probleme sofort aus der Welt schaffen.

Atomisieren Mit einer einfachen Frage wie »Ist das wirklich mein Bier?« oder »Wer hat denn das Problem, sie oder ich?« können Sie manche Probleme ganz schnell zerplatzen lassen. Eine ganz wichtige Technik für alle »Mutter Teresas« und »Nothelfer«, die sich gerne selbst (aus den besten Motiven heraus!) mit den Problemen anderer überlasten, aber dabei an ihre Grenzen stoßen.

Distanzieren Ein kleines Missgeschick ist geschehen und nicht mehr rückgängig zu machen. Statt sich oder anderen lange Vorwürfe zu machen, distanzieren Sie sich und sparen Ihre Energie für Wichtigeres auf.

Relativieren Sie stellen fest, dass sie einen bestimmten Soll-Wert (zum Beispiel eine bestimmte Einkommensprämie oder die perfekte Präsentation) nicht erreichen können. Vergleichen Sie sich mit anderen, die auch nicht perfekt sind und trotzdem gut durchs Leben kommen. Fahren Sie damit den Soll-Wert runter, und entspannen Sie sich.

Improvisieren Wenn Ihr gewünschter Weg zur Lösung versperrt ist, finden Sie rasch eine kreative andere Lösung. Verabschieden Sie sich von Ihren Vorstellungen, die Sie nur in die Frustration treiben würden und genießen Sie die Freude der Improvisation. Die anderen wissen schließlich nicht, was Sie Tolles im Kopf geplant hatten!

Umdeuten (Reframing) Dies ist eine Methode aus dem NLP (Neurolinguistisches Programmieren), die im Managementtraining verbreitet ist und sogar in die Psychotherapie Eingang gefunden hat. Mit der Frage »Was ist das Gute am Schlechten?« macht man sich auf die Suche nach den positiven Aspekten eines Problems, das man gerade nicht lösen kann und geht dann zur Tagesordnung über: »Ich habe etwas gelernt.« – »Schenkt dir das Leben Zitronen, mach Limonade draus.« – »An diesem Menschen kann ich gut meine Selbstbeherrschung trainieren.«

Aussitzen Manchmal gibt es Situationen, in denen man einfach nichts anderes machen kann, als zu warten, bis sie vorbei sind. Man hält solche Phasen chronisch erhöhter Stressaktivierung aber besser aus, wenn man über eine stabile Gesundheit verfügt. Sorgen Sie durch Body-Tuning dafür, dass Sie gut darauf vorbereitet sind. Achten Sie bitte auch darauf, dass Sie regelmäßig Gegengewichte zu der unausweichlichen Belastung schaffen, um trotzdem einigermaßen in Balance zu bleiben. Das wirkt wie ein Spurstabilisierer, mit dem man mit überhöhter Geschwindigkeit und quietschenden Reifen durch die Kurven sausen kann, ohne rauszufliegen. (Anregungen dazu im Kapitel *Muße, Persönlichkeit und Weiterentwicklung* ab Seite 196.)

Entgiften Erwischen Sie sich dabei, wie Sie sich innerlich bedauern oder leise vor sich hin fluchen? Stoppen Sie diese toxischen Gedanken sofort, und entgiften Sie die Lage mit der Formel »Wie lautet die Frage hinter der Klage?«. (Dank an Wolfgang Ebeling und Heinrich Dreesen für diese treffende Formulierung!) Sie schalten sofort um auf Lösungsorientierung (»Wie schaffe ich es, dass man den Fleck auf meinem Jackett nicht mehr sieht?«), statt sich weiter zu ärgern (»Zu blöd von mir, dass ich mit dem Klebstoff rumgeschmiert habe«). Die Suchmaschine Ihres Gehirns hält schnell Ausschau nach etwas Nützlichem und findet es in der Regel auch.

Mit diesen schnellen Manövern können Sie viele kleine Alltagsprobleme direkt in den Griff bekommen. Für die größeren Projekte gibt es einen praktischen Werkzeugkoffer, den ich Ihnen nun zeigen werde. Mit ihm beantworten Sie die entscheidenden drei Fragen: Was ist? Was soll sein? Und wie komme ich am geschicktesten dorthin? Es liegt auf der Hand: Je genauer Sie das Ist beschreiben, desto deutlicher wird auch das Soll, und für das Dazwischen ergeben sich konkrete Möglichkeiten.

Sieben Werkzeuge zur Lösung von größeren Problemen

Die moderne Neurobiologie weiß heute, was ein Gehirn braucht, um Gewohnheiten zu verändern, das heißt etwas Neues zu lernen und es dann auch ausführen zu können: ein möglichst genaues und in vielen unterschiedlichen Netzwerkebenen verankertes Abbild dessen, was erreicht werden soll. Erst dann kann die Stressreaktion auf das neue Muster Zugriff nehmen und es umsetzen. Am Anfang ist das noch ungewohnt und braucht viel Aufmerksamkeitsenergie, doch dann werden die Netzverknüpfungen fester und fester; das Neue kann sich einschleifen, und Sie werden Ihr Ziel erreichen.

Größere Probleme sind Projekte, für die Sie Zeit, Vorbereitung und Ausrüstung brauchen. Hier sind nun sieben Werkzeuge, die Ihnen helfen, an alles in der richtigen Reihenfolge zu denken.

Übersicht: Die sieben Werkzeuge zur Problemlösung

1. ***Der Problem-Finder: Was ist?***

   Die Beschäftigung mit der Stressbalance beginnt meistens aus einem nur unbestimmten Unwohlsein heraus. Der Problem-Finder erkennt wichtige Signale genauer und zerlegt das Problem in Teilprobleme. Das macht das Ganze übersichtlicher und praktischer.

2. ***Die Lupe: Was genau?***

   Jetzt, wo man es gefunden hat, will man über sein Problem reden. Der Ist-Zustand wird genau definiert und beschrieben. Die Lupe zeigt auch etwas Überraschendes: Ressourcen, mit denen man das Problem bisher ausgehalten hat.

3. ***Der Analysator: Warum?***

   Sucht nicht nach Schuldigen, sondern hinterfragt die Selbstverantwortung. Er findet nützliche Aspekte, die das Problem haben entstehen und wachsen lassen. Wenn man tatsächlich etwas ändert, geht dieser Nutzen verloren.

4. ***Der Ziel-Finder: Wie soll es sein?***

Ihn gibt es in verschiedenen Größen. Manche Probleme lassen sich schnell und einfach lösen, manche brauchen eine kreativ ausgearbeitete Strategie. Der Ziel-Finder hilft, das Soll genau auszuformulieren. Je deutlicher und attraktiver es ist, desto größer wird die Motivation und die Bereitschaft, sich für dieses Ziel anzustrengen.

5. ***Der Ressourcen-Sammler: Was ist schon da?***

Mit ihm wird die gesamte Ausrüstung zusammengetragen und der Weg zum Soll festgelegt. Frühere Erfahrungen lassen sich vielleicht noch einmal in ähnlicher Weise nutzen. Günstige Umstände, Sachmittel, eigene Fähigkeiten und hilfreiche Menschen, jedes Detail wird betrachtet und auf Verwendbarkeit geprüft, um den Weg zu planen und sich auf Durststrecken vorzubereiten.

6. ***Der Prüfer: Passt es?***

Qualitätskontrolle: Halten die Ideen dem Alltag stand oder brechen sie zusammen? Gibt es einen Alternativplan?

7. ***Der Organisator: Plan und los!***

Er überführt die Lösung in den Alltag, legt den ersten Schritt fest, verankert sie in bestehenden Gewohnheiten und hält dabei einen Zeitplan im Auge.

Ich stelle Ihnen die Werkzeuge nun in ihrer Funktion vor, zeige ihre Verbindung zu den neurobiologischen Erkenntnissen des Lernens und der Veränderung von Denken und Handeln und mache ihre Anwendung anhand eines Beispiels deutlich. Es sind genau 50 Fragen, die Sie als Navigationssystem für die Lösung von Problemen in den einzelnen Lebensbereichen einsetzen können.

50 Fragen erscheinen manchmal etwas viel, gerade bei kleinen, überschaubaren Problemen. Fühlen Sie sich ganz frei im Umgang mit diesen Werkzeugen. Wenn eine Frage nicht passt, lassen Sie diese einfach weg. Jeder Mensch hat seine Informationen unter anderen Dateinamen abgespeichert. Die Aufgabe dieses Navigationssystems ist es, durch möglichst viele Fragen alle möglichen Vorstellungen anklicken und aktivieren zu können. Sobald Sie etwas Routine damit haben, werden die sieben Überschriften der Werkzeuge ausreichen, um Sie rasch auf neue Lösungen zu bringen. Jedes Problem ganz genau zu durchdenken, ist vielleicht manchmal auch anstrengend und stressig. Aber es ist für einen guten Zweck, das Leben in Stressbalance!

Im Folgenden finden Sie die sieben Werkzeuge anhand eines Beispieles detailliert erklärt.

Schritt 1 – Problem-Finder: Was ist? (Frage 1–14)

Der Problem-Finder fragt nach verschiedenen Stresssymptomen. Wodurch entsteht die Unzufriedenheit? Dieses erste Werkzeug wird eine Menge an »Material« hervorbringen, viele verschiedenartige Probleme können Ihnen bewusst werden. Ihre Stimmung kann sich verschlechtern – ein gutes Zeichen dafür, dass Sie sich ernsthaft mit Ihrer Situation auseinander setzen. Notieren Sie alles, was Ihnen jetzt einfällt. Bilden Sie dann eine Reihenfolge der Probleme und beginnen Sie mit den einfachen, überschaubaren Dingen. Im Anhang finden Sie auf Seite 238 die Kopiervorlage »Materialpool«. Notieren Sie dort die gefundenen Probleme. Jeden einzelnen Punkt können Sie ein zweites Mal mit dem Problem-Finder durchgehen. So entdecken Sie Teilprobleme.

1. Was nervt? *Verkehrsstau morgens.*
2. Was fehlt mir? *Schlaf. Ich muss früher aufstehen wegen des Staus.*
3. Was stört mich? *Ich sitze zu lange im Auto.*
4. Was bedrückt mich? *Nichts.*
5. Was macht mir Sorgen? *Schaffe ich den langen Tag, wenn ich schon erschöpft ankomme?*

6. Was macht mir Angst? *Vielleicht mache ich dann Fehler.*
7. Was ärgert mich? *Dass ich die Zeit nicht sinnvoller nutzen kann.*
8. Was behindert mich? *Andere Autofahrer.*
9. Was ist mir lästig? *Ständiges Aufpassen beim Stop-and-go.*
10. Was beschämt mich? *Nichts.*
11. Was irritiert mich? *Dass ich das schon seit 15 Jahren jeden Morgen mitmache.*
12. Was verunsichert mich? *Dass ich Rückenschmerzen habe.*
13. Was verletzt mich? *Nichts.*
14. Was macht mich hilflos? *Verschwendete Zeit.*

Zusammenfassung: Was genau ist es? *Zeitverschwendung, Rückenbeschwerden, Ermüdung durch Konzentration auf den Verkehr.*

Erkenntnis 1: Nicht alle Suchfragen locken Antworten hervor. Das ist auch richtig so. *Erkenntnis 2:* Das Problem zerfällt in kleinere Unterprobleme, die man recht einfach lösen kann, sind sie erst einmal formuliert.

Schritt 2 – Lupe: Was genau? Wie lautet der Ist-Zustand? (Frage 15–20)

Die Lupe lässt Sie das Problem deutlich erkennen

15. Wann tritt das Problem auf? *Jeden Morgen, bis auf freitags, da arbeite ich in der Niederlassung Köln-Süd und fahre mit der Bahn dorthin.*
16. Wo genau? *Auf der Strecke zwischen Wohnort/Autobahnauffahrt und AB-Kreuz Heumar.*
17. Worin genau besteht es? *Stau durch Baustelle und Verkehrsaufkommen: Strecke dauert dadurch bis zu einer Stunde.*
18. Wer ist beteiligt oder mit betroffen? *Die anderen Autofahrer und ich.*

Die Lupe zeigt Ihnen weiterhin überraschende Ressourcen. Sie sehen plötzlich auch ganz andere Aspekte des Problems: nicht das, was *nicht* funktioniert, sondern das, was *noch* funktioniert in Ihrem Leben; Fähigkeiten, mit denen Sie es geschafft haben mit diesem Problem eine ganze Zeit lang zu leben und so fit zu bleiben, dass Sie sich jetzt sogar damit beschäftigen können. Dazu müssen wesentliche Bereiche Ihrer Persönlichkeit noch ziemlich in Ordnung sein. Sie werden Zähigkeit, Widerstandskraft, Durchhaltevermögen, Lebenswillen, Mut, Selbstüberwindung, Stolz, Unbeugsamkeit, Überzeugung, Aufrichtigkeit, Glauben an sich selbst oder das Gute im Menschen, Hoffnung, Vertrauen und vieles andere an Qualitäten entdecken.

19. Wie habe ich es so lange mit dem Problem ausgehalten? *Ich habe mich daran gewöhnt.*
20. Welche meiner Fähigkeiten und Qualitäten haben mir dabei geholfen? *Ich kann mich sehr gut auf die Arbeit konzentrieren, wenn es wichtig ist. Das mache ich besonders, wenn ich müde bin. Es ist anstrengend, aber ich schaffe es immer wieder über viele Stunden. Ich bin wohl sehr zäh! Vielleicht habe ich auch einfach viel Routine bei meiner Arbeit und kann mich darauf verlassen, auch wenn ich nicht so ganz frisch bin. Ich kann Kaffee sehr gut vertragen und trinke immer viel Wasser tagsüber.*

Lassen Sie ruhig auch andere durch die Lupe schauen, zum Beispiel beste Freunde, den Lebenspartner oder Kollegen, die Ihnen etwas Positives mitgeben können: Aufrichtigen Respekt für Ihr Problem und Bewunderung für die Fähigkeiten, mit denen Sie es bis heute damit ausgehalten haben.

Neurobiologisch gesehen stellt die Lupe eine wichtige neue Verbindung her: zwischen den Netzwerken, die das Problem steuern und denen, die für Ihre Ressourcen verantwortlich sind. Die Beschäftigung mit dem Problem verliert ihren unangenehmen Charakter. Positive Gefühle und damit auch eine Menge Energie und Motivation werden wach! Das brauchen Sie unbedingt für die Lösung und deren Umsetzung.

Schritt 3 – Analysator: Warum? (Frage 21–23)

Der Problem-Analysator arbeitet anders, als man vielleicht erwartet. Er fragt nach Ihrer Selbstverantwortung – das Ergebnis kann peinlich bis schmerzlich sein.

21. Wie habe ich es zu dem Problem kommen lassen?/Welchen Anteil habe ich daran, dass es mich heute beschäftigt? *Ich habe mich nie darum gekümmert, früher loszufahren. Eine halbe Stunde vorher kommt man nämlich noch gut durch.*

Mögliche Antworten bei anderen Problemen können lauten: Ich wusste es nicht anders, ich war zu naiv, zu träge, zu unrealistisch, zu vertrauensselig, zu humorlos, zu eitel, zu stolz, zu feige oder zu beschäftigt. Das Gute an dieser Erkenntnis ist: Wenn es die eigenen Beweggründe waren, ist man auch frei, sich zu ändern.

Achtung: Verfallen Sie jetzt bitte nicht in Selbstmitleid! Selbstvorwürfe (»Immer ich, mal wieder typisch!«), übertriebene Reue (»Ach, hätte ich doch nur …«) helfen nicht weiter. Es mag Ihnen leid tun oder peinlich sein, aber das ist ja genau der Anlass, weshalb Sie sich jetzt mit dem Problem beschäftigen. Nehmen Sie einfach zur Kenntnis, dass Sie sich zu einem bestimmten Zeitpunkt aus bestimmten, damals für Sie zweckdienlichen Gründen so entschieden haben. Niemand ist absichtlich feige oder humorlos! Stehen Sie zu sich und Ihren Fehlern, übernehmen Sie die Verantwortung und bleiben Sie dadurch handlungsfähig. Fehlende Kontrollüberzeugung bringt die Stressbalance noch weiter aus dem Gleichgewicht! Der Analysator bringt Sie aus der Opferrolle in die Rolle des Handelnden, und Sie haben wieder die volle Kontrolle über die Situation. Das ist sehr wichtig, denn mit Stressbalance können Sie wesentlich besser weiterarbeiten!

Der Analysator fragt nun nach dem Nutzen des Problems. Es wird immer interessanter: Positive Seiten tauchen auf.

22. Welche guten Gründe oder Absichten habe ich bei meinem Verhalten? *Ich will so lange wie möglich schlafen.*

23. Gibt es vielleicht sogar irgendetwas Nützliches an dem Problem? *Ich bin genau dann aus dem Haus, wenn die anderen aufstehen, brauche mich nicht ums Frühstück zu kümmern oder den Turnbeutel zu suchen und kann anschließend im Auto lange genug über die anstehenden Aufgaben nachdenken.*

Rechnen Sie bitte nach: Was wiegt schwerer, Kosten oder Nutzen? Hier spätestens sollten Sie sich entscheiden, ob das Problem wirklich eines ist und ob Sie eine Lösung überhaupt interessiert. Denn uns verändern, also etwas anderes lernen, können wir nur, wenn es uns tatsächlich interessiert. Interessant und lernenswert finden wir alles, was so unangenehm ist, dass es Furcht und Angst auslöst, oder genau das Gegenteil darstellt, nämlich Angenehmes und Lust verspricht.

Schritt 4 – Ziel-Finder: Wie soll es sein? (Frage 24–33)

Jetzt ist Ihre Fantasie gefragt. Entspannen sie sich und konstruieren Sie Ihren idealen Soll-Zustand. Stellen Sie sich vor, über Nacht geschah ein Wunder, ohne dass Sie es bemerkt haben. Sie stehen morgens auf und spüren: »Alles ist okay! Mein Problem ist zu 100 Prozent gelöst!« Und woran merken Sie das? Drücken Sie die Enter-Taste Ihres Ziel-Finders und los geht's: Immer leichter kommen die Vorstellungen. Wie fühlen Sie sich? Was sehen Sie? Was riechen Sie? Was hören Sie?

24. Ich stelle mir vor: Mein Problem ist zu 100 Prozent gelöst! Woran erkenne und bemerke ich das? *Ich wache auf und bin fröhlich, steige vorsichtig aus dem Bett, um meine Frau nicht zu wecken und freue mich auf den Tag!*
25. Wie fühle ich mich (körperlich, emotional, geistig)? *Frisch, ausgeschlafen, voller Tatendrang.*
26. Was sehe ich (im Spiegel, bei anderen, in meiner Umgebung)? *Mein noch leicht verschlafenes, aber grinsendes Gesicht.*
27. Was höre ich mich sagen, andere sagen (Geräusche, Musik, was sage ich, was sagen andere)? *Meine Frau sagt mir leise Guten Mor-*

gen, legt sich dann wieder hin. Ich küsse sie. Das Radio läuft ganz leise, es ist sehr früh.

28. Was rieche ich (Düfte der Umgebung, an mir, an anderen, in der Natur)? *Kaffee und Toast. Wenn ich das Haus verlasse, rieche ich den noch frischen Naturgeruch aus dem Vorgarten.*
29. Was schmecke ich (besondere Getränke, Leckereien als Belohnung)? *Kaffee, Orangensaft.*
30. Perspektivenwechsel: Was bemerkt mein Partner an diesem Morgen an mir? Was ist anders? (Alternativ: Was würde eine Videokamera aufzeichnen?) *Ich lege einen Zettel mit einem lieben Gruß an alle auf den Tisch.*

Alles nur Spinnerei? Nein. »Dateien« im Gehirn werden aufgerufen, Netzwerke mit positiven Assoziationen aktiviert, das Gehirn schaltet in den Arbeitsmodus. Das Erwartungssystem mit seinen anregenden Botenstoffen ist auf Hochtouren und fördert die Kreativität. Das wird noch verstärkt, indem man die Perspektiven einige Male wechselt und damit möglichst viele Netzwerke rund um das gelöste Problem anregt. Alles, was mit der Problemlösung zusammenhängt, ist plötzlich mit angenehmen Gefühlen verbunden. Sie zeichnen im Gehirn die Karte mit den Zielen, die Sie erreichen wollen.

Je mehr Sinne Sie ansprechen, je mehr Nervennetzwerke Sie zum Schwingen bringen, desto leichter fällt es den Zellen, neue Verbindungen zu bilden, die in Zukunft das neue Handlungsmuster ausführen.

Neurobiologen haben herausgefunden, dass emotionale Informationen grundsätzlich viel besser gelernt werden als neutrale. Die Stressreaktion bereitet mit ihren Stresshormonen die Nervenzellen darauf vor, sich neu zu verdrahten. Sie können in einer Datei auf Ihrem Computer Änderungen auch nur vornehmen, wenn sie diese vorher geöffnet beziehungsweise aktiviert haben. Mit der »Wunderfrage« (dieser Ausdruck wurde geprägt von dem Psychotherapeutenpaar Insoo Kim Berg und Steve de Shazer) formulieren Sie Annäherungsziele, die eine hohe Motivation und Lernbereitschaft erzeugen.

Negative Vermeidungsziele (»Ich möchte so etwas Furchtbares nie wieder erleben!«) werden im Prinzip genauso gut gelernt, sind aber mit vielen stressaktivierenden Reizen verbunden, die das Gehirn behindern. Neu verknüpfte Inhalte können im Ernstfall nicht richtig abgerufen werden. Deshalb haben Sie unter Stress einen Blackout oder vergessen einfach, was Sie sich vorgenommen haben. Eine angenehme Vorstellung aber hält die Stressaktivierung auf einem angemessenen Niveau und Sie haben alles zur Verfügung.

Nun sollten Sie sich etwas genauer festlegen und Ihre Zielvision an konkreten Details erkennbar machen.

31. Woran kann ich messen, dass mein Ziel zu 100 Prozent erreicht ist?
    Wie oft insgesamt geschieht das, was ich mir wünsche (permanent anwesend, oder nur einmal)? *Jeden Morgen außer am Wochenende.*
    In welchen Abständen (täglich x-mal, wöchentlich, alle 10 Jahre)? *Keine Antwort.*
    In welchen konkreten Situationen verändert sich dadurch welcher Sachverhalt messbar und überprüfbar? *Siehe oben.*
32. Wie genau lautet nun mein Ziel? Wie lautet der Soll-Zustand? *Ich möchte jeden Morgen in der Woche fröhlich und gut gelaunt aufstehen.*
33. Wie attraktiv ist das Ziel für mich? *Ziemlich attraktiv.*
    Was daran ist angenehm? *Ich fühle mich sehr leistungsfähig und den Aufgaben des Tages gewachsen.*
    Warum freue ich mich darauf? *Ich kann dann viel erledigen und bin abends zufrieden.*
    Warum bringt mich die Zielvorstellung zum Lächeln? *Mein Chef wird schon sehen! Der hätte mir so viel gar nicht zugetraut!*
    Wie viel Prozent meiner Energie möchte ich für die Realisierung einsetzen? *95 Prozent.*

Das hört sich alles sehr schön an. Ihr kritischer Verstand aber fragt, wie das alles zu schaffen ist.

Schritt 5 – Ressourcen-Sammler: Was ist schon da? (Frage 34–38)

Wahrscheinlich haben Sie bereits einige Aspekte Ihrer Zielvision irgendwann in Ihrem Leben schon einmal erlebt. Der Ressourcen-Sammler gräbt diese Erfahrung aus der Erinnerung aus. Wertvolles und Bekanntes kommt ans Licht, damit Sie es immer öfter und besser nutzen können. Der Ressourcen-Sammler fragt ganz unverblümt: Haben Sie schon mal ein bisschen von diesem Wunder erlebt, das Sie gerade beschrieben haben? Ein einziges Mal vielleicht in Ihrem Leben? Die Suchmaschine Ihrer Erinnerung brummt und der Ziel-Finder freut sich, denn es gibt schon ein Modell für das, was Sie vorhaben! Die Ressourcen sind also da. Was genau haben Sie damals gemacht? Kompetenzen, gute Eigenschaften, Geschicklichkeiten, Fähigkeiten, Know how, Erfahrungen, Charakterstärken und raffinierte Tricks purzeln über den Bildschirm.

Übersicht: Was sind Ressourcen?

- ***Erfahrungen*** (Ich kann!)
- ***Werthaltungen*** (Ich finde es wichtig, ...)
- ***Wissen*** (fachliches Wissen, Lebenserfahrung, praktisches Wissen, zwischenmenschliches Wissen)
- ***Fähigkeiten*** (praktisches Wissen und Können, Begabungen, Charaktereigenschaften)
- ***Gewohnheiten*** (Routine in ...)
- ***Körperliche Merkmale*** (Kraft, Zähigkeit, Gesundheit, Fitness, gute Erbanlagen)
- ***Aussehen*** (besondere Merkmale, Attraktivität, Charme)
- ***Finanzielle Möglichkeiten*** (Erspartes, Kredit, Verdienst, andere Vermögenswerte)

- ***Zwischenmenschliche Beziehungen*** (Freunde, Bekannte, Familienmitglieder, Kollegen, Förderer, Netzwerke)

Setzen Sie jetzt den Ressourcen-Sammler an:

34. Habe ich in meinem Leben schon mal ein wenig von diesem tollen Ziel erlebt? *Eine Zeit lang bin ich mit der Bahn ins Büro gefahren, weil mein Auto in der Werkstatt war.*
35. Welche meiner Fähigkeiten und Qualitäten haben mir zu dieser Erfahrung verholfen? Was genau habe ich damals gemacht? *Ich habe mir gute Verbindungen herausgesucht. Ich musste früher als sonst aufstehen, aber nur einmal umsteigen. Ich war als erster im Büro und hatte eine Zeit lang Ruhe, um die Dinge abzuarbeiten, die ich im Zug vorbereitet hatte. Ich hatte ein Zeitplansystem auf dem Laptop und habe sehr viel geplant und mir einen Überblick verschafft.*
36. Welche glücklichen Umstände habe ich dabei zu nutzen gewusst? *Ich bin morgens sowieso immer am kreativsten. Ich konnte diese Zeit sehr gut nutzen. Auf der Rückfahrt habe ich oft geschlafen und war dann zu Hause nicht so ausgelaugt.*

Nun stellen Sie aus diesen Ressourcen die Route zusammen, die Sie von Ist nach Soll bringt.

37. Was von dem kann ich heute nutzen, um mein Ziel zu erreichen? Was genau geschieht auf dem Weg zum Soll? *Ich könnte wieder mit der Bahn fahren, währenddessen planen und vorbereiten und mich auf dem Rückweg erholen.*
38. Was davon könnte ich noch verstärken, ausbauen, verbessern oder erweitern? *Ich könnte mir extra Unterlagen einstecken und mir einen sehr leichten Laptop organisieren, einige E-Mails würde ich dann von unterwegs aus beantworten. Ein neues Planungssystem*

soll es auch geben. Die Fachzeitschriften könnte ich auch auf der Rückfahrt lesen, oder ich lade mir eine Entspannungsübung auf mein Handy und höre sie mir an.

Haben Sie alles notiert? Aus den eingesammelten Ressourcen erstellen Sie sich jetzt die To-do-Listen, die Sie auf dem Weg von Ist nach Soll abarbeiten. Jetzt nichts wie los, der wunderbaren Lösung entgegen! Leider geht vielen unterwegs die Puste aus, oder sie haben etwas Entscheidendes vergessen. Deshalb lieber noch einmal tief durchatmen und den Lösungsprüfer ansetzen.

Schritt 6 – Prüfer: Passt es? (Frage 39–44)

Jetzt kommt der »Reality-Check« mit einigen unangenehmen Fragen, die den ganzen Spaß einer tollen Idee manchmal in sich zusammenfallen lassen.

39. Was bedeutet es für mich, dass mein Ziel erreicht ist? *Ich arbeite mehr. Stehe sehr früh auf. Ich erspare mir die Anstrengung der Autofahrt und die Unsicherheit, wann ich ankomme. Ich kann meine Zeit viel besser nutzen. Alles, was ich im Zug überlege, kann ich gleich richtig notieren. Ein sehr großer Vorteil für mich! Wenn ich tatsächlich mal sehr müde bin, kann ich ja auch noch ein wenig dösen. Oder einfach nur durch die Zeitung blättern.*
40. Gibt es etwas, das dann vielleicht fehlt? *Ich kann mich nicht mehr beschweren, so müde und ausgepowert zu sein und werde dann zu Hause nicht mehr so geschont. Ich bin außerdem von den Zügen und deren Pünktlichkeit abhängig. Wir müssten das Auto meiner Frau wieder verkaufen. Das würde einiges an Geld sparen! Allerdings könnte ich dann nicht mehr so spontan wie bisher am Wochenende zum Tennis und müsste mich mehr mit ihr abstimmen.*
41. Könnten irgendwo neue Probleme auftreten? Wird vielleicht auf dem Weg zum Ziel irgendetwas sehr anstrengend? *Bei Wind und Wetter zur Bahn gehen, vor allem im Winter. Die Verspätungen der Bahn sind nicht zu vergessen.*

42. Was verändert sich für die Menschen in meinem Umfeld? *Ich bin sehr früh aus dem Haus und muss entsprechend früher schlafen gehen. Das gemütliche Fernsehen mit meiner Frau entfällt dann. Sie muss ihr Auto verkaufen. Das muss ich ihr schmackhaft machen.*
43. Kommen Kosten auf mich zu? Kann ich sie tragen? Ist der Nutzen groß genug? *Ticket und Bahncard, Kaffee auf dem Bahnhof oder im Zug. Die Kosten kann ich tragen. Kosten-Nutzen-Abwägung: Nervenruhe und entspannt ankommen ist ein sehr großer Nutzen für mich.*

Jetzt noch einmal das Ziel neu formulieren und die Bedingungen der Realität mit berücksichtigen.

44. Wie lautet nun mein verändertes Ziel, oder was muss ich auf dem Weg dorthin ändern, wenn ich all dieses berücksichtige? *Ich werde mit der Bahn fahren und zwar so früh, dass Verspätungen meinen Tagesplan nicht durcheinander bringen. Statt fernsehen werde ich mit meiner Frau einen kleinen Abendspaziergang machen und dabei alles Mögliche bereden. Wenn sie möchte, kann sie dann alleine noch etwas sehen. Andererseits würde es ihr auch gut tun, früher schlafen zu gehen. Ich werde ihr vorschlagen, von einem Teil des Erlöses für ihren Wagen mit ihr ein Wochenende nach Prag zu fahren. Ich werde ihr immer wieder sagen, wie gut es mir geht, wenn ich nicht immer so erschöpft bin und wie dankbar ich bin, dass sie mich unterstützt. Für den Winter werde ich mir entsprechend warme Kleidung besorgen (vor allem wärmere Schuhe!) und lieber mittags einmal kurz vor die Tür gehen, damit ich auch mal Tageslicht sehe.*

Mit diesem Gerät kann so manches Luftschloss in sich zusammenfallen, weil es zu kostspielig ist oder aus anderen Gründen nicht in die Landschaft passt. Ich empfehle Ihnen dringend, freunden Sie sich mit diesem Werkzeug an! Es hat schon manche Katastrophe verhindert! Und es macht wieder Platz in Ihrem Speicher für die realistischen und etwas einfacher zu erreichenden Ziele, die das Leben sehr erquicklich machen können. Ist die passende Lösung gefunden, kommt noch einmal ein etwas mühsamer Part. Sie muss im Leben installiert werden.

Schritt 7 – Organisator: Plan und los! (Frage 45–50)

Jetzt ist es Zeit, die Problemlösung tatsächlich in die Wirklichkeit einzubauen mit dem letzten Werkzeug, dem Organisator – einem modernen Planungswerkzeug.

45. Wann genau soll mein Ziel erreicht sein? *Nach den nächsten Ferien in sechs Wochen, wenn der Verkehr wieder zunimmt.*
46. Wie sehen die einzelnen gut zu bewältigenden Teilschritte aus, und wann finden diese statt? *Internetrecherche über Bahnverbindungen (kommendes Wochenende), Gespräch mit der Personalabteilung über Firmenkonditionen bei der Bahn, Termin nächste Woche vereinbaren, Auto meiner Frau instand setzen und verkaufen (Gespräch mit dem Autohändler), warme Kleidung kaufen (hat Zeit bis zum Herbst), Freundin meiner Frau nach Entspannungsübungen zum Herunterladen aufs Handy fragen (wir sind in zwei Wochen bei ihr eingeladen).*
47. Welche Informationen, Erleichterungen oder Hilfsmittel könnte ich noch gebrauchen? *Laptop beantragen (sofort morgen), Kollegen fragen, der sich mit dem neuen Planungssystem schon auskennt (kurz vor den Ferien), Stapel der in der Bahn zu lesenden Fachliteratur durchsehen und ordnen (an den kommenden Wochenenden).*
48. Wer kann mir helfen oder einzelne Schritte übernehmen? *Meine Frau kann Freunde fragen, ob jemand das Auto kaufen möchte, einen Termin mit der Werkstatt vereinbaren und das Auto hinbringen. Sie könnte auch den Kleiderkauf vorbereiten.*
49. Was ist mein allererster Schritt? Wann mache ich ihn? *Ich bespreche morgen Abend alles mit meiner Frau. Sie soll ja dann ihren geliebten Wagen abgeben und meinen bekommen. Ich werde sie davon überzeugen müssen.*
50. Wann kontrolliere ich das Ergebnis? *Eine Woche nach den Ferien sollte alles laufen.*

Je genauer die Planung ist, desto besser wissen Sie, was Sie zu tun haben. Das ist ein naheliegender Aspekt. Ein zweiter Aspekt betrifft wieder die Funktion Ihres Gehirns. Alles, was sehr genau formuliert in einem Speicher in der Nähe des Bewusstseins abgelegt wird, ist leicht erinnerbar. (Als Sie sich einmal mit dem Gedanken trugen, einen blauen Golf anzuschaffen, war plötzlich die ganze Stadt voller blauer Golfs.) Sobald sich eine Gelegenheit auftut, einen der geplanten Schritte zu realisieren, wird sich Ihr Gedächtnis melden und Sie daran erinnern, sie umgehend zu ergreifen. Je häufiger Sie das dann gemacht haben, umso automatischer laufen die neuen Muster ab. Um es mit Erich Kästner zu sagen: »Es gibt nichts Gutes, außer: Man tut es.«

Das war's schon. Jetzt haben Sie Ihren Werkzeugkasten kennen gelernt. (Sie finden die 50 Fragen im Anhang noch einmal als Kopiervorlage.) Schlaue Erfolgstrainer raten immer: »Nicht aufgeben ist der beste Weg zum Erfolg!«

Stolpersteine

Bevor Sie sich nun aufmachen und diese neue Werkzeugkiste in Ihr Leben hinübertragen, um die Probleme zu lösen und die Stressbalance zu verbessern, müssen wir uns noch mit zwei großen Stolpersteinen beschäftigen, die möglicherweise hinter der nächsten Wegbiegung liegen.

Stolperstein 1: Warum sollte ich mich verändern? Ich bin so! Erst einmal: Ja. Das stimmt. Aber das heißt nicht, dass es immer so bleibt. Auch wenn Ihre Gene etwas ganz Bestimmtes mit Ihnen vorhaben – Neurowissenschaftler wissen heute: Es sind die Erfahrungen eines Menschen, die letztlich darüber entscheiden, ob Gene zur Wirkung kommen können oder nicht.

Der amerikanische Stressforscher Michael Meaney arbeitete mit Rattenbabys, die genau wie ihre Mütter genetisch bedingt sehr stressanfällig waren. Er ließ diese Babys deshalb von fremden Rattenmüttern betreuen, die sich ausgesprochen liebevoll um sie kümmerten. Das

Erstaunliche: Durch die liebevolle Pflege wurden bestimmte Rezeptoren einiger Gehirnzellen so verändert, dass die stressanfälligen Gene nicht freigeschaltet wurden und die Kleinen später Stress ganz normal verarbeiten konnten. Wie positive Erfahrungen die Gene kontrollieren, ist in vielen Studien bei Tieren und auch bei Menschen belegt. Wieder einmal zeigt die Stresssoftware ihren Einfluss. Ihre Botenstoffe, die im Netzwerk zwischen Gehirn und Körper hin- und hersausen, führen jeweils zu bestimmten Veränderungen des Zellstoffwechsels. Sie hinterlassen ihre Notizen auf den Genen und entscheiden, ob sie freigegeben werden oder nicht. Diese Forschungsergebnisse aus dem Gebiet der Epigenetik gelten heute als Beweis: »Ich bin so!« ist kein lebenslanges Schicksal. Auch wir können »von außen« an bestimmten Stellen in unsere Botenstoffbalance eingreifen, auf der Ebene des Körpers und in der Zentrale, im Gehirn. Wir können durch gesundes Body-Tuning steuern, ob wir bestimmte Krankheiten bekommen, und wir können lernen, unser Denken und Verhalten zu verändern. In jedem Alter!

Stolperstein 2: Das ist doch alles Manipulation! Genau! Manipulation ist unser tägliches Geschäft. Wir machen nichts anderes. Mit alltäglichen Gewohnheiten setzen wir uns der Macht von Botenstoffen aus und erfreuen uns daran, wie sie unser Gehirn verändern: Morgens einen duftenden Kaffee, dessen Koffein Müdigkeit und Unlustgefühle verscheucht, abends ein Gläschen Wein und man entspannt wohlig durch den Alkohol. Sie drohen Ihren Kindern lebenslanges Fernsehverbot an und glauben, Sie erziehen. Aber Sie manipulieren. Der Begriff Manipulation (lat. »Kunstgriff«) bedeutet im Prinzip nichts anderes als gezielte Einflussnahme. Er hat einen schlechten Ruf erworben, weil man auch missbräuchlich Menschen ohne ihr Wissen und gegen ihren Willen in eine bestimmte Richtung lenken kann.

Doch hier soll die Manipulation ja für einen guten Zweck eingesetzt werden: für unsere Stressbalance, das heißt für Gesundheit, Wohlbefinden und Glück. Und ich gehe davon aus, dass Sie, wenn Sie sich selbst »manipulieren«, es bewusst, freiwillig und gerne machen. Es sei denn, Sie wollen so grantig bleiben, wie Sie gerade sind, bis ein netter Mitmensch die Manipulation für Sie übernimmt, indem er Sie in den Arm nimmt oder Ihnen einen guten Witz erzählt.

Die alten Griechen übrigens hatten in Epikur schon einen Meister der Manipulation. Er propagierte in seinem bescheidenen Garten: »Das höchste Ziel ist die Lust«, womit er genau das meinte, was natürliche menschliche Bedürfnisse befriedigt und die Seelenruhe erhält: Freundschaft, Gerechtigkeit und Bescheidenheit im Essen, Trinken und der Liebe. Darum sollte sich jeder bemühen. Seine wichtigste Regel, und das bestätigen die Neurobiologen heute: Die Dosis macht das Gift! Das ist auch beim Glück so. Ich glaube, Epikur wollte nichts anderes als Stressbalance durch bewusste Manipulation!

Es ist wichtig, dass wir in allen Bereichen des Lebens ausbalanciert sind. Ob im Job oder in der Liebe – überall sind wir gefordert und brauchen viel Energie. Wie Sie in allen Bereichen des Lebensportfolios Stressbalance erreichen, zeige ich Ihnen im nächsten Teil.

Teil 3

Stressbalance in allen Bereichen unseres Lebens

8. Unser Lebensportfolio

Jeder Bereich des Lebens braucht seine eigene Balance. In keinem wollen, können oder sollen wir uns mit weniger zufrieden geben, als möglich ist. Das bedeutet aber nicht, sich in allen Breichen unendlich anzustrengen, bis wir völlig erschöpft sind und nichts mehr genießen können. Im Gegenteil, es bedeutet, weniger zu tun, indem man sich auf das Wesentliche konzentriert.

Stellen Sie sich vor, Sie füllen ein großes Glas bis zum Rand mit Kieselsteinen. Ist das Glas nun wirklich voll? Nein. Viele kleine Steine passen noch in die Lücken. Rütteln Sie das Glas ein wenig und eine ganze Menge von ihnen findet seinen Platz. Doch das Glas ist immer noch nicht voll: Streuen Sie eine Hand voll Sand darüber und er verteilt sich in den Zwischenräumen. So ist das Leben. Hätten Sie das Glas zuerst mit Sand, dann mit den kleinen Steinen gefüllt, bliebe für die großen kein Platz mehr. Nehmen sie sich deshalb immer zuerst die großen Dinge vor, die Sie Ihren Lebenszielen am nächsten bringen. Der Sand passt hinterher immer noch hinein.

Was erwartet Sie auf den nächsten Seiten? Möchten Sie genau wissen, wie Ihre großen Steine aussehen? Wie viele von Ihnen Sie bereits in Ihrem Glas gesammelt haben? Vielleicht sind sie vor lauter kleinen Steinen und Sand gar nicht richtig zu sehen? Oder sie passen tatsächlich nicht mehr hinein, weil schon der meiste Raum in Ihrem Leben von aufreibenden Kleinigkeiten eingenommen ist? Wir werden uns nun systematisch mit diesen Fragen beschäftigen.

Jedes der vier Kapitel zu den einzelnen Portfolio-Bereichen ist folgendermaßen aufgebaut:

1. Allgemeine Informationen über die Bedeutung des jeweiligen Bereiches für das heutige Leben.
2. Informationen über die neurobiologischen und emotionalen Prozesse, die sich in unserem Körper zu dem jeweiligen Thema abspielen. Wie sind sie mit der Stresssoftware verknüpft, und welchen Einfluss haben sie auf die Stressbalance?
3. Ein Blick auf das, was Sie bereits in Ihrem Glas gesammelt haben – Ihre Ressourcen: Erfahrungen, Erreichtes, Kompetenzen, Eigenschaften, Sach- und Hilfsmittel und Beziehungen zu anderen Menschen.
4. Eine Sammlung von Anregungen und Tipps, die für das jeweilige Thema nützlich sind. Damit können Sie herauszufinden, wo bei Ihnen etwas verbessert werden kann, und kommen auf Ideen, wie Sie es tun könnten.

Ihre Kladde und die Liste mit den sieben Werkzeugen sollten Sie immer neben sich liegen haben. Machen Sie sich sofort Notizen, wenn Sie ahnen, dass irgendetwas nicht so ist, wie Sie es gerne hätten. Genau das ist das Ziel der Lektüre: Finden Sie so viele Probleme wie möglich, denn sie sind der Ausgangspunkt zur Verbesserung des jeweiligen Bereiches Ihres Lebens.

Die Beschäftigung mit Problemen führt erfahrungsgemäß zu furchtbar schlechter Laune. Zur Stärkung und moralischen Aufrüstung möchte ich Sie zu einem Perspektivwechsel einladen. Fragen Sie sich stets: »Warum ist es eigentlich nicht noch schlimmer?« Mit dieser Frage stoßen Sie unmittelbar auf sehr viele gute Dinge, die in unserem Leben ganz selbstverständlich sind. Unsere erste Reaktion darauf sollte Dankbarkeit sein! Dankbarkeit gehört zu den Elixieren unserer Seele, oft verbunden mit Bescheidenheit und Glück. Neurobiologen und Gesundheitspsychologen können heute auf der Grundlage ihrer Forschungsarbeit fest behaupten: Dankbarkeit ist ein Schlüssel zu Zufriedenheit, Gesundheit und natürlich zur Stressbalance. Jedes Mal, wenn jemand einen ehrlich gemeinten Dank äußert, werden im Gehirn die Schaltkreise des Belohnungssystems aktiviert. Dank fördert dadurch das Abklingen der Stressaktivierung, stabilisiert die körperliche und psychische Gesundheit, verhindert Verbitterung, erzeugt Optimismus und lässt uns besser schlafen.

9. Portfoliobereich 1: Arbeit

Im Lebensentwurf der meisten Menschen nimmt die Arbeit die erste und wichtigste Position ein. Mehr als jeder andere Bereich unseres Lebensportfolios bestimmt die Arbeit unsere Identität. Sie sichert nicht nur die materielle Grundlage unserer Existenz, sondern

- gibt uns einen Rahmen, in dem wir uns selbst wahrnehmen können,
- strukturiert unser Leben (Schule, Ausbildung, Beruf, Ruhestand), das Jahr (Urlaubszeit, Arbeitszeit, Feiertage) und den Tag (Arbeitszeit/Freizeit),
- weckt und trainiert schlummernde Potenziale,
- verschafft Ansehen und gesellschaftlichen Status und
- eröffnet Chancen in den Portfoliofeldern Partnerschaft und Familie.

Die Zukunft der Arbeit

Dieses »Skelett unseres Lebens« wird jedoch immer klappriger, Angst um den Arbeitsplatz steht bei den Sorgen vieler Menschen an erster Stelle. Was die akute unkontrollierte Stressreaktion besonders heftig auf den Plan ruft, ist der plötzliche, meistens unverschuldete, passiv erlittene Verlust. Wer die Arbeit verliert, verliert bald auch die Selbstachtung, Selbstorganisation und Initiative, das Selbstvertrauen und den Sinn im Leben. Schon Anfang der 1930er Jahre zeigte ein Forschungsprojekt, wie schnell sozial engagierte, gut vernetzte, organisierte und leistungsfähige Menschen in Apathie, Resignation, Gleichgültigkeit und Alkoholismus verfallen können, wenn sie arbeitslos werden.

Es wird in Zukunft enorm wichtig sein, sich andere Bereiche zu erschließen, in denen man Struktur, Anerkennung und Sinn finden kann. Unserer ganzen Gesellschaft kommt dabei die Aufgabe zu, nicht bezahlte Arbeit aufzuwerten und ihr mehr Wertschätzung entgegenzubringen.

Wir sind gut beraten, uns den Veränderungen des Arbeitslebens zu stellen und uns darauf vorzubereiten. Alle Experten prophezeien eine Neuordnung des Arbeitslebens, die in vielen Branchen (Medien, Unternehmensberatung, Gastronomie, Dienstleistungen aller Art) bereits üblich ist:

- Die Berufsbiografie umfasst auf wechselnden Hierarchieebenen unterschiedlichste Tätigkeiten, die von dem Ausbildungsberuf abweichen können, statt des stetigen Aufstiegs in einem Beruf.
- Statt Festanstellung bei einem Arbeitgeber gibt es Zeitverträge. Man ist zunehmend als Unternehmer in eigener Sache auf dem Arbeitsmarkt präsent.
- Die Arbeitszeiten werden flexibler werden (Vertrauensarbeitszeit, Projektarbeit, Saisonarbeit, Schicht- und Wochenendarbeit, Teilzeit, Heimarbeit, Selbstständigkeit).
- Arbeitsgruppen werden bedarfsgerecht zusammengestellt, die Hierarchie wird flacher, es entstehen wechselnde Zusammengehörigkeits- und Abhängigkeitsverhältnisse.
- Die Einsatzorte werden flexibilisiert: arbeiten von zu Hause oder von unterwegs. Es gibt wechselnde und von mehreren genutzte Arbeitsplätze.
- Die Lebensarbeitszeit wird verlängert.
- Erfahrungswissen allein reicht nicht aus, es muss durch lebenslange Weiterbildung und Förderung kreativer Ideen angereichert werden.
- Eigeninitiative, Anpassungsfähigkeit und Durchhaltefähigkeit werden zu überlebenswichtigen Persönlichkeitsmerkmalen.

Es wird also immer interessanter und herausfordernder, aber eben auch anstrengender werden, seine Brötchen zu verdienen. Die Einbettung in feste Strukturen, die Stütze, Verbindlichkeit und Fürsorge, die bisher mit der Arbeit verbunden waren, nehmen ab. Darin sehen Arbeitsforscher eine hohe emotionale Belastung. Wer heute ein Teampartner ist, wird morgen vielleicht Konkurrent sein – wem schenke ich also mein Vertrauen, wem überlasse ich mein Wissen, wem helfe ich mit meiner Erfahrung, wem fühle ich mich zugehörig? Ein so zentrales Bedürfnis wie das nach Bindung findet keinen Ankerplatz. Umso wichtiger ist deshalb die feste emotionale Verankerung in einem sozialen Umfeld, das diesen Rückhalt und diese Zugehörigkeit ermöglicht. Doch auch am Arbeitsplatz müssen soziale Bedürfnisse wie ein guter Kontakt zu den Kollegen und ein positives Betriebsklima erfüllt werden.

Warum ist Arbeit so anstrengend?

Die Antwort auf die Frage, warum immer mehr Menschen so gestresst sind, lautet: zuwenig Zeit, zuviel Arbeit, zu komplexe Aufgaben. Die Lösungen scheinen einfach: ein besseres Zeitmanagement, angepasste Regelung der Arbeitszeiten, Weiterbildung. So richtig funktioniert das jedoch nicht: In jedem Büro wird über fehlende Stressbalance gestöhnt. Gleichzeitig gibt es immer Leistungsträger, die nach einem Zwölfstundentag noch fröhlich und frisch daherkommen, deren Stressbalance funktioniert. Woran liegt das?

Was die Arbeit so anstrengend macht, ist die Tatsache, dass man auf so vielen Baustellen gleichzeitig beschäftigt ist: Sie sind verpflichtet, für den Arbeitgeber bestimmte Ziele zu erreichen, aber jedes Ihrer emotionalen Systeme will außerdem, dass Sie auch dort für die entsprechenden Soll-Werte sorgen.

- Das Erwartungs- und Belohnungssystem versorgt Sie jeden Morgen, an dem Sie gut gelaunt im Büro erscheinen, mit frischer Tatkraft und kontrollierter Stresspower. Es möchte, dass Sie am Abend zufrieden melden: Ziel erreicht.
- Für das Bindungssystem sollen Sie neben der Erledigung Ihrer Arbeiten alles sicherstellen, was Sie an sozialen mitmenschlichen Be-

dürfnissen nach Zugehörigkeit, Position, Loyalität, Vertrautheit und menschlicher Sicherheit brauchen.

- Mit dem Wut- und Ärgersystem sollen Sie sich gegen alle behaupten und durchsetzen, die mit Ihnen um Ihren Platz in der Rangfolge der Wertschätzung oder um Ihre Ziele konkurrieren.
- Wenn jemand Sie übertrumpft und schneller, stärker oder besser ist als Sie, möchte Ihr Furchtsystem den Rückzug antreten. Aber da Sie ja Geld verdienen wollen, das Ihnen einen gewissen Lebensstandard und Status einbringt, ist das nicht möglich.
- Das Ärgersystem versorgt Sie in diesem Fall noch einmal mit einem Energieschub, damit Sie sich durchkämpfen und ihr Ziel erreichen können.

Sie erinnern sich: Unsere Stresssoftware braucht Informationen über genaue Ist- und Soll-Werte; während sie arbeitet, hilft ihr eine feste Kontrollüberzeugung (»Ich kann!« – »Ich bin sicher, es wird gut ausgehen!«) dabei, die Problemlösung zu organisieren. Was bedeutet das für die Probleme, die Sie im Bereich Arbeit zu lösen haben? Wissen Sie genau, was tagtäglich ansteht und was das Wichtigste in Bezug auf diese Ziele ist? Können Sie während der Arbeit die ganze Kraft der Kontrollüberzeugung wirken lassen (siehe Übersicht nächste Seite)?

Unter all den verschiedenen Soll-Werten, die die Arbeit erfüllen möchte, gibt es wahrscheinlich nur einen einzigen, in dem Sie von vornherein mit Ihrem Arbeitgeber übereinstimmen: Sie beide wollen mit Ihrer Arbeitskraft Geld verdienen. Alles andere ist Verhandlungssache – und dabei ist es gut, wenn Sie selber wissen, was Sie können und wollen!

Wie kein anderer Bereich berührt die Arbeit im Verborgenen so viele Aufgaben gleichzeitig. Aber nichts davon lässt sich unmittelbar mit der biologisch vorgegebenen Dosis an Körpereinsatz erledigen. Das ist ein weiterer Grund, weshalb wir im Berufsleben so viel Kraft brauchen: Wir müssen die vielen Bewegungsimpulse mit der gleichen Menge an Energie zurückhalten. Das ermüdet. Nutzen Sie deshalb jede kleine Gelegenheit, ein wenig Bewegung in den Arbeitsalltag zu bringen. Auf Seite 226 finden Sie aktivierende und entspannende Kurzübungen.

Ist- und Soll-Werte an Ihrem Arbeitsplatz

Ist-Werte	***Kontrollüberzeugung***	***Soll-Werte***
• Aufgabenbeschreibung des Arbeitsplatzes	• Ich weiß, was ich zu tun habe.	• Übergeordnete Unternehmensziele • Ziele der Abteilung / des Projektteams • Ziele, die ich an meinem Arbeitsplatz erreichen soll
• Exakte Bestimmung des Ist-Wertes (Stand der Zielerreichung jedes einzelnen Arbeitsschrittes) • Zerlegung in Einzelschritte	• Ich kann die Aufgaben erledigen. – Bin ich qualifiziert? – Habe ich alle Mittel? – Funktionieren die Mittel? – Habe ich alle personellen Ressourcen zur Verfügung, die ich brauche? – Habe ich alle benötigten Informationen?	• Exakte Definition der Ziele: – Was genau? – Wann genau? – Wie genau?
• Welche emotionalen Bedürfnisse habe ich? Wo stehe ich in Bezug auf diese Bedürfnisse? – Sinnerleben – Selbstachtung – Lob, Anerkennung und Wertschätzung – Zugehörigkeit	• Ich will es!	• Woran bemerke ich, dass meine Ziele erfüllt sind? – Sinnerleben: Ich gehe freundlich mit Menschen um, ich erfahre viel Neues auf meinem Fachgebiet, ich kann meine Kompetenzen erweitern. – Selbstachtung: Ich komme gut mit meinen Aufgaben klar, ich fühle mich leistungsfähig, ich kann immer sagen, was ich denke, mein Image ist so, wie ich es mir wünsche, ich erreiche den Status, den ich anstrebe.

		– Lob, Anerkennung, Wertschätzung: Ich bekomme regelmäßiges Feedback, positive Beurteilungen, ich erfahre, wie meine Arbeitsergebnisse im Unternehmen angesehen werden, ich bekomme Sonderaufgaben. – Zugehörigkeit: Ich fühle mich unter den Kollegen wohl.
• Ich kenne die Spielregeln, an die ich mich halten muss. – Ich habe klar definierte Entscheidungs- und Gestaltungsspielräume. – Ich weiß, mit wem ich zusammenarbeiten muss, wen ich fragen kann und an wen ich was delegieren kann.	• Ich darf es tun!	• Ich halte die Spielregeln ein. – Dafür bekomme ich positives Feedback. – Andere respektieren meine Entscheidungen und Gestaltungsvorschläge. – Andere halten die Regeln der Zusammenarbeit ein. (Wenn ich delegiere, wird die Aufgabe gerne angenommen, wenn ich mich abspreche, hat der andere Zeit usw.)
• Überblick jährlich, monatlich, wöchentlich und die täglich anstehenden Aufgaben • Zeitplanung • Prioritäten (Wichtigkeit für die Erreichung meiner Ziele und der Unternehmensziele)	• Ich bin sicher, es wird gut ausgehen! – Habe ich genug Zeit? – Welche Erfahrungen kann ich heranziehen? – Sind meine Arbeitstechniken ausreichend? – Wer entlastet mich im Notfall?	• Feste Vereinbarung über die zu erwartenden Belohnungen: – Entlohnung – Geldwerte Vorteile – Prämien – Incentives – Weiterbildung

Zwischen Arbeitssucht und Burnout

Da die Arbeit uns so vielseitige Fähigkeiten abfordert, bietet sie auch viel Befriedigung; viele individuelle Soll-Werte können erreicht werden. Das kann aber auch negative Folgen haben, denn manche Menschen laufen dadurch Gefahr, arbeitssüchtig zu werden. Wissenschaftler schätzen, dass bereits ein Viertel aller Freiberufler und Manager davon betroffen ist.

Schnell gewöhnt man sich an den hohen Aktivierungsgrad der Stressmechanismen, erarbeitet sich viele prickelnde Erfolgserlebnisse und will mehr davon. Das Problem, so wissen die Fachleute, ist aber nicht die Menge der Arbeit, sondern die Tatsache, dass die Betroffenen das Abschalten regelrecht verlernt haben. Im Sog dieser guten Gefühle liegt nichts näher als der Wunsch, noch mehr zu arbeiten. Der Job bestimmt dann das ganze Leben, und wie bei jeder anderen Sucht dominiert ein einziges Thema: Gegen den Kick des Erfolges erscheinen Treffen mit Freunden öde, die Partnerschaft langweilig und die Familie belastend, die Hobbys werden durch die Arbeit ersetzt.

Ein gesunder Arbeitseifer ist ungefährlich – solange Muße, Langeweile, rumhängen, sich treiben lassen oder faul sein noch möglich ist, ohne dass sich das schlechte Gewissen meldet und die Stressreaktion gleich wieder hochfährt. Arbeitssüchtige verpassen diesen Punkt jedoch. Sie sorgen dafür, dass sie immer mit »Stoff« versorgt sind und werden ängstlich und unruhig, wenn sie nichts zu tun haben, das ihre Arbeit betrifft. Der Umstieg auf andere Inhalte gelingt immer schlechter, oft dienen Alkohol oder Dauerfernsehen als Ersatzdrogen.

Das zentrale Kriterium der Arbeitssucht ist die Fixierung auf das Thema Arbeit. Erfolg macht es leichter, »auf diesen Trip zu kommen«, Erfolglosigkeit kann aber ebenfalls dazu führen, denn dann arbeitet man umso verbissener, um etwas zu erreichen. Entscheidend ist: Die Stressbalance fehlt.

Von der Arbeitssucht ist es schließlich nur noch ein kleiner Schritt zum Burnout. Das Burnout-Syndrom ist der Preis, den viele heute für ihr Engagement bezahlen. Auch hier sind es vor allem die besonders motivierten und engagierten Menschen, die gefährdet sind – nur wer gebrannt hat, kann ausbrennen. So werden aus zupackenden High Potentials schnell depressive Zyniker.

Übersicht: Typische Verhaltensweisen bei Arbeitssucht

- Freiwilliges Arbeiten nach Feierabend, am Wochenende und im Urlaub.
- Heimliches Arbeiten: in der Freizeit im Büro anrufen, Mails checken, Lektüre nur noch fachbezogen.
- Schlechtes Gewissen und Ängste als »Entzugserscheinungen«.
- Ständig neue Pläne machen, Perfektionismus, durch ständiges Verschieben der Aufgaben nicht fertig werden.
- Sonderform: Angst vor der Arbeit und dadurch dauerndes sorgenvolles Kreisen der Gedanken um die Arbeit, verzweifeltes Arbeiten ohne Erfolg.

Ein Burnout ist schwer zu erkennen. Der Übergang von den üblicherweise rückbildungsfähigen Stresssymptomen über eine Phase der chronischen Überaktivierung bis zum Auftreten erster Krankheitssymptome verläuft schleichend. Dauernde Rückenschmerzen können ebenso gut ein Symptom sein wie Magenbeschwerden, Schlafstörungen oder unbegründeter Schwindel, Angst und depressive Erschöpfung. Im Netzwerk der Stresssoftware kann es überall zu Störungen kommen, wenn die Stressbalance verloren geht. Am Ende steht dann ein technischer K.o., der Zusammenbruch. Aufmerksam werden sollte man in jedem Fall, wenn man merkt, dass sich die Grundstimmung ändert: Das ist ein sicheres Zeichen dafür, dass das System überhitzt arbeitet. Die Farben der kleinen Glücksmomente verblassen, das Essen schmeckt nicht mehr, Sex ist überflüssig, die Mitmenschen gehen auf die Nerven. So unspektakulär sich das anhört: Es sind die ersten Warnzeichen!

Übersicht: Stadien des Burnout-Syndroms:

1. »Ich will!« Motiviert, tatendurstig, leistungsfähig, erfolgsorientiert.
2. »Ich will immer noch mehr!« Übermotiviert: Weniger delegieren, mehr arbeiten, zu viel selber erledigen.
3. »Ich muss!« Arbeit dominiert auch andere Bereiche, heroische Selbstaufopferung, eigene Bedürfnisse werden vernachlässigt.
4. »Keine Zeit!« Konflikte, erste Symptome werden verdrängt.
5. »Alles andere ist langweilig!« Umdeutung der eigenen Werte, Interessensverlust.
6. »Alle gehen mir auf die Nerven!« Reizbarkeit, Zynismus und Aggression bestimmen die sozialen Kontakte, Probleme werden auf den Arbeitsdruck und nicht auf die eigene Wesensänderung zurückgeführt.
7. »Lasst mich in Ruhe!« Rückzug von sozialen Kontakten, Hoffnungslosigkeit, Dienst nach Vorschrift, Alkohol- oder Medikamentenmissbrauch.
8. »Ich bin ein Versager!« Wesensänderung: Nicht mehr tatkräftig, sondern ängstlich, unruhig, überzeugt von der eigenen Wertlosigkeit.
9. »Ich bin eine Arbeitsmaschine!« Leben findet nur noch in der Gegenwart statt, nichts ist wirklich wichtig, einziger Inhalt: Die Arbeit muss irgendwie geschafft werden.
10. »Ich kämpfe!« Alkohol, hektisches Freizeitvergnügen, Sex, Essen oder Arbeit sollen die innere Leere betäuben.
11. »Ich will nicht mehr!« Depression: überaktiv oder apathisch, Leben sinnlos.
12. »Ich kann nicht mehr!« Technischer K.o. Körperlicher und / oder psychischer Zusammenbruch.

(nach Freudenberger, H., North, G.,
Burnout bei Frauen, Frankfurt 1992)

Übersicht: Dem Burnout zuvorkommen: Handeln Sie sofort!

- Notieren Sie die Symptome, die Ihnen aufgefallen, sind in Ihrer Kladde.
- Sorgen Sie für Ihren Körper: Wasser trinken, rechtzeitig schlafen gehen, Ernährung umstellen.
- Fangen Sie umgehend mit Ausdauersport an. Keine Übertreibung! Dreimal pro Woche mindestens eine halbe Stunde zügig spazieren gehen, Rad fahren, schwimmen, tanzen, Aerobic oder Inline skaten. Ausdauersport ist die beste Methode, um Ihr System wieder an das Abschalten zu gewöhnen. Nach der kontrollierten Stressaktivierung der wohldosierten Bewegung schaltet es von allein auf Regeneration. Botenstoffe werden freigesetzt, die positive Gefühle wieder möglich machen. Das muss wieder eingeübt werden. Es funktioniert nicht, wenn Sie sich überlasten.
- Nutzen Sie Ihre Kladde und die sieben Werkzeuge, um systematisch für Balance in allen Lebensbereichen zu sorgen.
- Überprüfen Sie Ihre Symptome nach zwei Wochen. Wenn sich Besserungen zeigen, fahren Sie mit dem Body-Tuning fort. Haben Sie keine Verbesserung festgestellt, gehen Sie zu einem Facharzt oder einem psychologischen Coach.
- Achten Sie nicht nur auf sich selbst, sondern auch auf Ihre arbeitseifrigen Mitmenschen. Sie brauchen Anerkennung und Zuwendung, Freiheiten bei der Arbeit und Pausen!

Erfolgreich arbeiten: Mit Leidenschaft und Flow

Jeder Mensch hat besondere Fähigkeiten. Alle Aufgaben, bei denen er sie einsetzen kann, gehen ihm leicht von der Hand. Sie werden zu Lieblingstätigkeiten, die man mit Kraft, Schwung, Freude, Leidenschaft und Enthusiasmus ausübt. Da lässt der Erfolg auch nicht lange auf sich warten. Die kontrollierte Stressreaktion setzt alles dafür in Bewegung.

Welche Fähigkeiten haben Sie? Können Sie besonders gut planen, haben Sie innovative Ideen, bringen Sie andere oft zum Lachen? Bauen Sie darauf Ihren beruflichen Erfolg auf. Nutzen Sie sie, so oft es geht! Pflegen Sie diese Fähigkeiten, und entwickeln Sie sie ständig weiter.

»Tu was du tust!«, lautet eine alte Glücksregel aus der Antike. Sie bedeutet: Widme dich einer Tätigkeit voll und ganz, konzentriere dich auf die gegenwärtige Aufgabe. Bei den Dingen, die einem liegen, ist das recht leicht. Doch was ist mit den vielen ungeliebten Pflichten, den mühsamen Erledigungen, den langweiligen Routinen oder widerwärtigen Konferenzen? Menschen aus ganz verschiedenen Berufsgruppen wie Künstler, Tänzer, Leistungssportler, Chirurgen, Straßenfeger und Arbeiter gaben dem amerikanischen Psychologieprofessor Mihaly Csikszentmihalyi Auskunft darüber, wie sie unter Stress Höchstleistungen brachten, und gleichzeitig glücklich, erfolgreich und zufrieden wurden. Er nannte den Zustand, in dem Sie sich während ihrer Tätigkeit befanden »Flow« – Fließen. Dieser Zustand ähnelt der akut kontrollierten Stressreaktion: Herausforderungen starten die Stressreaktion, wichtige Gehirnfunktionen werden angeregt, die Stimmung steigt. Das Ganze bleibt kontrolliert, eine dauerhafte Stressaktivierung ist nicht erforderlich. Die Aussicht auf Zwischenergebnisse und die Belohnung im Erreichen dieser Ziele starten abwechselnd das Erwartungs- und das Belohnungssystem. Diesen Flow, so sagt die Erfahrung, kann man im Prinzip bei jeder Tätigkeit erreichen. Vorausgesetzt, man möchte es und befolgt die Regeln, die Csikszentmihalyi aufgestellt hat.

Übersicht: So kommen Sie in den Flow

1. ***Volle Konzentration und Hingabe an die gegenwärtige Aufgabe.*** Der Tätigkeit volle Aufmerksamkeit und Konzentration widmen.
2. ***Sorgen Sie dafür, dass Sie der Aufgabe gewachsen sind.*** Weiterbildung, Informationen sammeln, sich helfen lassen – das ist vorbereitende Fleißarbeit. Lieber weniger Aufgaben übernehmen, um darin richtig gut zu werden.

3. ***Suchen Sie die Herausforderung, die in jeder Aufgabe steckt!*** Natürliche Leistungsgrenzen hinausschieben, das heißt den so genannten sportlichen Ehrgeiz entwickeln. Wo es keine Grenzen zu überwinden gibt, selbst Herausforderungen erfinden (»Mal sehen, wie viele Kartoffeln ich in 15 Minuten schälen kann!«). Damit wird die langweiligste Routine zum sportlichen Ereignis.
4. ***Formulieren Sie die Ziele der Aufgabe so, dass sie klar und erreichbar sind.*** Das erfordert Wissen, Nachdenken, realistische Einschätzung und Planung.
5. ***Sorgen Sie dafür, dass Sie unmittelbare Rückmeldungen erhalten.*** Teilziele festlegen und überprüfen. Eigene Maßstäbe setzen, an denen sich Erfolg messen lässt, zum Beispiel, in welcher Zeit Sie die Aufgabe erledigt haben oder wie viel oder wenig Material Sie verbraucht haben.
6. ***Behalten Sie immer die Kontrolle.*** Sie sollten jederzeit wissen, was, wann, wie und warum zu tun ist und sich selber dazu entscheiden können. Kontrollierbarkeit lässt sich durch gute Vorbereitung erhöhen und erfordert Eigeninitiative.
7. ***Mehr Flow im Alltag.*** Disziplinierte Konzentration und leidenschaftliche Hingabe: Ein Paradoxon, das Kinder mühelos beherrschen. Hochkonzentriert, mit angespanntem und ernstem Gesichtsausdruck lassen Sie sich völlig auf ihre Tätigkeit ein. Deshalb führt der einfachste Weg zum Flow über Spiel und schöpferische Hobbys.

Konzentration und Effizienz: Ruhe bitte!

Teamarbeit hat sich im modernen Arbeitsleben einen wichtigen Platz erobert. Doch mittlerweile ist klar geworden: Teamwork ist nicht für jede Art der Arbeit geeignet. Alle Aufgaben, bei denen es darauf ankommt, eine möglichst breite Informationsbasis zusammenzutragen, bei denen es wichtig ist, unterschiedliche Gesichtspunkte zu berücksichtigen und bei denen eine Koordination verschiedener Aktivitäten und Termine wichtig ist, sind grundsätzlich für Teams gut geeignet. Gemeinsam kann man Schritt für Schritt in einer logischen Reihenfolge seine Punkte abarbeiten.

Originelle und kreative Lösungen dagegen findet man am besten allein. Kreativität ist ein Informationsverarbeitungsprozess des Gehirns, in dem bekannte Elemente in einem neuen, bisher unbekannten Muster zusammengefügt werden, das als Lösung zu einer definierten Fragestellung passt. Diese Lösung kann nicht erarbeitet werden – sie lässt sich nur finden. Sie entsteht in einem Arbeitsmodus des einzelnen Gehirns, den man ganzheitlich, bildhaft, analog oder intuitiv nennt. Man hat auf ihn keinen bewussten Zugriff, kann aber spüren, wenn sich die gefundene Lösung ins Bewusstsein schiebt. Das geschieht meistens plötzlich, fast ungewollt. Die Einsicht erscheint überraschend einfach.

Prime Time: Die wertvollste Zeit des Tages

Sorgen Sie dafür, dass Sie mindestens einmal am Tag ungestört arbeiten und vor allem nachdenken können. Am besten ist es, wenn dieser Zeitraum mit der Phase Ihrer höchsten Konzentration, Denkfähigkeit und Kreativität zusammenfällt, Ihrer persönlichen Prime Time! Diese Phase liegt in Ihrem Energiehoch, in dem Sie genug Motivation und Kontrollüberzeugung aufbringen, um Aufgaben anzugehen, die Sie sonst lieber schleifen lassen oder die Ihnen zu anderen Tageszeiten schwer fallen. Was Sie hier an Überblick, Ideen und Ablaufplänen mühelos und leicht herstellen, ist Ihnen Leitfaden und Motivationsstütze für einen langen Tag! Die Prime Time zu finden und zu nutzen ist eine Aufgabe, die bei jedem Kopfarbeiter ganz oben auf der To-do-Liste stehen sollte! Diese Zeit ist von verschiedenen Rhythmen abhängig, denen Sie als biologisches und soziales Wesen unterliegen.

Raus aus dem Mittagstief

Der bei uns übliche Arbeitsrhythmus nimmt leider wenig Rücksicht auf die biologischen Schwankungen unserer Leistungsfähigkeit.

Durch geschickte Tagesplanung können wir jedoch selbst das Beste aus den jeweiligen Hochs und Tiefs machen. Wenn Sie ein Abendmensch sind, macht es wenig Sinn, sich durch eine ausgedehnte Mittagspause mit reichlichem Essen aus dem Rhythmus bringen zu lassen. Organisieren Sie sich lieber einen leichten Snack, machen eine kleine Pause und nutzen die ruhige Zeit zum Arbeiten. Wer dagegen mittags ein Leistungstief hat, sollte sich erholen, dann läuft es am Nachmittag umso besser.

Die besten Methoden für die Erholung in der Mittagspause

- *Abschalten:* Kleiner Spaziergang, Aufsuchen eines ruhigen Ortes, Gedanken locker schweifen lassen, Tagträumen, Entspannungsübung, Kurzschlaf
- *Auftanken:* Wasser, Fruchtschorlen, leichtes Mittagessen (Eiweißlieferanten, weniger Kohlenhydraten und wenig Zucker), Sauerstoff, angenehme entspannende Gespräche
- *Keine Zeit für eine Pause?* Planen Sie einfache Routinetätigkeiten für das Leitungstief ein: Ablage und Ordnung, Mails sortieren, Terminvereinbarungen, Updates, Abrechnungen usw.

Achtung Multitasking!

Das berühmte Multitasking ist nicht so effizient wie häufig angenommen. Berufstätige Mütter bezeichnen es auch gerne als »Mutti-Tasking« und wissen, wie anstrengend es ist, mit eingeklemmtem Telefon über ein neues Projekt mit dem Kunden zu telefonieren, während der Jüngste auf der rumpelnden Waschmaschine strampelt und sie versuchen seine Windel zu wechseln.

Unser Gehirn ist so eingerichtet, dass es eine Aufmerksamkeitsspanne von drei Sekunden hat. In dieser Zeit können wir uns einem Gedanken voll und ganz widmen. Gehirnforscher haben herausgefunden: Multitasker »zappen« gedanklich von Aufgabe zu Aufgabe. Den damit verbundenen Anstieg der Stressaktivierung, die viel Energie braucht, um dabei alles im Auge zu behalten, verwechseln sie mit gesteigerter Leistungsfähigkeit.

Leider ist das Resultat meistens nicht so gut, als hätte man sich gleich auf eine Aufgabe beschränkt und diese von Anfang bis Ende konsequent durchgezogen, denn beim Umschalten müssen immer wieder andere Nervennetzwerke aktiviert werden, und das kostet Zeit und Energie. Hand aufs Herz: Wie oft haben Sie beim Multitasking schon etwas Wichtiges vergessen oder einen Fehler gemacht? Üben Sie lieber, auf das hyperaktive Gefühl zu verzichten und kontrolliert bei einer Sache zu bleiben. (Ausnahmen sind automatisierte Tätigkeiten wie zum Beispiel Bügeln und Fernsehen – die können Sie natürlich gleichzeitig ausüben!) Schließen Sie die einzelnen Tätigkeiten (gegebenenfalls nur bis zur Erreichung von Teilzielen) rasch nacheinander ab. Ihre Stressreaktion bekommt jedes Mal das Signal »Ziel erreicht!«, versorgt Sie mit guten Gefühlen und hält die Energie auf einem gesunden Level.

Dünger für die Arbeit: Das Betriebsklima

Nicht nur in der Freizeit, auch während der Arbeit haben soziale Kontakte einen großen Stellenwert; sie sind eine bedeutsame Quelle für Emotionen und können die Stressbalance sehr beeinflussen, im positiven wie im negativen Sinne.

Was tun Sie bereits in Ihrem konkreten Verhalten Kollegen und Mitarbeitern gegenüber für ein gutes Betriebsklima?

Übersicht: Was mache ich bereits richtig?

- Biete ich Kollegen fachliche Unterstützung an?
- Nehme ich mir Zeit für die Belange der Mitarbeiter und Kollegen?
- Schaffe ich in der Zusammenarbeit ein angstfreies Klima?

- Kann ich mit Kritik gut umgehen?
- Kann ich konstruktiv kritisieren?
- Erkenne ich die Kollegen und Mitarbeiter für gute Leistungen an?
- Kann ich mich auch mal zurücknehmen?
- Stelle ich mich Konflikten?
- Unterstütze ich bei den Mitarbeitern und Kollegen ein vertrauensvolles und offenes Miteinander?
- Habe ich den Mut, neue Wege auszuprobieren?
- Informiere ich Kollegen und Mitarbeiter ausreichend und zügig?
- Habe ich die nötige fachliche Kompetenz?
- Bin ich in der Lage, notwendige Entscheidungen klar und konsequent zu treffen?
- Bin ich besonnen und ausgeglichen?
- Behalte ich den Überblick und plane vorausschauend?
- Bin ich in der Lage, andere für ihre Aufgaben zu motivieren?
- Vertrete ich die Interessen der Abteilung nach außen?

Energiequelle Mitmensch

Soziale Emotionen bestimmen häufig unsere Stressreaktion. Ob wir beurteilt werden, das Gesicht verlieren, uns blamieren, verachtet, übersehen oder ausgegrenzt werden – immer springt die Stressreaktion heftig an. Warum tun wir uns nicht gegenseitig den Gefallen und sind einfach ein bisschen netter, aufmerksamer und liebevoller miteinander? Wir haben doch schon genug Probleme zu lösen! Freundlichkeit und Herzlichkeit kann man sogar lernen. Machen Sie eine Woche lang den Test, und seien Sie so freundlich, rücksichtsvoll und konstruktiv, wie Sie nur können. Beobachten Sie, wie es Ihnen geht und was um Sie herum passiert.

Übersicht: 50 ways to please the other ...

- Bedanken Sie sich für ganz normale Vorgänge. Verwenden Sie dafür schlichte Vokabeln wie »gut«, »prima«, »schön«, und mischen Sie diese in die Beschreibung Ihrer Beobachtung (s. auch Seite 157).
- Loben Sie dezent im Geschäft, im Restaurant, im Taxi, in der Bahn (Jokersatz: »Das klappt ja prima!«).
- Wo immer Sie eine Auskunft oder einen Hinweis bekommen haben: »Da haben Sie mir jetzt sehr weitergeholfen, danke.«
- Üben Sie die alte Tugend der Höflichkeit: Lassen Sie anderen den Vortritt, halten Sie die Tür auf, helfen Sie in den Mantel, oder machen Sie kleine Komplimente.
- Fragen Sie gelegentlich, ob jemand vielleicht einen kleinen Service gebrauchen kann: Sie können einen Becher Kaffee besorgen, etwas aus der Stadt mit- oder Post wegbringen oder andere kleine Hilfen anbieten.
- Überraschen Sie Ihre Mitmenschen: Schreiben Sie mal wieder eine Postkarte, bringen Sie Blumen mit, richten Sie einen Gruß aus, erzählen Sie einen netten Witz.
- Melden Sie sich am Telefon deutlich, langsam und freundlich, sagen Sie Ihren Namen und den Tagesgruß. Wie oft hat man das Gefühl zu stören, wenn man irgendwo anruft. Schade! Geben Sie dem Anrufer stattdessen das Gefühl, willkommen zu sein. Dann läuft das Gespräch auch konstruktiver.
- Sprechen Sie sich immer gut mit Ihren Kollegen und Mitarbeitern ab. Lieber einmal zu viel informieren als einmal zu wenig.
- Ein nettes Spiel, das die positive Stimmung in Teams verstärkt, ist »Der anonyme Freund«: Ziehen Sie per Los den Namen eines Kollegen. Ohne dass Ihr »Opfer« es bemerkt, unterstützen, verwöhnen und erfreuen Sie den Kollegen ein paar Tage lang. Jeder wird versuchen, herauszufinden, wer sein Wohltäter ist. Viel Vergnügen!

Gute Zeiten, schlechte Zeiten

Konflikte, Fehler, Missgeschicke und Meinungsverschiedenheiten gehören zum normalen Leben dazu. Lassen Sie die Dinge aber nicht zu lange schmoren, das kostet viel Energie und verhärtet die Fronten. Wenn Sie sich nicht einigen können, bitten Sie einen unbeteiligten Moderator aus der Personalabteilung dazu. Es gibt auch geschulte Mediatoren, die beiden Seiten zu einer fairen Einigung ohne Gesichtsverlust verhelfen können. Sie gehen sehr gezielt zum zentralen Punkt vor, haben eine feste Gesprächsstruktur, geben allen Seiten Raum zur Darstellung ihrer Sicht und eventuell sogar der dazugehörigen Emotionen und sorgen so für einen echten Interessensausgleich.

Streitschlichtung per Machtwort spart zwar viel Zeit und scheint manchen Führungskräften deshalb die beste Lösung zu sein. Unfreiwillige Unterordnung und Unterlegenheit erzeugen jedoch nicht nur bei Ratten und Primaten erhebliche chronische Aktivierungen der Stressreaktion, sondern machen auch Menschen krank. Angst, Unaufrichtigkeit, Misstrauensklima und häufige Fehlzeiten sind Folgen dieses autoritären Führungsstils. Das Schlüsselwort heißt »unfreiwillig«. Wer sich zähneknirschend unterordnet, aktiviert negative Emotionen, was eine unkontrollierte Stressreaktion hervorruft. Wer dagegen gerne in seiner Firma arbeitet, kann eine ganze Menge Energie mobilisieren.

Wenn Sie etwas zu kritisieren haben, machen Sie es kurz: Verzichten Sie auf Lamentos, Beschuldigungen und Vorwürfe.

- Beschreiben Sie detailliert, was nicht in Ordnung war. Konzentrieren Sie sich dabei auf den tatsächlichen Vorfall und nicht auf die Vergangenheit.
- Beschreiben Sie, was der Vorfall Ihnen für Probleme und Schwierigkeiten bereitet hat und wie er Sie persönlich beeinträchtigt.
- Sagen Sie, welches Verhalten Ihnen in Zukunft besser gefallen würde.
- Fragen Sie, ob sich der Kritisierte vorstellen kann, diesem Wunsch zu entsprechen und wie das geschehen könnte.
- Danken Sie für seine Bereitschaft und freuen Sie sich gemeinsam auf eine bessere Zukunft.

Netzwerke für den Erfolg

Wissen Sie, wer Sie auf Ihrem Weg in die erfolgreiche Zukunft unterstützen kann? Fachkompetenz, Arbeitseinsatz und Zuverlässigkeit sind die Basis für den Erfolg. Doch welche Führungskraft möchte einen solchen Mitarbeiter nicht behalten? Wer den Aufstieg wünscht, braucht einflussreiche Kontakte! Netzwerke sind die entscheidenden Informations- und Unterstützungssysteme der Zukunft. Nutzen Sie Kontakte zu Kollegen, Vorgesetzten, Arbeitsgruppen oder Ausschüssen, zu Kunden, Experten, Clubs, Fachgesellschaften, Redaktionen oder Berufsverbänden um Unterstützung für Ihre Vorhaben zu finden. Denn je unübersichtlicher das Leben ist, desto wichtiger sind Informationen und Empfehlungen von Menschen, die sich kennen und vertrauen. Kontakte können wichtig für Ihren beruflichen Erfolg sein und verhindern, dass Sie im Job auf der Stelle treten – und damit auch für Ihre Stressbalance sorgen!

Ausblick: Bin ich hier eigentlich richtig? Meine Arbeit in Zukunft

Haben Sie Pläne? Wollen Sie sich verändern oder beruflich entwickeln? Haben Sie schon das Beste aus Ihren Möglichkeiten gemacht? Ich möchte Sie zum Schluss dieses Kapitels nicht unter Druck setzen, sondern anregen, noch einmal genau nachzudenken. Stressbalance steht für ein Gleichgewicht zwischen Anstrengung und Erholung, zwischen unangenehmen und angenehmen Gefühlen. Es gibt immer wieder Menschen, die ihre Stressaktivierung nicht herunterfahren, indem sie sich über Gelungenes und Zufriedenstellendes freuen, sondern sich verbittert von ihren gescheiterten Aktivitäten zurückziehen.

Vielleicht wirkt sich etwas an Ihrer Arbeit negativ auf Ihre Stressbalance aus. Ich möchte Sie deshalb ein wenig aufstacheln. Wagen Sie doch einmal, ein wenig zu träumen – nur zur Probe! Alles, was wir tun, erreichen und anschaffen, beginnt mit einem kleinen Traum, egal ob es sich um Materielles oder um gesammelte Gefühle und Erfahrungen handelt: »Wie schön wäre es, wenn ich mal wieder…« Fangen Sie einfach an, sich die »ideale Arbeit« zu erträumen. Stellen Sie sich immer wieder die Frage: Vorausgesetzt, es gäbe keine Einschränkungen und Geld spielte kein Rolle, was würde ich am allerliebsten tun? Je konkreter Ihre Vorstellungen sind, desto mehr können Sie bereits heute die Bedingungen beeinflussen.

10. Portfoliobereich 2: Partnerschaft

Die Wahl des »richtigen« Partners ist ein komplexes Thema, über das wir hier nicht nachdenken wollen. Wenn aber die Biologie mit ihren Antrieben, die Seele mit ihren Sehnsüchten und der nüchterne Verstand mit (hoffentlich) einigen rationalen Überlegungen ein Paar zusammengebracht haben, beginnt das gemeinsame Leben und damit auch der gemeinsame Stress. Jeder für sich und beide zusammen brauchen eine gute Balance.

Viele Menschen haben heute lange Phasen persönlicher Freiheit und lange Ausbildungszeiten hinter sich. Plötzlich wird es dann ernst. Die Liebenden stehen oft unvorbereitet vor einer Fülle an Herausforderungen: Paarbildung, Familiengründung, Karrierestart und Eroberung eines Platzes in der Gesellschaft. Auf keine dieser Aufgaben ist man wirklich vorbereitet. Alle sind neu, komplex und zum Teil widersprüchlich. Da kann die Stressbalance leicht ins Wanken geraten. Die Zufriedenheit von Paaren nimmt, besonders wenn Kinder da sind, in den ersten drei Jahren so rapide ab, dass in dieser Phase die meisten Trennungen zu verzeichnen sind. Ebenfalls problematisch wird es, wenn die Kinder aus dem Haus sind. Dann beginnt für viele ein neues Leben.

Partnerschaften sind heute längst nicht mehr so haltbar, wie man sich es eigentlich wünscht. Illusion und Wirklichkeit klaffen weit auseinander, das Versprechen »bis dass der Tod euch scheidet« wird in Deutschland von 214000 Paaren jährlich gebrochen.

Wie man trotz Stress, der sowohl durch äußere Bedingungen als auch durch die Partnerschaft selbst verursacht wird, das Beste aus dem Zusammensein von Mann und Frau machen kann, werden wir hier untersuchen. Denn eine stabile Partnerschaft lohnt sich: Sie hält gesund und fördert die Zufriedenheit im Leben.

Partnerschaft ist Arbeit

Im Kino endet der Liebesfilm stets damit, dass die beiden Liebenden endlich zueinander gefunden haben. In der Wirklichkeit beginnt in diesem Moment die Arbeit. Die Stressbalance einer Partnerschaft hängt von vier Aufgaben ab, die man als Paar gemeinsam lösen muss:

- Ein stabiles Fundament legen: Liebe und Attraktivität sind das, was am Anfang anzieht, gemeinsame Werte und Vorstellungen der Kitt, der die Verbindung langfristig stabil hält.
- Sich gegenseitig unterstützen: Wer hat welche Wünsche und Bedürfnisse, wer macht was und in welchem Ausmaß? Unterstützung hängt sehr stark mit dem Rollenverständnis beider Partner zusammen, beruht auf Gegenseitigkeit und ist immer Verhandlungssache, aber kein Tummelplatz für Helfer und Ausbeuter.
- Miteinander reden: Mit der ganzen Welt kommunizieren wir täglich viele Stunden, mit dem Partner durchschnittlich zehn Minuten pro Tag! In dieser kurzen Zeit muss alles gesagt werden und wird auch alles gesagt. Von dieser komprimierten Kommunikation hängt die ganze Beziehung ab.
- Gemeinsamkeit und Spaß: Jedes Paar braucht seine gemeinsame Zeit, in der man sich an der Anwesenheit des anderen erfreut und in der Liebe und Erotik, Spaß und Lust gepflegt und genossen werden.

Jede dieser Aufgaben bedeutet für beide Partner eine Menge Arbeit, die mithilfe der Stresssoftware erledigt wird. Immer wieder müssen Kompromisse geschlossen und ein Ausgleich zwischen Geben und Nehmen gefunden werden. Schwierig ist dabei auch die Kommunikation: Wer sich liebt, weiß automatisch, was der andere möchte – das ist leider ein Trugschluss! Um Missverständnisse zu vermeiden, ist es besser, aufeinander zuzugehen und die Sprache des Partners zu lernen. Oder kennen Sie ein besseres Rezept?

Was uns anzieht

Liebe und Attraktivität

Niemand verliebt sich, weil er den anderen so wunderbar langweilig und pflegeleicht findet, sondern weil alles aufregend und neu ist. Obwohl wir, wie Untersuchungen zeigen, am ehesten einen Partner wählen, der uns in Bezug auf Herkunft, Bildung, Wohlstand und Einstellung in den wichtigsten Fragen ähnlich ist, müssen wir auch irgendetwas Besonderes an ihm oder ihr finden. Eine genetische Variante, die sich gut mit dem eigenen Immunsystem verträgt, aber gerade so unterschiedlich ist, dass eine gute neue Mischung dabei herauskommt. »Gegensätze ziehen sich an« und »Gleich und gleich gesellt sich gern« – diese Regeln gelten laut Evolutionsbiologen besonders für Frauen. Wenn Männer sich verlieben, achten sie stärker auf optische Reize: Die Region, die diese in ihrem Gehirn verarbeitet und mit den Schaltkreisen der Liebe zusammenbringt, ist wesentlich größer als bei Frauen. Die Wahl der Frauen ist von den Hormonveränderungen des Zyklus geprägt. Während des Eisprungs bevorzugen sie männliche und dominante Typen, die eine gesunde robuste Genetik versprechen, in den anderen Phasen des Zyklus lieben sie weichere und fürsorglich wirkende Partner, die für die »Brutpflege« gut geeignet sind. Hinzu kommt eine interessante Mischung aus eigenen Vorlieben, Erfahrungen und Erwartungen, alle Bedürfnisse sollen befriedigt werden. Und so sieht es am Anfang ja auch aus, wenn zwei sich endlich gefunden haben.

Neurobiologie der Liebe

Die Partnersuche geschieht im Geheimdienst ihrer Majestät, der Natur. Denn Ursprung und Ziel der Liebe, das müssen wir einfach einsehen, ist nun einmal die Arterhaltung. Auch wenn wir heute dazu unsere eigene Meinung haben, die biologischen Programme laufen ab wie eh und je. Biologische Schlüsselreize tauchen auf und die Stresssoftware springt an. Erfahrungen, Bewertungen und Erwartungen mischen ihre

Emotionen mit hinein und los geht's. Kommt irgendetwas dazwischen, werden am Mischpult des limbischen Systems die Regler gestellt:

- »Sie sieht mich nicht!« – akut unkontrollierter Stress.
- »Den krieg ich doch noch!« – chronisch kontrollierter Stress.
- »Das wird nie was!« – chronisch unkontrollierter Stress.

Liebesleid unterscheidet sich nicht grundsätzlich von anderen Misserfolgen. Auch der Super-GAU der Liebe, die Trennung, wird im Gehirn behandelt wie jeder andere größere Verlust. Das Bindungs-Paniksystem gerät in hellen Aufruhr, wenn das, was für unser Leben so wichtig ist wie ein geliebter Partner plötzlich abhanden kommt. Reize, die hier verarbeitet werden, »schmerzen« tatsächlich wie eine körperliche Verletzung – sie werden an derselben Stelle im Gehirn erzeugt. Nach der heftigen Stressreaktion verfallen wir eine Zeit lang in Hoffnungslosigkeit, Liebeskummer, Trauer oder Depression. Mit allen Veränderungen der Stressreaktion, die dazu gehören: erhöhte Stresshormonwerte, Störung der Immunabwehr, innere Unruhe, schlechte Stimmung, Niedergeschlagenheit und Antriebslosigkeit.

Im Netzwerk von Körper und Seele wird die Stressreaktion von den Geschlechtshormonen mitgestaltet. Umgekehrt aber führen bestimmte Stressaktivierungen auch zu Veränderungen dieser Hormone. Beide Geschlechter produzieren sowohl männliche als auch weibliche Geschlechtshormone, allerdings in unterschiedlichen Dosierungen und Mischungsverhältnissen.

Chemie der Liebe

Testosteron ist verantwortlich für den männlichen Körperbau, die Bildung der Spermien und das Sexualverhalten. Es ist das Hormon der Aktivität und des Geschlechtstriebes. Durch chronischen Stress wird die Testosteronproduktion gedrosselt, was sich bei beiden Geschlechtern an mangelnder Libido zeigt. Umgekehrt scheint Testosteron auch dafür verantwortlich zu sein, dass die Stressreaktion bei Männern sehr rasch sehr hoch schießen kann. Wer in sozialen Wettkampfsituationen siegt, hat erhöhte Testosteronspiegel, beim Verlierer sinken die Werte sogar ab. Depressive Männer erleben durch Testosteron eine Stimmungsverbesserung.

Was bei beiden Geschlechtern die Lust anregt, sind Reize, die das Erwartungssystem mit seinem Botenstoff Dopamin anwerfen, besonders in Kombination mit einer leicht gefährlichen Situation, die das Stresshormon Noradrenalin im Gehirn in Aktion treten lässt. Alles Neue, Ungewöhnliche kann deshalb zum Aphrodisiakum werden. Ist das Ziel, der sexuelle Höhepunkt, erreicht, meldet sich das Belohnungssystem mir seinen beliebten Endorphinen: Lust, Glück und tiefe Entspannung. Der abrupte Stimmungswechsel wird von manchen regelrecht als unangenehm und wie ein Absturz erlebt. Andere können sich im Nachglühen noch eine ganze Zeit lang wohl fühlen. Doch bei beiden Geschlechtern passiert durch den Höhepunkt etwas ganz Besonderes. Aus dem Fortpflanzungsakt entstehen Liebe und Bindung. Verantwortlich dafür sind die Hormone Vasopressin, Oxytocin und Prolactin. Stimuliert durch Berührung der Geschlechtsorgane und den Orgasmus, sind sie mit den Endorphinen die Belohnung für Fortpflanzungsbemühungen. Sie wirken stark stressreduzierend und angstlösend. Die Gefühle, die sie vermitteln, gehören zu den besten Dingen, die wir im Leben erstreben: Geborgenheit, Sicherheit, Vertrauen und Zufriedenheit. Glücklicherweise gibt es sie nicht nur durch Sex, sondern beispielsweise auch durch Umarmungen, Massage oder Kneippsche Bürstenmassage.

In welchen Mengen, in welchem Timing die Hormone der Liebe aktiv werden, wie viele Andockstellen (Rezeptoren) die Person in ihren Gehirnregionen besitzt, welche Erfahrungen und Einstellungen sie dazu noch mitbringt – alles zusammen erzeugt die individuelle Balance zwischen Begehren und Lust, Aufregung und Beruhigung, Neugier und Treue. Begehren, Verliebtheit und Bindung, die drei Grundtöne der Liebe müssen nicht zwangsläufig auf eine Person gerichtet sein. Man kann eine sexuelle Beziehung mit einer Person haben, eine romantische Schwärmerei für eine andere und eine tiefe Bindung zu einem vertrauten Partner empfinden – als Mann und als Frau.

Der Partner ist ein großer Garten

Eine feste Partnerschaft soll nach unseren Vorstellungen eine sehr lange Zeit eine große Verbindlichkeit haben. Der Partner gilt nach wie vor als die bedeutendste Glücks- und Kraftquelle und wichtigster Verbündeter im Alltagsdschungel. Gemessen an dieser zentralen Bedeutung kommt der Partnerschaft erstaunlich wenig Aufmerksamkeit und Pflege zu. Doch der Partner ist kein Lastesel, keine Hilfskraft, kein Schuttabladeplatz, keine Tankstelle und kein Objekt der Erziehung und Verbesserung. Er ist eher wie ein wunderbarer großer Garten, der seine Sonnen- und Schattenseiten hat und der sowohl fruchtbares als auch steiniges, trockenes wie sumpfiges Gelände hat. Für jede Stelle findet ein Gärtner die passende Pflanze.

Die Sonnenseiten sind diejenigen Eigenschaften, mit denen uns der Partner zu Beginn der Beziehung fasziniert hat. Auch wenn sie nach einer Weile nicht mehr so stark in den Vordergrund treten, sie sind immer noch da!

Manche Sonnenseite wird im Laufe der Beziehung zum Problem, zum Beispiel besondere Schönheit und Attraktivität oder ein großer Freundeskreis, in dem der Partner der Mittelpunkt ist. Zunächst ist das faszinierend: welch eine Ehre und Freude, gerade diesen Menschen für sich begeistern zu können! Solche besonderen Qualitäten eines Partners verlangen jedoch von beiden ein hohes Maß an Fairness, Großzügigkeit und Disziplin. Spielen Sie Ihre besonderen Gaben niemals gegenüber dem anderen aus, zeigen Sie ihm immer, dass er der Einzige und Auserwählte ist. Beziehen Sie ihn in Ihre Aktivitäten mit ein, und finden Sie einen für beide akzeptablen »Freizeitplan«.

Jeder kann in einer Beziehung Neid, Eifersucht und Verlustangst erleben. Diese Gefühle kennen alle Menschen. Das beste Mittel dagegen ist Selbstbewusstsein. Sprechen Sie daher offen darüber, wenn Sie solche Gefühle bei sich wahrnehmen, und lernen Sie, Ihre eigenen Qualitäten und Begabungen zu schätzen. Ein »strahlender« Partner kann den anderen unglücklich machen oder ihn anregen zu wachsen. Und Letzteres ist doch eine lohnende Alternative zu Nörgelei und Zank.

Verschaffen Sie sich einen Überblick über diejenigen Eigenschaften und Qualitäten, die Sie an Ihrem Partner schätzen, und machen Sie sich klar, warum! Sprechen sie oft über die Sonnenseiten, loben Sie sie und danken Sie ihrem Partner dafür.

Die Sonnenseiten meines Partners

Sonnenseiten	***Was liebe ich daran?***
....	....
....	....
....	....
....	....
....	....
....	....
....	....
....	....
....	....
....	....
....	....
....	....
....	....
....	....

Nach der ersten Phase der heftigen Verliebtheit, spätestens nach den ersten drei Jahren, kommen die anderen Seiten des Partners mehr zum Vorschein. Im positiven Fall verändert sich die Beziehung und wird freundschaftlicher. Das Wesen jeder guten Freundschaft ist, dass man tolerant ist und viel in Kauf nimmt. Sie wissen, dass es so gut wie unmöglich ist, jemanden zu ändern! Deshalb verändern Sie doch lieber sich selbst beziehungsweise Ihre Einstellung! Manches, was Sie an Ihrem Partner stört, kann Sie dazu bringen, geduldiger, toleranter, großzügiger oder auch flexibler zu werden oder etwas Bestimmtes zu lernen.

Betrachten Sie die »Schattenseiten« Ihres Partners. Bevor Sie den Partner ansprechen, überlegen Sie sorgfältig, wie Sie diese ebenfalls nutzen können – und sei es als Herausforderung, die eigene Einstellung zu ändern.

Die Schattenseiten meines Partners

Schattenseiten	***Was könnte daran positiv sein?***
....	....
....	....
....	....
....	....
....	....
....	....
....	....
....	....
....	....
....	....
....	....
....	....
....	....
....	....

Sollte Sie dennoch etwas nachhaltig stören, sprechen Sie es an (siehe Seite 160). Bereiten Sie sich mithilfe der sieben Werkzeuge aus Teil II auf das Gespräch vor. Sie können mit den Werkzeugen zweierlei klären: den Inhalt des Gespräches (»Wer macht was im Haushalt?«) oder die Form des Gespräches (»Wie reden wir konstruktiv und friedlich miteinander?«).

Was uns zusammenhält

Jede Partnerschaft wird von mehreren Faktoren zusammengehalten. Natürlich können diese Faktoren bei jeder Partnerschaft unterschiedlich gewichtet sein.

Werte und Vorstellungen

Werte sind Einstellungen und Überzeugungen, die wir in unserem Leben gerne verwirklicht sehen möchten. Sie haben deshalb einen stark motivierenden Charakter.

Nutzen Sie die unten aufgeführte Tabelle als Anregung, um herauszufinden, was Ihnen in der Partnerschaft und im gemeinsamen Leben wichtig ist. Kennen Sie die Einstellung Ihres Partners? Wo gibt es Übereinstimmung, andere Einstellungen, worüber sollten Sie sich unterhalten, worüber wissen Sie gar nicht Bescheid? Die Einigkeit kann nie 100-prozentig sein. Doch Sie sollten die unterschiedlichen Standpunkte so früh wie möglich kennen. Sonst geht es Ihnen wie dem berühmten Paar, das nach 30 Ehejahren entdeckt, dass er viel lieber die Unterseite des Brötchens mag als die Oberseite, die sie ihm aus Liebe jeden Morgen abgegeben hat.

Je früher Gespräche über Gemeinsamkeiten und Unterschiede stattfinden, desto besser. Überlegen Sie gemeinsam mithilfe der sieben Werkzeuge, wie Sie das verwirklichen, was beiden wichtig ist, und verabreden Sie, wie Sie mit unterschiedlichen Einstellungen und Wünschen umge-

Kennen Sie Ihre Werte und Vorstellungen und die Ihres Partners?
(1) = sehr wichtig, (2) = wichtig, (3) = weniger wichtig

Werte / Einstellungen	***Ich***	***Mein Partner***	***Weiß ich nicht***	***Besprechen***
• Partnerschaft ist eine eigene Quelle von Lebensqualität und nicht nur Tankstelle für den Beruf	○	○	○	○
• Sex und Erotik	○	○	○	○
• Kuscheln und Zärtlichkeit	○	○	○	○
• Offenheit bei Sorgen, Nöten und Belastungen	○	○	○	○
• Zuhören und ermuntern	○	○	○	○
• Gefühle ernst nehmen	○	○	○	○
• Gegenseitiges Lob und Dank	○	○	○	○
• Gegenseitige Höflichkeit und Respekt	○	○	○	○
• Gepflegter Auftritt auch zu Hause	○	○	○	○
• Miteinander reden	○	○	○	○
• Füreinander sorgen	○	○	○	○
• Kleine Aufmerksamkeiten	○	○	○	○
• Gemeinsames Hobby	○	○	○	○
• Gemeinsame Freizeitaktivitäten außerhalb der Hobbys	○	○	○	○
• Gemeinsamer Einkaufsbummel	○	○	○	○

• Neue Ideen für die Freizeit	○	○	○	○
• Gemeinsamer Freundeskreis	○	○	○	○
• Eigener Freundeskreis	○	○	○	○
• Zeit zum Alleinsein	○	○	○	○
• Romantische Dates	○	○	○	○
• Vom Partner viel mitbekommen	○	○	○	○
• Von der Familie viel mitbekommen	○	○	○	○
• Kinderbetreuung / Schularbeiten durch beide	○	○	○	○
• Kinderbetreuung durch einen Partner, der zu Hause bleibt	○	○	○	○
• Kinderbetreuung durch einen Partner, der Teilzeit arbeitet und durch andere	○	○	○	○
• Kinderbetreuung weitgehend durch andere, beide Partner arbeiten Vollzeit	○	○	○	○
• Freizeit gemeinsam mit der Familie	○	○	○	○
• Gemeinsame Mahlzeiten als Paar oder Familie	○	○	○	○
• Gemeinsame Aktivitäten als Familie	○	○	○	○
• Gute Stimmung in der Familie	○	○	○	○
• Gemeinsame Zeitplanung mit der ganzen Familie	○	○	○	○

hen wollen. Gerade beim Thema Familie, Kinder und Beruf treffen oft verschiedene Konzepte aufeinander, die sorgsam besprochen und ausgehandelt werden wollen. Die Kinderphase beträgt ja »nur« circa 15 bis 20 Jahre. Bei einer Lebenserwartung von mehr als 80 Jahren ist es besonders für Frauen wichtig, Pläne und Chancen für die Zeit danach zu haben. Welcher Partner welches Familienmodell für richtig hält, hat viel mit den persönlichen Erfahrungen und Traditionen aus den Herkunftsfamilien zu tun. Unterhalten Sie sich darüber, was Sie erlebt haben und was Sie für richtig halten. Wissenschaftlich nachgewiesen ist heute, dass Fremdbetreuung, solange sie gut und verlässlich ist und eine emotionale Sicherheit bietet, den Kindern eher nützt als schadet. Sie sind früher selbstständig und emotional kompetenter, da sie sich an unterschiedliche Menschen anzupassen gelernt haben.

Gegenseitige Unterstützung: Wer spielt wann welche Rolle?

Bemuttern, bevormunden, ausbeuten oder vernachlässigen – man kann eine Menge falsch machen, wenn es darum geht, sich im gemeinsamen Leben gegenseitig zu unterstützen. Psychologen der Universität Trier haben Interessantes herausgefunden: Steht einem Mann ein unangenehmer Stresstest bevor, kann ihn seine Partnerin durch Streicheln, Beruhigen und Ermutigen wirkungsvoll unterstützen. Seine Stresshormonwerte beim anschließenden Test sind niedriger als ohne ihre Zuwendung. Umgekehrt sieht es aus, wenn die Frau vor dem Test durch ihren Partner betreut wird. Er spornt sie an, gibt gute Ratschläge und setzt sie dadurch zusätzlich unter Druck: ihre Stresshormonwerte steigen an. Das Interessante: Gibt der Partner ihr jedoch eine gekonnte und als angenehm empfundene Schulter-Nacken-Massage, bleiben ihre Stresshormonwerte während des Tests niedrig. Jeder möchte immer sein Bestes geben, um dem Partner zu helfen, aber was dieser sich wünscht und was ihm tatsächlich gut tut, muss besprochen werden.

Abgesehen von der Hausarbeit gibt es noch genug andere Wünsche und Bedürfnisse, die der Partner erfüllen soll. Auch Geld ist Teil der gegenseitigen Unterstützung, ebenso wie Sex. Bevor Sie die Werkzeugliste zur Hand nehmen und darüber nachdenken, was in Ihrer Partnerschaft besser werden könnte, schauen Sie bitte noch einmal genauer hin. Was ist schon alles vorhanden? Was tut Ihr Partner für Sie, was tun Sie für Ihn, und wie sieht die Balance aus?

Gegenseitige Unterstützung

Was tut mein Partner für mich?	**Was tue ich für meinen Partner?**	**Was, wann und in welcher Art wünsche ich mir mehr oder etwas anderes?**
…………………	…………………	…………………
…………………	…………………	…………………
…………………	…………………	…………………
…………………	…………………	…………………
…………………	…………………	…………………
…………………	…………………	…………………
…………………	…………………	…………………
…………………	…………………	…………………
…………………	…………………	…………………
…………………	…………………	…………………
…………………	…………………	…………………
…………………	…………………	…………………
…………………	…………………	…………………

Lob und Dank: eine Kunst für sich

Haben Sie sich eigentlich schon einmal für all das bedankt, was Ihr Partner Ihnen Gutes tut? Lob und Dank sind leider überall Mangelware geworden. Dabei ist es so einfach! Immer wieder hört man ein einziges Stöhnen: Wofür soll ich mich denn bedanken, das ist doch alles selbstverständlich, ganz normal, das gehört doch dazu! Lob und

Dank scheint es immer nur für die 180-prozentige Extraleistung zu geben. Dabei ist das tägliche Erledigen der ganz normalen Aufgaben schon Arbeit genug, und die kleinen Liebesbeweise, die tagtäglich produziert werden, werden nicht genügend wahrgenommen geschweige denn gewürdigt. Das macht bitter und traurig, oft sogar richtig krank. Die Stressforscher sprechen von »Gratifikationskrise«: Man schuftet, ohne dafür Anerkennung zu bekommen, und am Ende steht der Burnout. Das Schöne an der Dankbarkeit aber ist, dass sie in Ihrem eigenen Gehirn schon die Botenstoffe der positiven Gefühle sprudeln lässt, bevor Sie Ihr kleines Lob ausgesprochen und damit den Partner glücklich gemacht haben. Sobald Sie in die Suchmaschine Ihres Gehirns eintippen »Was könnte ich mal loben?«, werden positiv markierte Dateien angeklickt und aktiviert. Die Stimmung verbessert sich umgehend.

Die einfachste Form des Lobes besteht darin, das zu sehen, was tatsächlich vorhanden ist und diese Tatsache mit leicht wohlwollendem Unterton zu erwähnen (»Ah, prima, da bist du ja!«). Flechten Sie in Ihre Bemerkungen die Vokabeln »schon«, »richtig« oder »schön« ein (»Das sieht ja hier richtig gut aus.« – »Du bist ja schon fertig.« – »Schön, dass das geklappt hat!«) und fertig ist das Lob. Erwähnen Sie regelmäßig das, was genauso ist, wie es sein soll, was regelmäßig einfach gut klappt und immer wieder in Ordnung ist (»Ich finde es immer wieder schön, wie du... machst.«). Die Kunst des Lobens liegt in der Beiläufigkeit und Schlichtheit. Wenn Sie ständig Ausdrücke wie »super«, »ganz toll«, »hervorragend«, »Spitze« oder »Wahnsinn« benutzen, werden Sie schnell zum unglaubwürdigen Schleimer. Bleiben Sie auf dem Teppich, dann müssen Sie auch nicht heucheln.

Kommunikation: Zwei Kulturen

Was tun Sie, wenn Sie eine Reise in einen anderen Kulturkreis planen? Sie bereiten sich gründlich vor. Sie lernen etwas von der Sprache, machen sich mit Sitten und Gebräuchen vertraut, recherchieren die wichtigsten Dos und Don'ts. Sie möchten sich anpassen, höflich sein und

Voneinander lernen: Männlicher und weiblicher Kommunikationsstil

	Männer	**Frauen**
Haupt-interesse	• Unabhängigkeit • Status • Macht (direkt) • Bewunderung und Respekt	• Verbindung • Beliebtheit • Indirekter Einfluss • Liebe und Geborgenheit
Feedback	• Häufiger offene Kritik, seltener Lob und Dank	• Seltener offene Kritik. häufiger Lob und Dank
Bei Fehlern	• Anschuldigungen und Verteidigung häufiger	• Häufiger Selbstanklage und Entschuldigung
Privat-gespräche	• Eher allgemeine Themen, oberflächlicher, sachlicher	• Eher private Themen, schnell sehr persönlich
Interessen durchsetzen	• Direkt, konfrontativ, nachhaltig, kämpferisch	• Indirekt, unterschwellig, vordergründiges Nachgeben, nachhaltige Zähigkeit
Eigene Meinung	• Beharren lange auf ihrem Standpunkt, halten Disharmonie länger aus	• Geben den Standpunkt eher zugunsten gemeinsamer Harmonie auf
Kompromiss-bereitschaft	• Gesicht muss gewahrt bleiben, kämpfen unter Umständen weiter, auch wenn es ihnen schadet	• Eher kompromissbereit, geben früher auf, um Schaden zu vermeiden
Aufforderung	• Direkter Stil: – »Kannst du mal ...« – »Bitte machen Sie ...« – »Ich brauche jetzt einen Kaffee.«	• Indirekter Stil: – »Wir könnten ... gebrauchen.« – »Es wäre schön, wenn wir jetzt ... machen würden.« – »Ein Kaffee wäre jetzt schön.«

Problem-gespräch	• Geben Ratschläge (am liebsten kurz, knapp, praktisch: »Mach doch einfach …«)	• Ermutigen, äußern Verständnis, schaffen Gemeinsamkeit (»Wie furchtbar, das kenne ich!«)
Rituale	• Spielerisches Frotzeln, Widerspruch (erwarten Widerspruch und spielerischen Kampf)	• Spielerische Selbstherabsetzung (erwarten Widerspruch und Komplimente)

mit den Menschen gut klarkommen. Nichts von alledem halten wir für nötig, wenn wir uns dem unbekannten Kontinent des anderen Geschlechts nähern. Doch es lohnt sich unbedingt, sich mit dem Thema Kommunikation zwischen Männern und Frauen zu beschäftigen, auch wenn es vielleicht ein bisschen peinlich ist. Aber seien wir ehrlich: Sagen Sie etwa nicht »Schatz, es ist grün!«, wenn Ihre Frau an der Ampel nicht sofort losfährt? Oder lieben Sie es nicht, mit Ihrer besten Freundin stundenlang die Männergeschichten anderer durchzuhecheln? Die unterschiedlichen Kommunikationsstile von Männern und Frauen kommen besonders in Belastungssituationen zum Tragen. Wie man sich persönlich über den eigenen Stress äußert, wie man unter Stress miteinander kommuniziert und wie man gemeinsam Probleme und Meinungsverschiedenheiten austrägt, entscheiden letztendlich darüber, ob die Beziehung funktioniert oder nicht. Ein schlechter, verletzender und unproduktiver Kommunikationsstil zieht für Frauen eine richtig große Stressbelastung nach sich. Ihre Stresshormone steigen wesentlich höher an und bleiben 24 Stunden erhöht. Das hat negative Folgen für ihre Gesundheit. Wenn Sie bezüglich des Verhaltens Ihres Partners vor einem Rätsel stehen (»Wie kann man so lange telefonieren, wo man sich doch gerade gesehen hat?« oder »Ein normaler Mensch fragt doch sofort nach dem Weg!«), sollten Sie daran denken: Männer und Frauen sind (vor allem durch ihre Sozialisation) verschieden. Sie haben deshalb in der Kommunikation und in Beziehungen andere Schwerpunkte. Jeder Kommunikationsstil hat Vor- und Nachteile. Es lohnt sich also, das eigene Repertoire zu erweitern und voneinander zu lernen.

Aufeinander zugehen heißt, dem anderen in der Kommunikation einen kleinen Gefallen zu tun und seine Bedürfnisse ein Stück weit schon durch den Gesprächsstil zu erfüllen. So kann man dem Partner im Kommunikationsstil entgegenkommen:

Bei Männern

- nachfragen, besonders nach sachlichen Inhalten (Wie geht das? Wie ist es abgelaufen?, Erklär mir das!);
- aktiv zuhören (Blickkontakt, Hörsignale: ah, hm, ja), nicken;
- »Kampfbedürfnisse« erfüllen (Wirklich? Das sagst du nur so! Das ist ein Witz, oder?);
- Status und Unabhängigkeit bestätigen (Was schlägst DU vor? Was möchtest DU tun? Hast DU eine Idee?).

Bei Frauen

- nachfragen, besonders nach emotionalen Inhalten (Wie war das für dich?, Was hast du erlebt?);
- aktiv zuhören (siehe oben);
- eigene Erfahrungen beisteuern (Kenne ich auch.);
- Gefühle bestätigen (Kann ich verstehen.);
- Loyalität zeigen (Was können WIR tun? Was meinst du, sollen WIR nicht ...).

Es gibt eine weitere Möglichkeit, sich in der Kommunikation näher zu kommen: das Spiegeln. Dabei beobachten Sie die Körperhaltung und die Bewegungen des Gesprächspartners und ahmen sie (vorsichtig und unauffällig!) nach. Sie können recht schnell spüren, wie Sie in dieselbe Stimmung und denselben angeregten oder entspannten Zustand geraten wie der andere. Sie verstehen und fühlen nun viel besser, was ihn gerade bewegt, denn Ihr Nervensystem hat die gleichen Schaltkreise aktiviert, die bei ihm momentan arbeiten. Beobachten Sie, wie Sie sich plötzlich dem anderen sehr verbunden und mit ihm sehr vertraut fühlen. Ihm wird es genauso gehen, denn er schaut in sein Spiegelbild und nimmt dort genau das wahr, was in ihm vorgeht. Nach einer Weile können Sie Ihre Körpersprache verändern: ruhiger werden, wenn Sie Beruhigung des anderen wünschen oder aktiver werden und sich aufrichten, wenn Sie ihn ermuntern wollen. Auch das geschieht sehr behutsam und vorsichtig. Bei dieser »Technik« müssen Sie darauf gefasst sein, dass Sie beide auf die gleiche emotionale Schiene geraten. Behalten Sie die Kontrolle, dann können sie gemeinsam zu einem guten Ende kommen. Übrigens, wenn Sie sich gerade gut verstehen, spiegeln Sie den anderen spontan! Andere können von außen beobachten, wie Sie die Körpersprache ganz natürlich aufeinander abstimmen, sogar Sprachfluss, Stimmlage, Tempo und Ausdrucksweise einander anpassen. So verhalten sich zum Beispiel auch Eltern, wenn sie mit ihren Kleinkindern sprechen.

Schalten Sie bei einer Talkshow einfach mal den Ton ab und beobachten Sie die Gesprächspartner. Sie können sehr gut sehen, wie die Beziehungen sich untereinander entwickeln.

Streit: Die hohe Schule

Man hört es schon an den Schritten im Treppenhaus: Gleich kommt eine geballte Ladung Stress zur Tür herein. Damit die Bombe nicht gleich zwischen Garderobe und Wohnzimmertür explodiert, heißt die erste Regel: Ruhig bleiben und kommen lassen! Er will wahrscheinlich erst einmal umschalten, sie beginnt möglicherweise bald von alleine, ihr Herz auszuschütten.

Wie lässt sich eine gereizte Stimmung unter den Partnern entspannen? Der erste Schritt besteht darin, zu sagen, dass man im Moment gerade unter Stress steht. Denn der andere weiß nicht, was passiert ist und bezieht die wahrgenommene Reaktion leicht auf sich. Das geschieht besonders schnell, wenn auch bei ihm gerade die Stressbalance fehlt. Dann eskaliert die Situation leicht zu einem Streit, den keiner will und der nicht weiterhilft. Ein Gewitter reinigt die Luft? Das gilt für die Natur, aber nicht für die menschliche Kommunikation. Auch wenn immer wieder gerne behauptet wird, man verstehe sich danach besonders gut und anschließend habe es schon manche ungewöhnlich leidenschaftliche Nacht gegeben – es bleibt eine Spur im emotionalen Gedächtnis: »Dieser Mensch erzeugt eine starke Stressreaktion in mir, Achtung.« Das soll nicht heißen, dass eine lautstarke Auseinandersetzung direkt eine Katastrophe bedeutet. Es ist nur grundsätzlich besser und gesünder, rechtzeitig über den eigenen Stress, über Verletzungen und Unzufriedenheiten zu sprechen, bevor es zur Eskalation kommt.

Man kann lernen, seine Gefühle angemessen zu äußern. Dadurch gibt man dem anderen die Chance zur Mithilfe, statt dass er in der Auseinandersetzung zu einem weiteren Stressauslöser wird. Das hört sich für Sie ein wenig künstlich, therapeutisch und blutleer an? Liz Taylor und Richard Burton, das war doch ein tolles Paar, da loderte die Leidenschaft und flogen die Fetzen! Wenn Sie das Geld für mehrere Scheidungen und Hochzeiten, für Brillanten und Entziehungskuren aufbringen können...

Aber dass Sie mich nicht falsch verstehen: Eskalationsvermeidung heißt nicht, Stressbelastung und Unzufriedenheit lange nonverbal oder in nörgeligen Kommentaren zu äußern, in der Hoffnung, andere würden das schon verstehen und das Entsprechende tun. Ein leidender Mensch, der auf Nachfragen nur tonlos »Ach, nichts!« antwortet, zwingt andere in die gleiche Hilflosigkeit wie sich selbst. Das stimuliert Ärger, Abwendung und Fluchtverhalten, denn die Klärung bleibt aus. Gerade Männer glauben dann, es sei wieder alles in Ordnung, da keine weiteren Klagen kommen. Doch das ist nur die Ruhe vor dem Sturm. Irgendwann, wenn man gerade an nichts Böses denkt, geht die Bombe hoch. Dann rette sich wer kann, und es schlägt die Stunde der Kampfrhetorik:

- Immer, nie, jedes Mal, wenn, du bist unmöglich, unerträglich, ...
- Das stimmt nicht, alles gelogen!
- Wie, um Himmels willen, kommst du denn darauf?
- Das empfindest du völlig falsch!
- Da bist du doch selber schuld!
- Was kann ich dafür, wenn die anderen immer...
- Das bildest du dir ja ein!

- Du treibst mich noch zum Wahnsinn mit deinem Gerede!
- Ich hasse Leute, die immer etwas anderes sagen, als sie tun!
- Du bist wie deine Mutter/dein Vater!
- Auf dich kann man sich nie verlassen!
- Das war schon immer so bei dir!
- Ich kann es nicht mehr hören!
- Dir ist das doch sowieso egal!
- Du bist doch sowieso zu blöd (alt, dumm, dämlich,...)
- Noch einmal, und ich...

Schade, wenn es erst so weit kommen muss.

Die Sprache der Auseinandersetzung

Das Wichtigste in einem Streit ist es, den anderen nicht im Eifer des Gefechts emotional oder gar körperlich zu verletzen, auch wenn Ihre Gefühle vielleicht im Moment nichts anderes wollen, als dem anderen eins auszuwischen oder sich zu rächen. Schuld daran ist Ihre Stresssoftware. Wenn Sie so aufgebracht sind, dass Sie sich nicht beherrschen können, verlassen Sie den Raum und laufen Sie eine Runde um den Block (Bewegung ist in diesem Fall die beste Lösung) oder benutzen eine der Kurzentspannungstechniken auf Seite 226 im Anhang. Danach sprechen Sie über Ihre Sicht der Dinge und Ihre Gefühle bezüglich des Streitthemas. Die nachstehende Tabelle gibt Ihnen einige Anregungen, wie Sie die Kommunikation in einem Streitgespräch verbessern können.

Der Adressat der Beschwerde kann ebenfalls einiges tun, um den Streit gütlich zu lösen. Dabei gelten die gleichen Regeln: vor allem sollte er sich nicht gleich auf seine Verteidigung besinnen, sondern erst einmal genau zuhören. Auch wenn die Beschwerde aus seiner Sicht nicht gerechtfertigt ist, er gar nichts Negatives beabsichtigt hat, wenn er unbedacht oder aus Übermut gehandelt hat, wenn er vielleicht sogar nur falsch verstanden wurde, spielt das für den klagenden Partner im Moment erst einmal keine Rolle. Seine Gefühle sind verletzt, und das Gefühl hat immer Recht. Es darf immer (in angemessener Weise) geäußert

Kommunikation bei Meinungsverschiedenheiten

So nicht!	***Besser***
• *Genereller Vorwurf* (»Du machst immer ...«)	• *Spezielles Ereignis* (nicht zu lange zurückliegend)
• *Beschuldigung* (»Du beleidigst mich!«)	• *Sprich per ich!* (»Ich fühle mich verletzt.«)
• *Bewertung* (»Das ist gemein von dir!«)	• *Konsequenzen und Bedeutung* (»Ich habe dadurch kein Vertrauen zu dir und möchte gar nicht mehr mit dir sprechen. Das macht mich noch trauriger.«)
• *Drohung* (»Wenn das noch einmal vorkommt, dann sehe ich mich gezwungen ...«)	• *Bitte und Wunsch* (»Ich fände es schön, wenn du dich mir zu Gefallen ändern könntest, dann könnte mein Vertrauen wieder wachsen.«)
• *Forderung* (»Hör endlich auf damit!«)	• *Frage und Aufforderung zur Kooperation* (»Könntest du dir vorstellen, das für mich und auch für uns beide zu tun?«)
• *Schnelles Verlassen des Schauplatzes*	• *Dank* (»Danke, dass du mir zugehört hast.«)

werden. Anschließend können beide überlegen, was als »Trostpflaster« infrage kommt: Das kann eine Entschuldigung sein, eine Umarmung, eine Einladung oder das Versprechen, eine ungeliebte Aufgabe für den Partner zu übernehmen.

Gibt es in Ihrer Beziehung ein Dauerthema, das immer wieder zu Unstimmigkeiten führt? Dann brauchen Sie ein richtiges »Meeting«. Setzen Sie sich in angenehmer Atmosphäre zusammen, und gehen Sie die einzelnen Schritte in Ruhe durch. Befürchten Sie heftigere Wortwechsel, gehen Sie für dieses Gespräch in ein Restaurant oder Café. Eine fremde Atmosphäre ist gut für die Disziplin und den gegenseitigen Respekt.

Trost und Stütze

Manchmal geht es glücklicherweise aber gar nicht um die beiden Partner, sondern um externe Stressoren und unangenehme Erlebnisse des Tages. Wollen Sie Ihren Partner trösten und aufbauen? In der folgenden Tabelle finden Sie Tipps dazu.

So unterstützen und trösten Sie den Partner

So nicht!	Besser
• *Verbessern* (»Das hättest du ja auch anders machen können.«)	• *Zuhören, ansehen, aktive Hörsignale:* »hm«, »ah«, »ach«, »so etwas«, nicken.
• *Abwiegeln* (»Ist doch nicht so schlimm!«)	• *Gefühle respektieren* (»Das muss ja ganz schön blöd für dich gewesen sein.«)
• *Problemhypnose* (»Wie konnte das nur passieren, hast du dich mal wieder verrannt?«)	• *Problem eingrenzen* (»Gibt es irgendwelche schlimmen Konsequenzen?«)
• *Bedauern und aufbauschen* (»Ach du liebe Güte, das ist ja entsetzlich!«, »Du Ärmste/r!«)	• *Beruhigen* (»Schlaf erst mal eine Nacht drüber.«)
• *Beschuldigung* (»Das ist ja ein riesiger Hornochse, dein Chef.«)	• *Solidarisierung* (»Mir würde das auch so gehen!«)
• *Verantwortung abnehmen, ungefragte Hilfe* (»Weißt du was, ich rufe da jetzt an und geige dem mal ordentlich die Meinung.«)	• *Verantwortung belassen, fragen, ob Hilfe gebraucht wird* (»Kann ich jetzt irgendetwas für dich tun?«)
• *Verwöhnen und bemuttern, klein machen* (»Weißt du was, ich mach dir erstmal was Leckeres zu essen, dann sieht die Welt schon ganz anders aus!«)	• *Ermutigung und Kompetenzen stärken* (»Du hast schon ganz andere Dinge überstanden.«, »Sollen wir erstmal zusammen was Schönes kochen?«, »Du hast doch immer so gute Ideen.«)

Gemeinsamkeit und Spaß

Nun haben wir die wichtigsten Klippen in der Partnerschaft umschifft. Jetzt darf es endlich mal etwas angenehmer zugehen. Wann haben Sie eigentlich zum letzten Mal gemeinsam herzhaft gelacht? Paare verbringen zwar oft viel Zeit miteinander, indem sie notwendige Arbeiten gemeinsam erledigen, aber wirklich schöne, angenehme Dinge unternimmt man irgendwann gar nicht mehr zusammen oder nur noch mit der Familie oder Freunden. Routine stellt sich ein. Gemeinsam einzukaufen ist praktischer, weil man nicht alles schleppen muss, gemeinsam zum Elternabend zu gehen macht einen besseren Eindruck. Der Partner wird zum selbstverständlichen Bestandteil des Lebens, mit dem man gewohnheitsmäßig umgeht. Wen wundert es, dass sich manche Paare furchtbar langweilen, wenn gerade nichts zu erledigen ist? Doch dagegen kann man etwas tun: Es gibt verschiedene Strategien, mit denen Sie mehr Abwechslung und Freude in Ihr gemeinsames Leben bringen.

Spüren Sie als erstes die Ressourcen auf: Was ist alles an Annehmlichkeiten, an schönen gemeinsamen Erlebnissen vorhanden, sozusagen als Sahnehäubchen außerhalb der gegenseitigen Unterstützung? Nutzen Sie Ihre Kladde, und schauen Sie eine Woche lang einmal genau hin:

- Womit tut mein Partner mir einen Gefallen?
- Womit erfreut er/sie mich?
- Womit überrascht er/sie mich?
- Welche neuen Vorschläge macht er/sie?
- Was haben wir gemeinsam Schönes erlebt?
- Was haben andere für uns getan?
- Was haben wir für andere Gutes in die Wege geleitet?
- Was ist zufällig Wunderbares passiert?

Gemeinsamer Spaß zählt doppelt

Jetzt können Sie kreativ werden! Nehmen Sie sich ein Stündchen Zeit, und machen Sie es sich zusammen gemütlich. Mit Ihrem Kalender, Papier und Bleistift und der Kladde natürlich. Der Veranstaltungskalender Ihrer Stadt, das Angebot der Volkshochschule, Reisekataloge und Kochbücher oder Unterlagen über Ihre Hobbys gehören mit auf den Tisch. Welch ein Vergnügen, sich erst einmal gegenseitig zu erzählen, was man in der vergangenen Woche alles schön fand! Was davon lässt sich wiederholen? Was machen Sie beide besonders gerne? Welche Quellen für gemeinsames Vergnügen haben Sie sonst noch? Was haben Sie früher immer gemacht? Gibt es Rituale oder Gewohnheiten, die beide schätzen? Was haben Sie noch nicht gemacht, und was würde Sie beide reizen?

Abwechslung erfreut

Alle Freuden des Lebens führen sehr schnell zur Gewöhnung. Erst können wir nicht genug davon bekommen, dann kommt der Überdruss, und die Suche nach neuen Reizen beginnt. Das ist in der Partnerschaft nicht anders. Selbst die tollste Frau oder der tollste Mann werden irgendwann selbstverständlich für uns. Jetzt können Sie alle alten Tricks hervorholen, die Sie schon kennen, aber lange nicht mehr angewandt haben. Wegfahren, sich an ungewöhnlichen Orten treffen und das ganze Arsenal der erotischen Aufrüstung nutzen. Der Genuss des Neuen ist am größten, wenn wir in den bekannten Dingen eine neue Variation entdecken. Genauso wie der Weinkenner einen besonderen Jahrgang seiner Lieblingslage schätzt, so erfreut es den Partner, etwas Neues an Ihnen zu entdecken. Dazu muss man aus alten Gewohnheiten aussteigen und offen für neue Entdeckungen sein. Wenn Sie zurzeit jedoch stark unter Stress stehen, sollten Sie es verschieben, denn dann brauchen Sie Sicherheit durch Gewohntes.

Die Hirnforschung hält unter der Überschrift »Neurobics« einige interessante Tipps bereit, mit denen man ein wenig Unordnung und damit Spannung ins Leben bringen kann. Was Aerobic für die Muskeln ist, ist Neurobics für die Gehirnzellen.

Neurobics – Gymnastik fürs Gehirn

- Benutzen Sie den Platz des Partners am Tisch oder vor dem Fernseher.
- Schlafen Sie mal auf der anderen Bettseite.
- Streicheln Sie sich gegenseitig mit der linken oder der ungewohnten Hand.
- Fahren Sie mit dem Auto Ihres Partners.
- Schauen Sie mit ihm seine Lieblingssendungen.
- Hören Sie seine Musik.
- Übernehmen Sie einige seiner Aufgaben in Ihrem gemeinsamen Leben.
- Beschäftigen Sie sich mit seinem Hobby.
- Besuchen Sie seinen Arbeitsplatz.
- Lernen Sie seine Kollegen kennen.

Alles, was neu und ungewohnt ist, regt das Gehirn zu weiteren Vernetzungen an. Erst verunsichert es ein bisschen, das macht die Aufregung und Spannung aus, und dann gibt es wieder mehr gemeinsame und verbindende Erfahrungen. Die Neurobiologen sehen neue Erfahrungen als wichtigsten Anti-Aging-Faktor an. Sie halten das Gehirn fit und die Partnerschaft gleich mit.

Werden Sie zum Vergnügen

Es gibt im Laufe jeder Beziehung bestimmte neuralgische Punkte, mit denen Sie so sicher wie das Amen in der Kirche eine bestimmte Reaktion erzielen: Sie langweilen, ärgern oder betrüben den Partner. Wir haben erfahren, dass unser Gehirn sehr gut darin ist, die Begleitumstände unangenehmer stressreicher Erfahrungen schnell und nachhaltig zu speichern. So wird verständlich, dass manche Reize (ein bestimmtes Räuspern, spitze Kommentare, die offen gelassene Zahnpastatube) irgendwann reichen, um eine Stressreaktion auszulösen. Tun Sie sich und ihm doch einfach den Gefallen und eliminieren Sie diese Auslöser. Hören Sie einfach auf damit, geben Sie sich dieselbe Mühe wie den Menschen in Ihrem Büro gegenüber! Werden Sie eine Freude!

Risiko- und Schutzfaktoren der Partnerschaft

In den letzten 20 Jahren hat sich die Scheidungsquote von 20 Prozent auf 40 Prozent verdoppelt: Von zehn bestehenden Ehen werden pro Jahr vier geschieden. Diese Daten haben die Familiensoziologen angeregt, etwas genauer nachzuforschen, wo die Gründe dafür liegen. Das Geheimnis »erfolgreicher« Langzeitpaare lautet: viel Arbeit, viele Gespräche und viel Sex. Das scheint jedoch nicht auszureichen, um Regeln für das dauerhafte Gelingen einer Beziehung aufzustellen. Denn offensichtlich gibt es nicht nur Dinge, die die Partner freiwillig und mit Vergnügen zusammenschweißen, sondern auch Barrieren, die so hoch sind, dass auch unzufriedene Paare zusammenbleiben.

Entscheidend ist die Balance zwischen Risikofaktoren und Schutzfaktoren einer Partnerschaft. Der Schweizer Paarforscher und Berater Guy Bodenmann hat die wichtigsten dieser Faktoren zusammengestellt: Paare sind durch schlechte Kommunikation, geringe Intimität, unbefriedigende Sexualität und wenig gegenseitige Unterstützung gefährdet. Trotzdem ist bei diesen Paaren das Trennungsrisiko gering, wenn die Alternativen gering sind: Die Suche nach neuem Partner würde schwierig, oder das Single-Leben erscheint abschreckend. Auch gemeinsame Kinder, gemeinsames Eigentum, fehlende Erwerbstätigkeit der Ehefrau und ein nicht vorhandener Ehevertrag sowie sozialer Druck durch Familie und Verwandte und der Fakt, dass die eigenen Eltern nicht geschieden wurden, können ein unglückliches Paar vor der Trennung bewahren.

Diese Barrieren gelten natürlich auch für glückliche Paare. Umgekehrt sind solche Paare immer gefährdet, wenn die Barrieren für eine noch bessere Konstellation niedrig sind, zum Beispiel wenn ein neuer Partner bereitsteht oder leicht zu bekommen wäre oder das Single-Leben verlockend erscheint.

Anhand dieser Faktoren können Sie eine »Diagnose« Ihrer Beziehung vornehmen. Alles in Ordnung? Dann weiter so! Gibt es Handlungsbedarf? Nutzen Sie das Formular »Materialpool«, um die problematischen Punkte festzuhalten, und gehen Sie dann systematisch mit den sieben Werkzeugen vor. Überlegen Sie erst einmal für sich selbst, was Sie unternehmen können, um mehr Zufriedenheit und Balance herzustellen. Überlegen Sie genau, wie wichtig Ihnen die einzelnen Punkte sind, die Sie zufrieden oder auch unzufrieden machen. Sprechen Sie dann mit Ihrem Partner. Wenn Sie gemeinsam nicht weiterkommen, kann professionelle Beratung helfen, mehr Klarheit zu gewinnen und nötige Entscheidungen und Schritte festzulegen.

11. Portfoliobereich 3: Familie und Sozialleben

Kein anderer Bereich des Lebens lässt sich so treffend mit wenigen Worten beschreiben wie das heutige Familienleben: Der ganz normale Wahnsinn! Nirgendwo können Emotionen und Erlebnisse so tiefe und nachhaltige Spuren hinterlassen wir hier, nirgendwo sind menschliche Beziehungen so unausweichlich eng und unauflösbar. Mit keinem anderen Bereich verbinden wir so viele Hoffnungen und Erwartungen und nirgendwo sonst gibt es derartig »unzumutbare« Arbeitsplätze wie in der Familie. Der sichere Hafen in den Stürmen des Lebens oder die tiefe Schlangengrube – die Familie bietet alle Möglichkeiten.

Viele berufstätige Menschen erhoffen sich von der Familie noch viel mehr: die Tankstelle zum Auftanken der Kräfte, der Ausgleich für alle erlittenen Blessuren im harten Arbeitskampf. Das ist die Familie heute in den meisten Fällen nicht mehr. Denn egal, wie Sie Ihre Aufteilung zwischen Arbeitszeit und Eigenzeit geregelt haben – die Zeit, die Sie mit der Familie und den Menschen aus ihrem weiteren sozialen Umfeld verbringen, ist auch anstrengend. Hier gibt es nicht nur Spaß, Zufriedenheit, Unterhaltung, Erholung oder Geborgenheit (Soll) sondern auch Aufgaben, Pflichten, Herausforderungen und Routinetätigkeiten (Ist). Familie und Haushalt sind kein Freizeitpark, sondern ein Arbeitsplatz. Erst wenn Sie die hier aufgetretenen Probleme gelöst haben, ist dieser Bereich in Balance. Das gilt für die engere Familie genauso wie für das weitere Umfeld aus weiter entfernten Mitgliedern der Familie, Freunden, Bekannten, Nachbarn und Menschen, denen Sie bei der Erledigung Ihrer Aufgaben ein wenig näher kommen (Verkäuferinnen im Supermarkt, Ärzte, Kindergärtnerinnen). Wie viel Zeit Sie für alle anstehenden Aufgaben haben, ist eine ganz andere Frage. Denn meistens bedeutet viel Zeit auch, dass viele Probleme zu lösen sind!

Heute wird im Zusammenhang mit dem Privatleben oft von »Quality Time« gesprochen. Die Zeit, die Sie als Mutter und Vater, als Frau und Mann mit Ihren Nächsten verbringen, gehört nur Ihnen. Nehmen Sie sich diese Zeit. Ohne Ablenkung, ohne Störung. Zehn Minuten Exklusivität sind wertvoller als zwei Stunden das Gefühl zu haben, nebenher zu laufen. Quality Time entsteht, wenn Sie

- wirklich umschalten,
- keine Ablenkung zulassen,
- sich den Ideen des/der anderen freudig anschließen,
- geliebte Rituale einführen,
- offene Fragen oder Konflikte gleich klären,
- oft über die positiven Seiten der Beziehung reden und
- der gemeinsamen Zeit einen verbindlichen Termin geben.

Das bedeutet, möglichst genau hinzuschauen, welche Aufgaben oder Herausforderungen für Sie und Ihre Familie wichtig sind. Was muss unbedingt erledigt werden, und wo liegen die Spielräume, in denen Sie gemeinsame Bedürfnisse erfüllen können? Mithilfe der Stresssoftware und den sieben Werkzeugen kommen Sie auch in diesem Bereich Ihrer Stressbalance näher.

Warum sind wir eigentlich so sozial?

Enge Bindung unter Blutsverwandten dient dem wichtigsten Interesse der Natur: Die eigenen Gene werden geschützt. Die Evolution hat deshalb dafür gesorgt, dass Vertrauen und Bindung tief in unserem Erbgut verankert wurden. Diese Emotionen gehören zu unseren fest einprogrammierten Soll-Werten. Wie Schwarmfische, die jämmerlich eingehen, wenn Sie nur zwei von ihnen in Ihrem Aquarium haben, brauchen wir in unserem Gehirn den Eingang von Informationen, die uns sagen: Da sind noch andere meiner Art, die mir wohlgesonnen sind, auf die ich mich verlassen kann und die mir in der Not beistehen. Unfreiwillige Einsamkeit, soziale Ausgrenzung, Herabwürdigung und Ungerechtigkeit sind genauso heftige Stressoren wie Hunger, Kälte und Schmerz.

Jeder von uns hat deshalb bezüglich sozialer Bedürfnisse fest verankerte Soll-Werte, die von unserem Bindungs- und Paniksystem überwacht werden. Stimmt irgendetwas nicht, springt die Stresssoftware heftig an. Wie genau nun diese Soll-Werte am besten erfüllt werden, hat jeder im Laufe seines Lebens für sich selbst definieren gelernt. Manche brauchen viel liebevollen Körperkontakt und freundliche Worte, andere treffen sich gern mit Freunden, und wieder anderen reicht der abendliche Chat in ihrem Lieblingsforum.

Die Botenstoffe Oxytocin und Vasopressin sind im Gehirn an den Gefühlen von Bindung, Zusammengehörigkeit und Vertrauen beteiligt und steuern unser soziales Verhalten. Die Liebes- oder besser gesagt »Bindungshormone« werden während des Orgasmus ausgeschüttet. Die sexuelle Fortpflanzung, so vermuten die Forscher, erzeugt so unter den Partnern die Verbundenheit, die später zum Schutz der Kinder nötig ist. Während der Geburt und während des Stillens gibt es noch einmal einen extra Oxytocinschub, verstärkt durch das Milchbildungshormon Prolactin – die Mutterliebe bricht durch und kann eine Zeit lang sogar die Partnerliebe überstrahlen. Oxytocin wird freigesetzt, wenn man ein Baby sieht oder weinen hört. Und dann merkt man sofort, was es bewirkt: Anspannung und Ängste verschwinden, ein Gefühl des Vertrauens und der Zusammengehörigkeit stellen sich ein und damit auch ein entsprechendes Verhalten. Zärtlichkeit, Küsse, streicheln, leise beruhigende Worte, füttern und pflegen – das ganze Brutpflegerepertoire. Oxytocin beruhigt denjenigen, bei dem es ausgeschüttet wird und durch sein Verhalten auch die anderen.

Bei Frauen kann man das immer wieder beobachten: Unter starkem Stress kümmern sie sich hilfreich und fürsorglich um andere. Sie kommen nach einem harten Tag nach Hause und räumen auf, kochen für alle und kümmern sich. Das ist nicht das schlechte Gewissen, sondern ein wichtiges Verhaltensmuster. Denn wie oft war es in der Urzeit lebensrettend, schreiende Kinder zu beruhigen und mit ihnen unauffällig im Dickicht zu verschwinden, bevor sie von Angreifern entdeckt wurden. Das Brutpflegeprogramm, ursprünglich exklusiv für den Nachwuchs erfunden, stellte sich auch als gutes Instrument zur Sicherung des sozialen Friedens heraus. Menschenaffen kraulen und lausen einander das Fell, wodurch die Stresshormonspiegel messbar sinken. Im Rahmen unserer kulturellen Evolution haben wir eine breite Palette an Möglichkeiten entwickelt, uns einander stressmildernd und aggressionshemmend zu nähern. Vom in arabischen Ländern lebensrettenden Gebot der Gastfreundschaft über Friedenspfeife und Bruderkuss bis hin zum Geschäftsessen dient alles der Beruhigung und Verständigung.

Allerdings nur, solange die Absichten aller friedlich bleiben. Männer bilden weniger Oxytocin, zusätzlich wird es durch das männliche Hormon Testosteron in seiner Wirkung abgeschwächt. Bei ihnen ist es das Hormon Vasopressin, das sie zu treu sorgenden Vätern macht. Tatsächlich scheint die Neigung zur Monogamie von diesem Stoff abzuhängen: Forscher schließen aus Beobachtungen an Tieren, dass ein Frauenheld einfach weniger davon produziert als der liebevolle Familienvater. Aber es ist ein Stresshormon, das bei Aktivierung von Furcht oder Wut, von Flucht oder Kampf das Verhalten in eine besondere Richtung lenkt: Die männliche Fürsorglichkeit heißt dann »Ran an den Feind!«. Wer das Territorium ungebeten betritt, wer ihn und seine Familie, ihren Besitz und ihre Ehre angreift, wer sich unfair gegenüber Schwächeren verhält, muss mit seiner Rache rechnen.

Auf von außen gegebenes Oxytocin reagieren Männer und Frauen gleich: Sie gehen größere soziale Risiken ein, das heißt, sie geben Fremden unbegründeten Vertrauensvorschuss. In Experimenten konnte Markus Heinrichs von der Eidgenössischen Technischen Hochschule Zürich kürzlich feststellen, dass Menschen nach Oxytocingabe wesentlich freundlicher und vertrauensvoller auf normalerweise stressende Situationen reagierten. Zurzeit wird Oxytocin als mildes Medikament gegen soziale Ängste und Störungen des Sozialkontaktes bei Autisten getestet.

Es gibt einen zweiten Mechanismus, mit dem die Evolution uns zu sozialverträglichen Wesen macht. Sie belohnt uns, wenn wir Gutes tun:

Endorphine werden ausgeschüttet, wenn Sie einer alten Dame über die Straße helfen, an Unicef spenden oder jemanden an der Supermarktkasse vorlassen. Die Natur handelt immer nach der Maxime: Leistung muss sich lohnen. Es geht ausschließlich um Eigennutz.

Nutzen Sie doch diesen wundervollen Mechanismus, um für sich persönlich im Alltags- und Familientrubel immer wieder die Stressbalance herzustellen: Lächeln Sie griesgrämige Menschen an, richten Sie einen freundlichen Gruß an jemanden, den Sie nur flüchtig kennen, haben Sie immer ein nettes Wort auf den Lippen, lassen Sie einem anderen Autofahrer die Vorfahrt. Die Freude, die wir geben, kehrt ins eigene Herz zurück!

Familie und Sozialleben: Bedürfnisse klären

Männer und Frauen zeigen sich in ihrem Sozialverhalten gleichermaßen heldenhaft. Sie sind besonders in schwierigen, stressreichen Situationen bereit und auch imstande, sich zu verausgaben, damit es anderen gut geht. Der männliche Weg geht mehr über das Motiv des Wettbewerbs und der Verteidigung: »Meine Familie ist mir heilig, und keiner tut ihr etwas zuleide.« Sie sorgen gerne für ihr Ansehen und ihren Wohlstand. Der weibliche Weg führt in den inneren Kreis, wo für alle gesorgt wird.

So jedenfalls sind die biologischen Muster verteilt; wir haben uns heute dazu entschlossen, die Rollen gleichmäßiger zu verteilen. Das bringt Vorteile, aber auch Schwierigkeiten mit sich, die in jeder Familie zu spüren sind. Denn noch wichtiger als die biologischen Pfade sind die gelernten Denk- und Handlungsmuster, die jeder aus seiner Herkunftsfamilie mitbringt. Sie haben sich früh eingeprägt und bestimmen unsere Bedürfnisse und die Strategien, mit denen wir unsere Ziele erreichen möchten.

Haben Sie Lust, einmal gemeinsam mit Ihrem Partner herauszufinden, welche Vorstellungen und Überzeugungen Sie beide bezüglich Ihrer Rolle in Familie und Sozialleben mitbringen?

Übersicht: Tauschen Sie sich über folgende Fragen aus

- Welche Rolle haben die Frauen in meiner Herkunftsfamilie gespielt?
- Welche Rolle haben die Männer gespielt?
- Wie war die Familienarbeit organisiert?
- Welche Werte und Handlungsmaximen hatten die Männer, welche die Frauen?
- Gibt es erkennbare »Traditionen« in der jeweiligen Familie?
- Wie habe ich das als Kind erlebt?
- Habe ich als Kind irgendetwas besonders geschätzt oder vermisst?
- Welche Schlussfolgerungen habe ich für mein eigenes Familienleben daraus gezogen?
- Wie sehen unsere Vorstellungen aus?
- Wie können wir Balance herstellen, sodass jeder einen Teil seiner Ideen verwirklichen kann?

Führen Sie dieses Gespräch in guter Stimmung an einem gemütlichen Abend zu zweit. Gemeinsamkeiten und Unterschiede sind etwas Interessantes und Belebendes, wenn sie in einer konstruktiven und kooperativen Atmosphäre besprochen werden. Tauchen Sie unter Stress auf, werden sie schnell zum Auslöser von Streit und Rechthaberei. Nutzen Sie die sieben Werkzeuge, um herauszufinden, wie Sie, falls nötig, mehr Zufriedenheit für beide schaffen können.

Eine starke Ressource

Nicht umsonst zählt die intakte Familie zu den wichtigsten Stabilitätsfaktoren im Leben: Sie gibt Rückhalt, Struktur, schafft einen Sinn im Leben und ist für Menschen die größte Glücksquelle.

Obwohl viele nicht so viel Zeit in und mit der Familie verbringen können, wie sie gerne möchten, erleben sie dennoch deutlich ihre stärkende Kraft. Genauso gut ist aber auch das Umgekehrte möglich: Man investiert viel Zeit und Kraft in das Familienleben, aber die eigenen Bedürfnisse kommen dabei trotzdem zu kurz. Die Stressbalance stimmt nicht.

Überprüfen Sie Ihre eigenen Ressourcen. Wie zufrieden sind Sie mit dem, was Sie haben? Wo Sie unzufrieden sind, können Sie ein Problem in Ihrem Materialpool festhalten (s. Anhang).

Welche Ihrer Bedürfnisse werden durch die einzelnen Bereiche Ihres Familien- und Soziallebens erfüllt? Bewerten Sie die Ressourcen von 1 = sehr gut bis 6 = gar nicht.

	Ressource	***Zufrieden?***
Familie	• Geborgenheit	○
	• Verantwortungsgefühl	○
	• Sicherheit	○
	• Vertrauen	○
	• Zusammengehörigkeit	○
	• Vertrautheit	○
	• Trost	○
	• Unterstützung	○
	• Zärtlichkeit	○
	• Liebe	○
	• Freude	○
	• Energiequelle	○
Kinder	• Freude	○
	• Liebe	○
	• Stolz	○
	• Bewunderung	○
	• Glück	○
	• Herausforderung	○
	• Verantwortungsgefühl	○

	Ressource	**Zufrieden?**
soziales Umfeld	• Abwechslung	○
	• Unterhaltung	○
	• Spaß	○
	• Gegenseitige Unterstützung	○
	• Vertrauen	○
Haushalt	• Sicherheit	○
	• Ordnung	○
	• Schutz	○
	• Versorgung	○
	• Zufriedenheit	○
	• Selbstdarstellung	○
	• Beschäftigung	○
	• Freude	○
Schule	• Bildung	○
	• Betreuung	○
	• Erziehung	○
	• Förderung	○
	• Soziale Kontakte der Kinder	○
	• Soziale Kontakte der Eltern	○
	• Beteiligung und Mitsprache	○
	• Anregung (sich mit bestimmten Themen zu befassen)	○
Nachbarschaft	• Vertrautheit	○
	• Freundlichkeit	○
	• Unterhaltung	○
	• Gegenseitige Unterstützung	○
Freunde und Bekannte	• Vertrautheit	○
	• Freundlichkeit	○

- Unterhaltung ○
- Gegenseitige Unterstützung ○
- Geselligkeit ○
- Spaß ○
- Gedankenaustausch ○
- Anregung ○

Ein Freund, ein guter Freund: Sozialplanung

Zu unseren Wünschen an ein glückliches Leben gehört ein fester Freundeskreis. Freunde und gute Bekannte geben uns gute Gefühle. Die »Urhorde« aus circa 100 bis 120 Mitgliedern ist eine Gruppe, die wir gut überschauen können und in der wir persönliche Kontakte haben. Manche sind sehr intim, manche kennt man nur flüchtig. Das persönliche Kennen und Vertrautsein hemmt die Zurückhaltung und sogar Abneigung, die die Natur uns gegenüber Fremden (= fremden Genen) eingebaut hat. Wenn wir uns untereinander gut kennen, sind wir bereit, uns zu vertrauen, zu helfen und gegenseitig auf den Nachwuchs zu achten. Freundschaft ist also ebenfalls eine nützliche Erfindung der Evolution! Während wir bei nahen Verwandten mit unserer Unterstützung sehr freigiebig sind, ist unter Freunden langfristig die Balance zwischen geben und nehmen sehr wichtig.

Schade, dass die Freundschaft in turbulenten Zeiten oft viel zu kurz kommt. Mobiles Arbeiten, Überstunden, Haushalt und Familie, wann soll ich da noch Zeit für die anderen haben? Männer überlassen diesen Bereich oft ihren Frauen, die die wichtigsten Kontakte pflegen.

Wie zufrieden sind Sie im Moment mit Ihrem Sozialleben? Überprüfen Sie den Stand anhand der nachstehenden Fragen, und notieren Sie alles, was Ihnen missfällt auf dem Formular »Materialpool« oder direkt in Ihrer Kladde.

Übersicht: Wie zufrieden sind Sie mit Ihrem Sozialleben?

Wie oft haben Sie in den letzten vier Wochen ...

- Freunde getroffen (auf einen Kaffee oder zum Essen)?
- gemeinsam etwas unternommen (Sport, Kino usw.)
- sich mit einem Vertrauten über Berufliches ausgetauscht?
- sich mit einem Vertrauten über Privates ausgetauscht?
- mit Freunden oder Bekannten telefoniert?
- Freunde um Hilfe gebeten?
- selbst Freunden geholfen?
- sich bei Ihren Freunden gemeldet, um einfach nur Hallo zu sagen?
- Anrufe von Freunden erhalten, die einfach nur Hallo sagen wollten?
- sich uneingeschränkt wohl gefühlt und mit wem?

Notieren Sie alles, was Ihnen gefällt, und fragen Sie sich, wie Sie es beibehalten können. Was ihnen nicht gefällt, wird wieder mit den sieben Werkzeugen »bearbeitet«. Bemühen Sie sich um Ihre Freunde.

Die wichtigsten Tipps zur Pflege der Freundschaften

➔

- Kleine Geschenke erhalten die Freundschaft: Wenn Sie keine Zeit für ein persönliches Treffen haben, melden Sie sich per Postkarte, E-Mail oder SMS. Erklären Sie kurz Ihre momentane Situation. Geben Sie ein Zeichen, dass Sie die Freunde nicht vergessen haben.
- Geben Sie keine Versprechen, die Sie nicht sicher einhalten können.
- Erstellen Sie eine Liste aller Ihnen wichtigen Freunde und Bekannten. Bilden Sie Gruppen:
- Wen möchte ich gerne sehen, weil es Spaß macht?
- Wen muss ich sehen, weil es aus bestimmten Gründen wichtig ist?
- Welche Pflichtkontakte (weitere Familie, Kollegen, Gegeneinladungen) sind noch offen?
- Wen möchte ich gerne näher kennen lernen?
- Wem bin ich einen Gefallen schuldig?

Auf der Grundlage dieser Liste können Sie mit Ihrem Partner zusammen einen »Sozialplan« erstellen und die Treffen so verteilen, dass es für alle Familienmitglieder passt. Dieser Plan mutet erst einmal etwas bürokratisch an. Aber wenn Sie Lust haben, können Sie ihn ja immer noch umwerfen und ganz spontan mit Freunden in den Biergarten gehen statt auf den »wichtigen« Empfang.

Männer- und Frauenfreundschaften können unterschiedlich sein: Männer unternehmen vielleicht gerne etwas gemeinsam, während Frauen am liebsten reden. Nicht alle Aktivitäten müssen deshalb gemeinsam stattfinden. Achten Sie auch hier auf die Balance, sodass jeder mit seinen Wünschen berücksichtigt wird. Es kommt meistens nicht auf die Quantität an, sondern darauf, das Gefühl zu haben, dass der andere weiß und merkt, was man möchte und beide sich um einen fairen Interessenausgleich bemühen.

Emotionale Altlasten bereinigen

Manche Kontakte verlieren sich, weil es irgendeine Störung im gemeinsamen Verhältnis gegeben hat, mit der man sich am liebsten nicht mehr beschäftigen möchte. Das Ganze sinkt aus dem Arbeitsspeicher ins Vergessen ab und bleibt als schlechtes Gewissen im Untergrund aktiv. Es hindert Sie nicht nur daran, sich dem betreffenden Menschen freudig zuzuwenden, sondern aktiviert auch immer wieder die Stresssoftware. Als hätten Sie davon nicht schon genug! Also fassen Sie sich ein Herz und räumen Sie die emotionalen Altlasten aus dem Weg. Nehmen Sie die unrühmliche Vergangenheit zum Anlass, positive Gefühle zu stärken!

Übersicht: Emotionale Altlasten: Liegt Ihnen noch etwas auf der Seele?

- Termin vergessen
- Fehler gemacht
- Rückruf vergessen, Einladung nicht erwidert

- Geliehene Sachen oder Geld nicht zurückgegeben
- Hilfeleistung abgelehnt
- Jemanden beleidigt oder verletzt
- Etwas beschädigt, das anderen gehört
- Jemanden bloßgestellt
- Unhöflich oder unfreundlich gewesen

Befreien Sie sich davon, indem Sie mit einer netten Geste auf den anderen zugehen. Entschuldigen Sie sich jedoch nicht zu übertrieben. Das zwingt den anderen zu einer Gegenreaktion (»Ist doch nicht so schlimm gewesen!«), die er vielleicht gar nicht möchte.

Achtung Energiefresser!

Auch das kann passieren: Gute Freude, liebe Kinder, Schwiegermütter oder nette Nachbarn senden permanent Klagelaute in Ihre Richtung (»Kannst du mal eben…«, »Ach bitte!«), und schon springt Ihr fürsorgliches Herz an und rennt los. Unsere biologische Steuerung sieht vor, dass wir besonders bei Freunden und Bekannten auf eine ausgewogene Gegenseitigkeit achten. Je näher uns aber jemand steht, umso großzügiger sind wir mit unserer Unterstützung. Man darf hier (auch aus pädagogischen Gründen) Grenzen setzen, denn Stressbalance halten heißt auch, die Balance zwischen Eigennutz und Nächstenliebe zu halten. Üben Sie deshalb, Nein zu sagen, wenn Sie sich ausgenutzt fühlen.

Nein sagen!

So nicht!	***Besser!***
• »Kannst du nicht mal was selber machen?«	• »Um was geht es? Ich würde dir gerne zeigen, wie du es selber schaffst.«

• »Nein, lass mich in Ruhe!«	• »Ich würde dir gerne helfen, aber im Moment möchte ich lieber meine Sachen fertig machen. Hat dein Anliegen noch ein wenig Zeit?«
• Zähneknirschend Ja sagen, aber Nein meinen	• Zeit gewinnen und freundlich ablehnen: »Ich schaue gleich mal, wie es in meinem Kalender aussieht – schade, das kriege ich nicht mehr unter.«
• Sich weiter ausnutzen lassen	• »Schieflage« ansprechen und ggf. Beziehung beenden

Ein Kind kommt

In der Tat: Kinder bringen die Stressbalance ganz schön durcheinander! Es ist anstrengend, sich auf so einen kleinen Schreihals einzustellen, nicht durchzuschlafen, kaum eine Tätigkeit zu Ende bringen zu können und innerhalb von Sekunden emotional zwischen Himmel und Hölle hin- und herzuschwanken. Im Mai 2005 brachte es eine Studie des Bundesinstitutes für Bevölkerungsforschung an den Tag: Die Deutschen wollen eigentlich keinen Nachwuchs – es sind vor allem die Männer, die sich dagegen sträuben. Der wichtigste Grund: kein passender Partner in Sicht. Zweiter Grund: Man will den Lebensstandard beibehalten. Erst an dritter Stelle steht das Argument der schlechten Vereinbarkeit von Familie und Beruf.

Pro Jahr kommen in Deutschland dennoch circa 700000 Babys zur Welt. Eine Phase mit Planung und viel Überlegung, mit Vorfreude und Ängsten liegt hinter einem Paar, und nun ist plötzlich nichts mehr, wie es früher war. Freude und Stolz mischen sich mit Sorge, Unsicherheit und Erschöpfung. Man fühlt sich oft allein gelassen, Freunde verstehen einen nicht mehr. Die Welt teilt sich schlagartig in Menschen mit Kindern und Menschen ohne Kinder. Dafür rücken die Familien an.

Alle wollen etwas von dem Kleinen haben und überschütten die frisch gebackenen Eltern mit Anekdoten (»Als du noch so klein warst…«) und wohl gemeinten Geheimtipps (»Also, ich habe das bei meinen Kindern früher immer so gemacht…«). Da muss man einfach durch. Denn alle diejenigen, die sich diese Erfahrungen ersparen wollen, verpassen auch etwas, das in ihrer Stressbalance ein großes Gewicht auf der Plus-Seite darstellt: Die Freude, die einem Kinder schenken. Auch langfristig lohnt sich die Mühe: Wer die harten Zeiten überstanden hat, strahlt vor Stolz, Dankbarkeit und Erleichterung. Eltern, die noch zusammen sind (übrigens immer noch die Mehrheit!), fühlen sich einander stärker verbunden, als in früheren Jahren. Das war es wert, ist das einhellige Resümee. Man fühlt sich aufgehoben in der Linie der Verwandten, es wird jemanden geben, der ein Stück von einem selbst weiterträgt. Machen Sie sich jedes Mal wieder klar, wenn Sie gerade mir den Nerven am Ende sind: Für irgendetwas ist es immer gut.

Bevor Sie sich gegenseitig angiften (»Für dich sind doch die Kinder das Wichtigste!« – »Du bist doch nur noch unterwegs!«), betrachten Sie sich vielleicht eher als zwei Bergsteiger beim mühsamen Aufstieg zu einem sonnigen Gipfel. In dünner Luft und ewigem Eis ist man unausweichlich aufeinander angewiesen. Und wenn der eine vor lauter Sauerstoffmangel und Erschöpfung nicht mehr richtig reagiert, muss der andere alle Kräfte aufbieten, um ihm das Leben zu retten.

Väter sind anders

Evolutionsbiologische Erkenntnisse werden häufig benutzt, um die sozialen Rollen zwischen Männern und Frauen festzuschreiben und die bestehenden Verhältnisse der Aufgabenteilung zu zementieren. Aus den Erkenntnissen über die Arbeitsweise unserer Stresssoftware lernen wir aber noch etwas anderes: Ob sich im Ernstfall ein Verhalten zeigt oder nicht hängt, von der Motivation, von gelernten und geübten Verhaltensweisen und der passenden Gelegenheit ab. Die Motivation der »neuen Väter« ist stärker denn je. 67 Prozent von ihnen sehen sich als »Erzieher« und nicht nur als »Ernährer« und verbringen heute achtmal mehr Zeit mit ihren Kindern als noch vor 30 Jahren. Und obwohl die Mütter durch Geburt und Stillzeit einen biologischen Vorsprung in der Beziehung zu den Kindern haben: Väter sind von Anfang an genauso geeignet als Bezugspersonen, Versorger und Erzieher wie sie. Familienforscher verweisen den so genannten Mutterinstinkt heute eindeutig ins Land der Mythen und Märchen. Väter sind dennoch anders, und sie müssen auch anders sein dürfen. Sie sind nur dann gute Väter, wenn sie nicht ständig versuchen, gute Mütter zu sein. Sie machen sich im Allgemeinen weniger Sorgen, trauen den Kindern mehr zu, sind weniger vorsichtig und stärken damit die Kompetenzen und das Selbstvertrauen der Kinder. Sie sind der wichtige Gegenpart, der den Kindern bei der Findung ihrer Geschlechteridentität als Reibfläche und Spiegelbild dient. Wie immer geht es also auch hier um die Balance.

Als Paar überleben: Bilden Sie rettende Netzwerke

So gut Routine in der Erreichung der alltäglichen Soll-Werte ist, so schädlich ist sie für die Eltern als Paar. Bevor Sie sich gegenseitig Mama und Papa nennen heißt es: Raus aus der Familie! Tauschen Sie Spucktuch gegen Seidenschal, fleckenfreundlich meliertes T-Shirt gegen das gut sitzende Sakko und dann ab ins Café oder Restaurant. Auch wenn Sie müde sind und eigentlich keine Lust haben. Es lohnt sich, einander immer wieder zu versichern, dass man neben allen Anforderungen auch noch ein Liebespaar ist und füreinander da sein kann. Diese Termine sollten allerdings zur Routine werden!

In dieser Zeit brauchen Sie natürlich Kinderbetreuung. »Lebensrettende Netzwerke« nennen viele Familien die Zusammenschlüsse mit anderen, die in der gleichen Lage sind. Das muss gut geplant und verabredet werden. Die Währung, in der gezahlt wird: Freiheit. Einzige Voraussetzung: Vertrauenswürdigkeit und dass Ihre Kinder sich wohl fühlen. Ansonsten ist es völlig egal, ob andere Bücher gelesen werden oder das falsche Müsli verspeist wird. Unterstützende Netzwerke können sich zum Beispiel folgendermaßen helfen:

- Gemeinsame Putzhilfe engagieren
- Gemeinsame Kinderbetreuung engagieren
- Gemeinsame Haus- und Gartengeräte anschaffen, die nur selten genutzt werden
- Abwechselnd kochen, einkaufen
- Abwechselnde Fahrdienste
- Kinderkleider- und Spielzeugbörse

Desperate Housewives: Ein unmöglicher Arbeitsplatz mit vielen Chancen

Ein wenig Aufwertung der Haus- und Familienarbeit kann nicht schaden, zumal immer wieder bekannt wird, wie sehr Personalverantwortliche Soft Skills wie Eigeninitiative, Selbstdisziplin, Kreativität und Motivationsfähigkeit schätzen. Haus- und Familienarbeit sind ein sehr kostengünstiges Traineeprogramm dafür!

Das mindeste, was derjenige verdient hat, der hier die Hauptarbeit leistet, ist Lob, Dank und Anerkennung. Der Medizinsoziologe Johannes Siegrist aus Düsseldorf sieht die so genannte »Gratifikationskrise« als einen wichtigen Faktor stressabhängiger Erkrankungen. Dahinter verbirgt sich nichts anderes als fehlende Stressbalance durch emotionales Ungleichgewicht. Im Klartext: Man ackert und ackert und keiner merkt es. Niemand sagt: »Danke, schön wie du das gemacht hast« oder »Bewundernswert, dass du zum millionsten Mal den Mülleimer gelehrt hast, obwohl es dich anödet!« Kommentiert wird wenn überhaupt, dann negativ, und wenn alles in Ordnung ist, muss man doch auch nichts sagen, oder? Die Forscher meinen: Dann erst recht! Denn besonders diejenigen, die sich im Verborgenen unermüdlich strapazieren, sind Burnout-gefährdet, wenn der seelische Lohn fehlt. Übrigens: Eigenlob stimmt! Wenn sonst es niemand tut, dürfen Sie sich auch selber loben.

Zumutung und Lernpotenzial am Arbeitsplatz »Haushalt«

Belastung!	***Lernpotenzial!***
• Keine geregelte Bezahlung	• Selbstmotivation
• Keine geregelte Freizeit	• Selbstdisziplin
• Keine Pausenregelung	• Selbstdisziplin
• Keine/wenig Anerkennung von außen	• Selbstmotivation
• Keine/wenig soziale Kontakte	• Kreativität
• Keine Maßstäbe: Was mache ich gut oder schlecht?	• Eigenverantwortung
• Keine strukturierte Arbeit (abgeschlossene Projekte)	• Organisationsfähigkeit, komplexes Arbeiten
• Ständige Rufbereitschaft für Sonderaufgaben	• Koordination unterschiedlichster Ziele, multiples Denken
• Hohe Verantwortung für Uneinsichtige und Unselbstständige	• Hoher Grad an Verantwortungsbewusstsein, Motivation (bei fehlender Einsicht!), Menschenkenntnis

Entlastung bitte!

Der Portfoliobereich mit dem größten Verbesserungs- und Entlastungspotenzial ist bei den meisten Menschen tatsächlich das Familienleben. Hausarbeit, Familienarbeit und Beziehungsarbeit werden geleistet, ohne dass man groß darüber nachdenkt. Ansprüche und Idealvorstellungen werden selten hinterfragt und überdacht. Mehrere Regalmeter Frauenzeitschriften in jedem Kiosk überfallen uns mit ihren Forderungen: Wir sollen schöner, besser, cooler, spannender, verführerischer werden – perfekter in jeder Hinsicht. Der Wettbewerb unter Frauen ist genauso gnadenlos wie der im Geschäftsleben. Unterstützt wird dieser Perfektionsanspruch an das Familienleben durch einen in der Gesellschaft in den letzten Jahren deutlich spürbar gewordenen Trend, genannt *Cocooning*: zu Hause einkuscheln, Rückzug und privater Genuss. Ein neues Biedermeier gegen die Unsicherheiten der globalisierten Welt draußen. Sogar Teenager sehnen sich nach einer eigenen Familie, um der Last der überwältigenden Optionen zu entkommen, die ihnen die Werbung permanent vor die Füße spült. Wissen, wo man hingehört, nicht mehr alles müssen und können, Beschränkung auf das, was zählt: ein Partner, ein Kind.

Zurück zu Ihnen: Wie hätten Sie es denn gerne? Ist Ihnen die Haus- und Familienarbeit zu viel? Möchten Sie wieder (mehr) berufstätig sein oder mehr Zeit für das haben, was Ihnen wichtig ist? Bitte analysieren Sie die Belastungen, die für Sie zu Hause entstehen. Anschließend können Sie das, was Sie gefunden haben, in das Blatt »Materialpool« eintragen und wie gewohnt mit den sieben Werkzeugen bearbeiten.

Finden Sie zunächst alleine heraus, wie Sie bei sich selber mit der Entlastung beginnen können. Stellen Sie sich dazu immer wieder die Fragen:

- Was kann ich ganz weglassen?
- Was kann ich seltener machen?
- Was kann ich verkürzen?
- Was können andere übernehmen?

Die Dinge, die dann noch verändert werden sollen, besprechen Sie mit Ihrer Familie, in einer ruhigen Minute und wenn alle dabei sind. Beginnen Sie es geschickt. Grundregel: Fragen statt sagen!

Motivation

Die größte Kunst, die man in der Familienphase lernen kann, ist die Motivation anderer. Eigentlich ist jeder Mensch von Natur aus hoch

Motivation zur Mithilfe

So nicht!	**Besser!**
• »Könnt ihr nicht mal endlich ...«	• »Ich habe ein Problem und würde mit Euch gerne in Ruhe darüber sprechen. Ich fühle mich durch ... überlastet, habt Ihr eine Idee?«
• »Ich habe keine Lust mehr auf ...«, »Kannst du das nicht mal machen?«	• »Ich habe hier eine Liste mit Aufgaben. Wer hat denn Lust, was zu machen?«
• »Jeder muss mal das Klo putzen, basta.«	• »In welchem Rhythmus soll denn jeder mal drankommen? Wollt ihr einen Plan machen?«
• »Du bist ja immer noch nicht fertig mit ...«	• »Danke, dass du angefangen hast.«

motiviert, sein Leben selbst in die Hand zu nehmen und etwas Sinnvolles zu tun. Dies wird deutlich bei jedem Kleinkind, das unermüdlich seine Welt erkundet, erobert und nichts lieber tut, als alles auszuprobieren. Nutzen Sie die Kraft dieses Antriebes. Lenken Sie ihn in die richtigen Bahnen und erfreuen Sie sich daran, wie Ihre Kinder lernen, selbst für sich Verantwortung zu übernehmen. Alles, was Sie machen müssen, ist ein wenig nachdenken und sich im entscheidenden Moment dumm stellen oder zurückhalten.

Hilfsbereitschaft fördern: Praxistipps aus dem Psycholabor

Sozialpsychologen haben in raffiniert arrangierten Untersuchungen herausgefunden, dass moralische Appelle an die Hilfsbereitschaft die schlechteste Methode sind, jemanden dazu zu bewegen. Hilfsbereitschaft braucht einen Stimulus, um sich im praktischen Verhalten zu zeigen. Hier die wichtigsten Erkenntnisse mit Umsetzungsvorschlägen:

Menschen verhalten sich gerne hilfsbereit,

➔ ... wenn sie dadurch bei anderen einen guten Eindruck machen können. In Kleinstädten, wo man sich untereinander kennt, oder in Kulturkreisen, in denen jeder Wert darauf legt, als nett zu gelten, ist die spontane Hilfsbereitschaft höher.

Tipp: Bitten Sie besonders widerspenstige Familienmitglieder um Hilfe, wenn gerade netter Besuch da ist. Dann wird Ihr Wunsch umgehend erfüllt. Besonders, wenn Sie in Gegenwart der Gäste gleich noch ein kleines Lob hinterherschicken und leichthin erwähnen, wie stolz Sie auf Ihren tüchtigen Partner oder Ihr Kind sind.

... wenn sie ein aktuelles Verhaltensvorbild haben. Wenn Menschen sehen, dass jemand sich zu einer hilflosen Person beugt, bleiben sie auch stehen und bieten Hilfe an.

Tipp: Fangen Sie mit etwas Bestimmtem an, bitten Sie dann Ihren Partner, beim Hausputz zu helfen und fahren gemeinsam fort. Scherzen und loben Sie dabei, und fragen Sie dann erst die Kinder, ob sie nicht auch mitmachen wollen (oder auch umgekehrt: erst die Kinder einbeziehen und dann den Partner fragen).

... wenn sie überhaupt wissen, wie man helfen kann und darin geübt sind. Viele Menschen helfen zum Beispiel bei Verkehrsunfällen oder aggressiven Angriffen auf andere nicht, weil sie nicht wissen, was genau sie tun sollen.

Tipp: Zeigen Sie immer wieder geduldig und freundlich, wie etwas gemacht wird.

... wenn sie in guter Stimmung sind: Nachdem sie »zufällig« in einer Telefonzelle ein Geldstück gefunden hatten, waren viele Passanten eher bereit, einer Testperson beim Aufheben von Unterlagen zu helfen. Dasselbe geschah, wenn sie vorher angelächelt worden waren oder gute Nachrichten gehört hatten.

Tipp: Äußern Sie Ihre Bitten um Mithilfe immer dann, wenn gerade etwas Angenehmes stattgefunden hat: Nach dem Essen, nach der Taschengeldzahlung, nach einem Lob, nachdem das Kind eine gute Note nach Hause gebracht hat, nachdem Sie schöne Aktivitäten für das Wochenende in Aussicht gestellt haben. Achtung: Keine ausdrückliche Verknüpfung beider Ereignisse (»Weil ich dir Taschengeld gegeben habe, erwarte ich jetzt von dir ...«). Ihre Bitte kommt mit einer kurzen Verzögerung und eher beiläufig (»Ach übrigens, ich hätte da eine Bitte ...«).

Den Haushalt vereinfachen

Machen Sie es sich zur Gewohnheit: Alles, was Sie stört, ärgert oder Ihnen lästig ist, wird nicht beklagt, sondern automatisch in eine Frage umgewandelt: Wie hätte ich es gerne? Überlegen Sie gemeinsam mit Ihrem Partner/Ihrer Familie, wo und wie Sie Ihren Haushalt rationalisieren können, um gemeinsam mehr freie Zeit zu haben. Die besten Ideen:

- Planen Sie! Termine, Speiseplan, Einkaufsplan, Aufgabenverteilung, gemeinsame Aktivitäten.
- Wichtige Informationen an einem zentralen Platz für alle zugänglich machen: Familientermine, wichtige Telefonnummern und Adressen (für kleine Kinder mit Bildsymbolen versehen).
- Notfall-Mappe: Ordner mit wichtigen Adressen und Informationen, die nicht regelmäßig gebraucht werden: Versicherungsnummern, Gerätenummern, Wagenpapiere, Handwerker und Kundendienst, Ärzte, Adressen von Einrichtungen und Vereinen, die regelmäßig besucht werden mit Telefonnummern, Medikamente, die regelmäßig genommen werden müssen usw.
- Schaffen Sie so viel wie möglich wiederkehrende Routinen: Einkaufs-, Putz-, Wasch- oder Kochtage. Das reduziert die Verführung zu Extratätigkeit (»schnell mal eben noch eine Maschine Wäsche«).

- »Schnell mal eben« gilt nur für Tätigkeiten, die keine extra Rüstzeit brauchen: Wegräumen, abwischen, aufheben, wegwerfen, auswaschen in dem Moment, in dem Sie den Gegenstand noch in der Hand haben (maximal 30 Sekunden).
- Konzentrieren Sie sich auf eine einzige Tätigkeit, besonders wenn sie etwas komplizierter oder gefährlicher ist.
- Fangen Sie nur eine Arbeit an, die Sie in der verbleibenden Zeit auch erledigen können.
- Multitasking nach Möglichkeit nur in Ruhe und bei mechanischen Routineaufgaben (bügeln und Unterhaltung, stopfen und Hausaufgabenbetreuung).
- Entscheiden Sie sich immer bewusst für das, was Sie gerade tun. Halbherzigkeit erzeugt Frustration.
- Erledigen Sie Aufgaben, die an einem Ort stattfinden, nacheinander, das reduziert Ihre »Baustellen« und gibt ein besseres Gefühl.
- Schaffen Sie sich die richtige Arbeitsumgebung. Improvisieren aus Platzmangel strengt an, ergonomisch ungünstige Haltungen ermüden.
- Schaffen Sie wenige, aber gut funktionierende, praktische Hilfsmittel an: Teleskopstäbe, großen Staubwedel, kleinen Handsauger, standfeste Kurzleiter.
- Lagern Sie Dinge dort, wo sie gebraucht werden.
- Reduzieren Sie Putz- und Reinigungsmittel und Utensilien auf das Minimum.
- Alles was klemmt, wackelt, leckt, unansehnlich, unpraktisch, veraltet ist, kommt in den Müll.
- Gönnen Sie sich regelmäßig Pausen.
- Bettwäsche, Geschirrtücher, Trikot- und Frottierwäsche nicht bügeln.
- Schmutzeintrag verringern durch Fußmatten, Ausziehen der Straßenschuhe u.a.
- Vor Festtagen auf Großputz verzichten.
- Seltener Staub wischen, Auto waschen, Fenster putzen usw.
- Schränke entrümpeln: Was nicht mehr da ist, fällt einem nicht entgegen und muss nicht gepflegt werden.

- Abwasch vermeiden durch Eintopfgerichte, tischfähiges Kochgeschirr usw.
- Kochen Sie große Mengen und frieren Sie Reste, Nudeln, Reis, Gemüse usw. ein.
- Wäscheanfall reduzieren durch längeres Tragen der Kleidung, Auslüften usw.
- Aufräumarbeiten reduzieren; jede/r ist fürs eigene Zimmer verantwortlich.
- Feste Plätze für oft gebrauchte Dinge festlegen und allen mitteilen.
- Fester Vorrat an Briefmarken und Grußkarten zu verschiedenen Anlässen.
- Abends immer alles für den nächsten Morgen richten und bereitlegen.

Hausarbeit einmal anders

Haben Sie schon einmal daran gedacht, die lästige Hausarbeit zu einer fröhlichen Party umzufunktionieren? Ein Freundinnenkreis aus Salzburg macht es so: Sie treffen sich regelmäßig reihum und erledigen zu mehreren den Großputz eines einzigen Haushalts. Danach gibt es Sekt und eine Runde Handcreme für alle. Zwischendurch tauschen sie die Arbeiten aus. Eine bügelt gerne, dafür putzt die andere ihr die Fenster. Ein schönes Modell, das sich bestimmt auch auf Männer und Kinder ausdehnen lässt. Die haben doch auch gerne Spaß.

Pflege: Extreme Belastung für Familien

Es gibt circa zwei Millionen pflegebedürftige Menschen in Deutschland. Drei Viertel davon leben zu Hause. Die Pflegenden gehören zu denjenigen, die am meisten unter chronisch unkontrolliertem Stress leiden. Sie und ihre Familien sind rund um die Uhr im Einsatz und ständig in Sorge. Die Kombination aus körperlichen und emotionalen Anforderungen und fehlendem Ausgleich ist sehr belastend. Da kann viel zusammenkommen:

- Eigener Beruf
- Familienarbeit
- Pflegearbeit
- Eigene gesundheitliche Einschränkung
- Eigenes Alter
- Wenig Anerkennung
- Freunde ziehen sich zurück
- Frustration: Pflegebedürftige können krankheitsbedingt emotional wenig zurückgeben
- Abwärtsentwicklung bis zum Tod des Angehörigen

Das Wichtigste ist in dieser Situation die Unterstützung durch professionelle Hilfe, der emotionale Austausch und die gegenseitige Unterstützung in Selbsthilfegruppen. Immer mehr Arbeitgeber sehen die Problematik der Pflege von Familienmitgliedern bei ihren Mitarbeitern und arbeiten mit privaten oder öffentlichen Organisationen zusammen, die unter dem Stichwort »Eldercare« Unterstützung anbieten. Das Angebot reicht von Informationen zur Pflegeversicherung über ergänzende Pflege- oder Haushaltsdienste bis hin zur Gestaltung der Wohnung und der Beratung in Krisen durch akute Überforderung.

Alle Familien sollten sich mit ihren älteren Verwandten rechtzeitig zusammensetzen und die heiklen Themen in ruhiger und fürsorglicher Atmosphäre besprechen. Informieren Sie sich über alle Möglichkeiten, die Sie an Ihrem Wohnort vorfinden. Im Ernstfall ist dann schon die Hälfte der Arbeit getan.

Das Wichtigste: Zusammenhalt

Je mehr Arbeitswelt und Familienleben durch moderne Arbeitszeitmodelle ineinander übergehen, umso wichtiger ist es, den Familienmitgliedern ein Verständnis für die Arbeit zu ermöglichen. Das bedeutet, darüber zu sprechen, etwas zu zeigen, Kollegen, Kunden und Kooperationspartner einzuladen, die Familie bei Gelegenheit mit in den Betrieb zu nehmen – jede sich nur bietende Gelegenheit zu nutzen, eine Vernetzung zwischen beiden Welten herzustellen. Denn je mehr man die Arbeitswelt des anderen kennt, desto mehr kann man sich damit identifizieren. Wenn man weiß, was der Partner oder die Eltern tun, was ihnen wichtig ist oder Sorgen bereitet, ist es leichter, zu verstehen, warum er oder sie sich gerade jetzt damit befasst und nicht mit dem kaputten Rasenmäher oder der Fahrt zum Schwimmbad. Gerade für Kinder ist es wichtig zu sehen, dass Geld nicht aus dem Automaten kommt und dass die neue Jeans etwas mit dem langen Telefongespräch zu tun hat, dass Mama neulich mit dem Auftraggeber führte, während in der Küche die Milch überkochte. Teilen Sie auch Ihre Erfolge, Ihre Freude und Ihren Stolz über das, was Sie durch Ihre Arbeit erreichen. Danken Sie den anderen für Rücksicht, Verzicht oder sogar Mithilfe. Das fördert den Zusammenhalt der Familie.

12. Portfoliobereich 4: Muße, Persönlichkeit und Weiterentwicklung

Mußestunden wurden schon in der Antike als eine Zeit der Persönlichkeitsbildung und Kreativität angesehen. Was tun Sie eigentlich, wenn Sie nichts tun? Genießen Sie Ihre Mußestunden? Suchen Sie Zerstreuung und Ablenkung? Oder die dringend nötige Erholung? Freizeit gilt zwar heute als eine sehr wichtige Zeit, von der man eigentlich nie genug haben kann. Doch stellt sich bei genauerer Befragung heraus, dass viele Menschen sich während der Arbeit wohler fühlen als in der Freizeit.

Obwohl heute viele eine große Sehnsucht nach Ruhe, Stille und Erholung haben, findet in der wenigen Freizeit häufig genau das Gegenteil statt. Hektische Umtriebigkeit, das Abhaken von weiteren Aufgaben, die, wenn schon keine Erholung, dann wenigstens Spaß bringen sollen. Wir haben verlernt, Ruhe und Stille auszuhalten. Denn solange wir mit irgendeiner Tätigkeit beschäftigt sind, treten Sorgen und Ängste in den Hintergrund. Fällt die Aktion weg, drängen sie sich sofort wieder ins Bewusstsein. Tatsächlich gibt unser Gehirn niemals Ruhe. Wenn wir ihm nichts Konkretes zu tun geben, macht es ganz von alleine das, was es am liebsten tut und am besten kann: Es schaltet die Stresssoftware ein und löst Probleme. Zur Not eben auch im Leerlauf.

Sobald der Urmensch durch Arbeitsteilung und verbesserte Technik ein wenig Freizeit gewonnen hatte, setzte er sich ans Lagerfeuer und begann nachzudenken. Hier, so kann man sich gut vorstellen, begannen die Ideen, sich vom Gegenständlichen in die Abstraktion aufzuschwingen. Was könnte auf uns zukommen, und wie können wir zukünftige Gefahren, Bedrohungen oder Schmerzen verhindern? Aber auch: Wie können wir Freude und Lust empfinden, ohne uns jedes Mal den Magen voll schlagen oder uns umständlich an einen Partner heranpirschen zu müssen? Die Fähigkeit, vorauszufühlen, vorauszudenken und -zuberechnen hat es uns erst möglich gemacht, uns sozial und kulturell weiterzuentwickeln und auf den hohen Zivilisationsstand hinaufzuklettern, auf dem wir uns heute befinden. So sind Vorratshaltung, Verwaltung und Wissenschaft, aber auch Kultur und Kunst entstanden. Wir haben gelernt, unsere emotionalen Systeme per Gedanken zu bedienen. Wir können Erwartung, Freude, Lust und Liebe in einem Film oder bei einem Roman erleben. Wir können uns in der Geisterbahn gruseln oder auf dem Fußballplatz als Sieger fühlen. Wir haben sogar gelernt, neutrale Objekte so mit Bedeutungen zu belegen, dass sie in der Lage sind, Gefühle auszulösen. Eine unschuldige blaue Blume hat so die ganze Generation der Romantiker zum Schwärmen gebracht. Musikstücke machen uns traurig oder wütend. Wir können auch einfach nur auf dem Sofa sitzen und uns per Gedanken fürchten und freuen. Denn wenn wir unsere Gedanken nicht auf ein bestimmtes Thema bündeln, sondern frei herumhüpfen lassen, suchen sie sich immer das dominante aus – nämlich das negative. Besonders wenn die Medien, Stammtische, Pausenräume und Wohnzimmer voll davon sind.

Damit wir in unserer Freizeit wieder Kraft tanken, Freude, Erholung und Entspannung finden können, brauchen wir also die Fähigkeit der Konzentration.

Konzentration auf das Richtige: Positive Gefühle

Nicht dass wir uns falsch verstehen. Konzentration bedeutet für uns meistens angestrengtes Nachdenken, einen Versuch, den Faden nicht zu verlieren oder zu verstehen, was jemand anderes gerade gesagt hat. Dem Wort nach hat Konzentration etwas mit Zentrum zu tun. Was wir im Zentrum unserer Aufmerksamkeit haben, darüber sagt der Begriff allerdings noch gar nichts aus. Üblicherweise konzentrieren wir uns auf aktives Tun oder denken. Genauso gut können wir uns aber auch auf

Passives konzentrieren: Einfach nur dasitzen, Ruhe, Stille, den Strom der eigenen Gefühle und Gedanken, die Empfindungen des Körpers beobachten.

Konzentration ist eine wichtige Ressource, die wir einsetzen können, um unsere Balance zu stabilisieren. Wer einen hektischen Tag hinter sich hat, braucht Konzentration auf Beruhigendes und Erfreuliches, das die Energiereserven wieder auffüllt: Musik hören, einen Spaziergang, ein Bad, Genuss von Speisen und Getränken. Wer sich den ganzen Tag über gelangweilt hat, sitzt noch auf ungenutztem Potenzial. Für ihn ist Konzentration auf Aktives und Konstruktives richtig, damit die Balance stimmt. Treffen mit Freunden, ehrenamtliche Tätigkeit, ein produktives Hobby oder Sport. Damit wir glücklich werden und die Stresssoftware melden kann »Ziel erreicht«, müssen wir uns den Regeln des Flow fügen. Sie erinnern sich? Regel Nr. 1: Tu was du tust! Konzentriere dich (s. Seite 134).

Wie sehr Konzentration uns dazu bringen kann, wirklich nur das wahrzunehmen, was wir uns gerade vorgenommen haben, zeigt ein Experiment, das man an der Universität von Illinois mit Studenten durchführte. Man zeigte ihnen einen Film, auf dem einige Sportler in weißen T-Shirts und andere in schwarzen T-Shirts mit einem Ball spielten. Die Aufgabe bestand darin, die Pässe der weiß gekleideten Spieler genau zu zählen. Mitten in der Filmsequenz sieht man einen Mann in einem schwarzen Gorillakostüm durch das Spielfeld gehen. Als am Ende die Ergebnisse verglichen wurden, fragte der Studienleiter, wer denn den Mann im schwarzen Gorillakostüm durchs Bild gehen gesehen habe. Nur sehr wenige konnten diese Frage bejahen. Vor lauter Konzentration auf die Bewegungen der weißen T-Shirts hatten sie etwas völlig Abwegiges und Unerwartetes einfach nicht wahrgenommen.

Wenn es uns also gelingt, uns in der Freizeit gezielt auf das zu konzentrieren, was bei uns positive Gefühle erzeugt, dann können wir die »Gorillas« sicherlich auch ausblenden. Dann wird Muße das genaue Gegenteil von Freizeitstress und bringt uns das, was wir so dringend benötigen:

- eine entspannende Verschnaufpause von den vielen Alltagsaufgaben,
- ein Gegengewicht zu unkontrolliertem Dauerstress,
- Beschäftigungen, die weniger anstrengend sind als die Arbeit und trotzdem Erfolgserlebnisse hervorbringen,
- Kraft für die anderen Aufgaben des Lebens.

Es ist aber nun leider keineswegs so, dass die Freizeit ausschließlich dem Spaß und der Erholung dienen kann. Sie sollte auch genutzt werden, um bisher noch nicht gelöste Probleme anzugehen, die sonst im Untergrund weiter wuchern und die Stresssoftware immer wieder anspringen lassen. Man kann ihnen nicht entkommen. Doch wenn Sie Ihre Portion Vergnügen schon hatten, sind Sie viel fröhlicher, optimistischer, kreativer und konsequenter. Und das ist noch immer die beste Voraussetzung für die rasche Lösung von Problemen, die Sie sich nacheinander gezielt vornehmen.

Was macht uns glücklich?

Wissen Sie eigentlich genau, was Sie glücklich macht? Positive Gefühle sind unsere wichtigste Ressource. Doch viele wissen nicht, was ihnen wirklich gut tut. Vor lauter »must haves«, Moden und politisch korrekten Vergnügen kommen wir nicht dazu, den eigenen Gefühlen nachzuspüren. Was uns wirklich beglückt, erfreut, zufrieden macht, sind oft nur wenige und unspektakuläre Genüsse oder Tätigkeiten. Es sind die Schlüssel zu unserer Seele. Sie entstammen verschiedenen Feldern, zum Beispiel aus dem Naturerleben oder kulturellen Beschäftigungen und erfüllen jeweils verschiedene Bedürfnisse. Wenn sie fehlen, fehlt auch etwas Entscheidendes in unserer Stressbalance: die Möglichkeit, die Stressreaktion herunterzufahren, auch wenn noch nicht alle Probleme gelöst sind.

Sich in der Freizeit auf einige wirklich wichtige Seelenschlüssel zu konzentrieren ist wichtiger, als ein Riesenprogramm abzuspulen, das überfordert, erschöpft und obendrein vielleicht viel Geld kostet. Jeden

Abend ein kurzes Gedicht zu lesen kann mehr Freude schenken, als sich durch die vielen Neuerscheinungen hindurchfressen zu wollen, von denen man vor dem Einschlafen doch nur zwei Seiten schafft. Die Botschaft des Pareto-Prinzips wird hier besonders deutlich: 20 Prozent der Bemühungen erzeugen 80 Prozent des Erfolgs. Weniger ist mehr!

Betrachten Sie nun Ihre Seelenschlüssel. Womit sind Sie schon sehr zufrieden? Was möchten Sie verändern? Wo wünschen Sie sich ein wenig Abwechslung? Worauf wollen Sie sich konzentrieren? Halten Sie wieder Ihre Kladde und die sieben Werkzeuge bereit.

Übersicht: Was macht mich glücklich?

Was mache ich gerne in welchem Bereich?	***Was bringt es mir?***	***Zufrieden?*** *(1 = sehr, 6 = gar nicht)*	***Wie wichtig ist es mir?*** *(1 = sehr wichtig, 6 = unwichtig)*	***Was möchte ich intensivieren? Was weglassen? Was verändern? Wie?***
Muße: Gedanken nachhängen, Seele baumeln lassen, Musik hören, usw.	• Ziele finden	○	○	....
	• Sich selbst finden	○	○	....
	• Erholung	○	○	....
	• Entspannung	○	○	....
	• Fitness	○	○	....
Hobby: Sprachen lernen, Basteln, usw.	• Spaß	○	○	....
	• Erfolgserlebnis	○	○	....
	• Lernen	○	○	....
	• Weiterentwicklung	○	○	....

	• Herausforderung	○	○	....
	• Ablenkung	○	○	....
	• Zufriedenheit	○	○	....
	• Kreativität	○	○	....
	• Selbstbestätigung	○	○	....
	• Geselligkeit	○	○	....
Gedankenaustausch, Treffen mit Freunden, usw.	• Anregung	○	○	....
	• Weiterentwicklung	○	○	....
	• Über den eigenen Tellerrand hinausschauen	○	○	....
	• Eigene Positionen überprüfen	○	○	....
	• Bestätigung	○	○	....
	• Trost	○	○	....
	• Unterstützung	○	○	....
	• Hilfe	○	○	....
Weltanschauliche Fragen: bestimmte Lektüre, usw.	• Lebenssinn finden	○	○	....
	• Trost und Kraft aus Religion / Philosophie	○	○	....
	• Neugier	○	○	....
	• Beruhigung	○	○	....
	• Verständnis der Welt	○	○	....
	• Bestätigung	○	○	....
	• Horizont erweitern	○	○	....

Was mache ich gerne in welchem Bereich?	***Was bringt es mir?***	***Zufrieden?***	***Wie wichtig?***	***Was intensivieren? Was weglassen? Was verändern? Wie?***
	• Entwicklungen verfolgen	○	○	…………………
	• Bescheid wissen	○	○	…………………
	• Sich auf Veränderungen vorbereiten können	○	○	………………… ………………… …………………
	• Eigene Meinung prüfen	○	○	………………… …………………
	• Mitreden können	○	○	…………………
	• Neugier	○	○	…………………
	• Interesse	○	○	…………………
	• Eigene Ideen entwickeln	○	○	………………… …………………
	• Sinnvolles tun	○	○	…………………
Kultur: Kino, Theatergruppe, usw.	• Spaß	○	○	…………………
	• Interesse	○	○	…………………
	• Schönheitssinn	○	○	…………………
	• Freude an Kunst	○	○	…………………
	• Entspannung	○	○	…………………
	• Mitreden können	○	○	…………………
	• Begeisterung für kulturelle Leistungen anderer	○	○	………………… ………………… …………………
	• Selber etwas machen	○	○	………………… …………………

	• Herausforderung	○	○	....
	• Geselligkeit	○	○	....
	• Ablenkung	○	○	....
	• Bildung	○	○	....
Naturerlebnis: Wandern, usw.	• Freude	○	○	....
	• Ruhe	○	○	....
	• Kraft schöpfen	○	○	....
	• Entspannung	○	○	....
	• Sich aufgehoben fühlen	○	○	....

Tätigkeiten, die Ihnen Genuss oder Freude bereiten, die Sie vielleicht über sich selbst hinaustragen, die möglicherweise sogar im Zusammenhang mit dem großen Ganzen stehen, geben dem Leben Sinn und Bedeutung. Hier zu neuen Erkenntnissen zu kommen, kann eine große Zufriedenheit erzeugen. Alle positiven Gefühle gehören zu unseren Ressourcen, die wir immer wieder als Kraftquellen im Alltag benötigen.

Gebrauchsanleitung für positive Gefühle

Drei unserer acht emotionalen Systeme beschäftigen sich mit den positiven Gefühlen: das Erwartungssystem, das Belohnungssystem und das Bindungssystem. Das bedeutet: Damit wir Spaß haben können, müssen die Reize, die mit der jeweiligen Sache verbunden sind, in eines der drei Systeme passen. Oder sogar in zwei von ihnen gleichzeitig, und der Superspaß aktiviert alle drei auf einmal. Deshalb nennt man ihn auch die schönste Sache der Welt.

Erwartungssystem Sein Motto lautet: Bleiben Sie neugierig! Flirten, in Geschäften stöbern, über den Markt bummeln, im Internet surfen, im Café sitzen und die Leute beobachten, die Zeitung durchblättern, die neue Mode anschauen, den Urlaub planen, sich ein Strickmuster ausdenken ... Leicht gespannt und interessiert suchen Sie irgendetwas, das Ihr Begehren weckt. Sie entwickeln Erwartungen, wie schön es wäre, wenn sie es hätten und werden in großer Vorfreude aktiv. Vorfreude ist die schönste Freude! Sie belebt und vitalisiert, die Aktivität der Stressreaktion bekommt eine Richtung. Wir konzentrieren uns und vergessen alles andere.

Das Erwartungssystem vermittelt uns das ästhetische Urteil: Das gefällt mir, das finde ich schön. Auf der Basis aller persönlichen Prägungen und emotionalen Erfahrungen mit dem, was unsere Umgebung uns als »schön« beigebracht hat, muss ein Reiz weitere Kriterien aufweisen, damit er das Prädikat »schön« auch von uns bekommt. Bilder, Gesichter, Musik, Literatur, Architektur, Landschaften ... alle Objekte unserer Sinneswahrnehmung werden permanent auf neue oder bekannte Informationen abgesucht. Ganz neu und völlig unbekannt heißt immer Gefahr. Das finden wir abstoßend. Ganz alt und völlig vertraut heißt Langeweile. Das finden wir kitschig, banal, flach. Aber genau dazwischen liegen Informationen, die unsere Wahrnehmung herausfordern, die uns interessieren. Sie enthalten genau die richtige Mischung zwischen fremd und vertraut, zwischen verwirrend und öde. Diese Dinge finden wir schön. Und Schönheit liegt bekanntlich im Auge des Betrachters. Deshalb lässt sich auch über Geschmack nicht streiten. Wenn wir aber etwas schön finden, möchten wir es genießen, und je näher wir dabei dem Ziel rücken, desto besser wird die Stimmung. Kenner wissen um die Kunst, die Erfüllung, den Genuss dessen, was sie anstreben, hinauszuzögern. Der Weg ist oft schöner als das Ziel.

Belohnungssystem Es signalisiert uns, dass wir am Ziel angekommen sind. Es gibt ein furioses Finale. Die Freude erreicht ihr jeweils mögliches Maximum und dann setzen Entspannung und Zufriedenheit ein. Das Erlebte klingt noch ein wenig nach. Besonders angenehm empfinden wir Situationen, in denen ein starker und harter Kontrast zwischen negativen und positiven Emotionen stattfindet. Die Dichter der antiken Tragödie verstanden es meisterhaft, diesen so genannten Affektwechsel zu inszenieren. Erst wurden die Zuschauer in Angst und Schrecken versetzt und dann erlebten sie mit dem Helden eine wunderbare Rettung. Die Griechen nannten diesen Kunstgriff »Katharsis« (Reinigung) und wollten damit die Seele läutern. Die Neurobiologie weiß heute, dass es nicht das Ausleben der negativen Gefühle ist, das als so befreiend erlebt wird, sondern der schnelle und heftige Umschwung. Im täglichen Leben kennen wir das ebenfalls. Je mühsamer, anstrengender und entbehrungsreicher es war, das Ziel zu erreichen, desto angenehmer ist die emotionale Belohnung. Der grandiose Ausblick nach einer harten Wanderung ist wertvoller, als an derselben Stelle aus dem Bus zu steigen. Was nichts kostet, ist nichts wert.

Hier muss man ein bisschen vorsichtig sein. Denn manche Genüsse können auch gefährlich werden. Einerseits wollen wir sie immer wieder erleben, andererseits tritt die Gewöhnung ein, und der Reiz, die Anstrengung, der Kick müssen immer größer werden, damit das gewünschte Glücksgefühl eintritt. Der sportliche Ehrgeiz (zum Beispiel beim Marathon) wird immer toller, die Geschenke müssen immer wertvoller sein und der Genuss des Weins gleitet ab in die Sucht.

Aus der Glücksforschung ist bekannt, dass Menschen sich oft verschätzen und glauben, wenn sie ein bestimmtes Ziel erreicht hätten, lebten sie glücklich und in Freuden bis ans Ende ihrer Tage. Für die Evolution ist es wichtig, dass wir eine große Motivation entwickeln, die wichtigsten Dinge im Leben anzustreben. Deshalb hat das Erwartungssystem eine so große Macht, die Belohnung ist dann eine kurze Bestätigung. »Ziel erreicht« heißt für die Evolution nur: gut gemacht, ausruhen. Die nächste Gefahr wartet schon hinter dem nächsten Busch. Deshalb ist Glück wohl so vergänglich.

Bindungssystem Hier werden die stillen ruhigen Freuden gebildet, die sich wie ein breiter Strom durch unser Leben ziehen und die wir oft gar nicht mehr bemerken. Alles was uns an alltäglichen Annehmlichkeiten des Lebens umgibt, was uns Behaglichkeit vermittelt, was uns beruhigt, Sicherheit und Entspannung schenkt, wird hier verarbeitet.

Die Botschaft des Bindungssystems lautet: Alles ist gut! Wenn wir zu Weihnachten immer denselben Ablauf, dasselbe Essen und dieselben Lieder mögen, wenn es zum Geburtstag immer Marmorkuchen gibt, der uns zwar nicht vom Hocker reißt, aber einfach dazugehört, wenn wir unsere Unterlagen an immer derselben Stelle auf dem Schreibtisch finden, wird das hier dankbar registriert, und wir können uns Interessanterem zuwenden. Aber wehe, die Dinge verschwinden. Dann ist der Teufel los! Gerade in Zeiten, in denen es um die Stressbalance nicht so gut bestellt ist, brauchen wir den Rückhalt, den uns die vertrauten Inseln vermitteln. Dann gehen wir gerne immer wieder in dasselbe Hotel, schätzen Regelmäßigkeit und Beständigkeit und sind froh, abends in das vertraute Umfeld zurückzukehren, in dem keine neuen Anforderungen auf uns warten.

Wie alle Funktionen im Nervensystem arbeiten auch die Gefühle nach bestimmten Regeln:

- Sie können geübt und trainiert werden, das heißt, die Nervennetzwerke, die an der Produktion eines bestimmten Gefühls beteiligt sind, verdrahten sich fester, wenn man dieses System oft benutzt. Nach einer gewissen Trainingszeit werden Informationen in diesem System leichter und schneller verarbeitet. Genuss kann genauso gelernt werden wie Ärger.
- Gefühle unterliegen der Gewöhnung. Was am Anfang noch sehr beglückend war, kann irgendwann uninteressant und langweilig werden. Denn alles, was in stabilen Netzwerken läuft, braucht keine spezielle Aufmerksamkeit mehr und kann automatisch verarbeitet werden. Täglich Krabbencocktail kann genauso öde werden wie immer nur schönes Wetter. Aufmerksamkeit bekommt nur das, was neu ist. Wechseln Sie deshalb Ihre Seelenschlüssel ein wenig ab. Nicht etwas ganz Neues oder Abstruses, sondern lieber etwas aus derselben Kategorie in einer neuen Variante, wie der Weinkenner aus seiner Lieblingslage den Jahrgang herausschmecken kann oder die Mode die Rocklänge immer wieder um einige Zentimeter variiert.

- Emotionen werden besonders deutlich, wenn sie sich gut voneinander absetzen. Wir mögen den abrupten Affektwechsel von schrecklich auf angenehm besonders gerne: Ein heißer Kakao an einem klirrend kalten Wintertag, Hochspannung beim Krimi und dann ist wieder alles gut, den Körper im Marathon schinden und endlich das Ziel erreichen.

Mit diesen drei Regeln können Sie nun anfangen, Ihre Freuden, Seelenschlüssel und Vergnügungen in den drei emotionalen Systemen zusammenzustellen. Kommt Ihnen das komisch vor? Vergnügen systematisch planen? Dann machen Sie es wie bisher: Sie kommen nach Hause, sind etwas angeschlagen und sehnen sich nach angenehmer Unterhaltung und Entspannung. Ihre Familienstimmung ist gereizt, das Essen war angebrannt. Frustriert ziehen Sie sich vor den Fernseher zurück. Schade um den Abend. Vielleicht haben Sie aber auch einen Notfallplan: Sie wissen, dass Sie nach einem anstrengenden Tag am liebsten Ihre Ruhe haben. Sie genießen gerne ein gutes Glas Wein und sprechen dabei mit der Familie über die Dinge des Tages, aber nicht über Probleme. Jetzt sehen Sie, dass alles heute nicht möglich ist. Sie machen einen überraschenden Vorschlag: Pizzaservice, lustiges Video und alle essen vor dem Fernseher. Ausnahmsweise!

Persönlichkeit und Weiterentwicklung

Im Laufe des Lebens bildet jeder Mensch eine eigene Persönlichkeit heraus. Die Erbanlagen stecken die Möglichkeiten ab, in den ersten Jahren zeigen sich Schwerpunkte und im Laufe des Erwachsenenlebens bekommt sie scharfe Konturen. Das Unverwechselbare bildet sich klar erkennbar heraus. Umwelt, Kultur und Mitmenschen hinterlassen ihre Spuren in den Gehirnen jedes Einzelnen von uns. Die von ihnen ausgehenden Informationen führen zu Erfahrungen, die sich in Verschaltungen der neuronalen Netzwerke widerspiegeln. Sie prägen die Wahrnehmungs-, Denk- und Handlungsmuster des immer lernbereiten Gehirns.

Wer im Schwarzwald aufgewachsen ist und dann nach Kalifornien auswandert, wird vielleicht die weihnachtlich verschneiten Bäume vermissen, wer in einem streng religiösen Elternhaus aufgewachsen ist, hat möglicherweise oft ein schlechtes Gewissen. Wer von seinen Eltern und Erziehern in seinen Kompetenzen gefördert wurde, verfügt über ein stabiles Selbstbewusstsein. Manche Schaltkreise der Erfahrung sind sehr

Was ich an mir mag

Eigenschaft *Ich mag an mir …*	***Stark ausgeprägt***	***Mittel ausgeprägt***	***Wenig ausgeprägt***	***Möchte ich verändern, indem ich …***
• Größe	○	○	○	…………………… ……………………
• Figur	○	○	○	…………………… ……………………
• Augenfarbe	○	○	○	…………………… ……………………
• Haarfarbe	○	○	○	…………………… ……………………
• Besonders gut gelungene Körperpartien	○	○	○	…………………… ……………………
• Gesicht (besonders schöne Partien)	○	○	○	…………………… ……………………
• Sportliche Leistungsfähigkeit (spezielle Disziplin)	○	○	○	…………………… ……………………

Eigenschaft *Ich bin...*	***Stark ausgeprägt***	***Mittel ausgeprägt***	***Wenig ausgeprägt***	***Möchte ich verändern, indem ich ...***
• Humorvoll	○	○	○	....
• Gefühlvoll	○	○	○	....
• Verständnisvoll	○	○	○	....
• Tolerant	○	○	○	....
• Kreativ	○	○	○	....
• Geistreich	○	○	○	....
• Verspielt	○	○	○	....
• Charmant	○	○	○	....
• Eigenwillig	○	○	○	....
• Optimistisch	○	○	○	....

Eigenschaft *Ich bin...*	***Stark ausgeprägt***	***Mittel ausgeprägt***	***Wenig ausgeprägt***	***Möchte ich verändern, indem ich...***
• Geduldig	◯	◯	◯	....
• Heiter	◯	◯	◯	....
• Anpassungsfähig	◯	◯	◯	....
• Gebildet	◯	◯	◯	....
• Schlagfertig	◯	◯	◯	....
• Spontan	◯	◯	◯	....
• Dynamisch	◯	◯	◯	....
• Entspannt	◯	◯	◯	....
• Ruhig	◯	◯	◯	....
• Beständig	◯	◯	◯	....
• Treu	◯	◯	◯	....

- Zuverlässig
- Temperamentvoll
- Belastbar
- Distanziert
- Entscheidungs-freudig
- Fair

fest, manche können gelöst, manche überschrieben werden. Doch bevor man das betreibt, was allgemein als Persönlichkeitsentwicklung propagiert wird und nichts anderes ist als Selbstverbesserung und Ablegen ungünstig gewordener Gewohnheiten, sollte man einmal einen genaueren Blick auf sich selbst werfen. Sehen Sie nach, was an Ihrer Persönlichkeit völlig in Ordnung ist!

Was mag ich eigentlich an mir? Eine für viele sehr ungewohnte Frage, fast ein wenig unanständig. Haben wir doch brav gelernt: Eigenlob stinkt! Da üben wir lieber politisch korrekte Selbstkritik. Das können Sie wahrscheinlich gut. Sie werden es oft tun und ich vermute, sogar ein bisschen zu häufig. Doch es geht auch hier um Balance, um das vernünftige Gleichgewicht. Sehen Sie Ihre Stärken genauso deutlich wie Ihre Schwächen. Nun geht es um alles, was Ihnen an sich selbst wirklich gefällt – egal, was die anderen dazu sagen. Entwickeln Sie Ihre eigenen Maßstäbe. Sie sind das Rückgrat Ihrer Persönlichkeit. Schauen Sie immer wieder auf die Liste auf Seite 208 ff., wenn Sie niedergeschlagen sind, wenn Sie einen Misserfolg hatten, der Partner Sie verlassen hat oder Ihre Aktien gestürzt sind. Damit Ihnen auch genug Eigenschaften und Fähigkeiten einfallen, finden Sie hier einige Vorschläge. Sollte davon absolut nichts auf Sie passen, können Sie immer noch notieren: Ich bin sehr bescheiden!

Die »höheren« Dinge

Religion, Spiritualität, Philosophie und Sinnsuche interessierten den Menschen schon immer. Gerade in den letzten Jahren ist hier ein Zuwachs zu verzeichnen. Der Bedarf nach einem Gedankengebäude, das das Leben erklärbar macht, einen Sinn gibt und damit Sicherheit, inneren Halt und Orientierung, kurz: Kontrollüberzeugung, schenkt, ist groß.

Schon in den siebziger Jahren des letzten Jahrhunderts machte der amerikanische Medizinsoziologe Aaron Antonovski die Beobachtung, dass Menschen mit der Fähigkeit der Sinngebung, des Verstehens von Zusammenhängen und der Überzeugung, etwas Wirkungsvolles tun zu können, die Schrecken der Konzentrationslager besser überlebt hatten als ihre Leidensgenossen. Sie hatten aus ihrem Glauben eine Stärke gewonnen, die uns heute als Kontrollüberzeugung bekannt ist und von der man weiß, wie sie die Stressreaktion zügeln kann. Deshalb erstaunt es auch nicht, dass religiöse Menschen Krankheiten, Schicksalsschläge und Unglücke besser verkraften. Dazu kommt der soziale Rückhalt, den religiöse Gemeinden oder andere weltanschauliche Gruppen ihren Mitgliedern bieten. Wie sehr die fürsorgliche Unterstützung durch andere zur Genesung, Beruhigung und Lebensqualität beiträgt, ist aus der Selbsthilfebewegung bekannt und wissenschaftlich gut belegt.

Heute weiß man, auf welchen Pfaden geistige Beruhigung die körperlichen Vorgänge im Netzwerk der Botenstoffe bis in die Zellen hinein beeinflusst. Voraussetzung ist allerdings, dass das beruhigende Denken im eigenen Kopf stattfindet. Vor einiger Zeit gingen aufsehenerregende Meldungen über die gesundheitsfördernde Wirkung von Fürbitten anderer durch die Presse. Auch wenn die im Gebet Bedachten nichts davon wussten, sollte es helfen. Doch diese Befunde haben sich als interessengeleitete Fehlinformation herausgestellt.

Die Neurobiologie der spirituellen Erfahrung

In den alten Religionen und in manch einer modernen esoterischen Schule werden immer wieder zu besonderen Anlässen außergewöhnliche, besondere Zustände des Bewusstseins angestrebt, die über die Erfahrung der alltäglichen Glücksmomente weit hinausgehen. Diese Erfahrungen können so ergreifend, so schön, so wertvoll und so selten sein, dass sie mit den bedeutendsten Namen versehen werden, die wir zu vergeben haben: Glückseligkeit, Erleuchtung, Erweckung, spirituelle Ekstase, Verzückung oder Begegnung mit Gott. Sammelbegriff: spirituelle Erfahrung.

Diese Zustände herzustellen gelingt nicht leicht. Durch Fasten und Beten, Rückzug in die Einsamkeit der Wüsten oder der Klosterzellen, absolute Stille und Bewegungslosigkeit oder rhythmische Bewegungen im Tempeltanz und dem Tanz der Derwische, monotone Gesänge und Rhythmen, sexuelle Rituale und natürlich Drogen kann man die normale Funktion des Gehirns verändern. Alle Techniken wurden früher geheim gehalten und nur an diejenigen weitergegeben, die geeignet und stark genug schienen, ihre Effekte auszuhalten. Heute sind sie für jedermann zugänglich.

Manche geraten auch zufällig in diese Zustände: Isolation, Erschöpfung, Nahrungs-, Wasser- und Schlafmangel, aber auch große Angst, heftigste Stressaktivierung und plötzliche Rettung aus einer großen Gefahr begünstigen ihr Auftreten. Oft treten diese Erlebnisse in Zusammenhang mit einer bestimmten Form der Epilepsie auf, die wahrscheinlich deshalb in der Antike »Heilige Krankheit« genannt wurde. Saulus wurde vermutlich von der Wucht eines solchen Anfalls zu Boden geworfen, erlebte im Neuronengewitter große Glücksgefühle und die Nähe Gottes und stand als Apostel Paulus wieder auf.

Wissenschaftlich gesehen kennt man heute drei neurologische Phänomene, die diese besonderen Zustände hervorbringen:

- Synchronisation von Gehirnwellen im Theta-Bereich (Tiefschlaf): man ist wach und trotzdem tief entspannt; ein Gefühl schärfster Erkenntnisfähigkeit und Gewissheit stellt sich ein.
- Verstärkte Aktivierung von Schaltkreisen des Glücksgefühls: eine Steigerung des bekannten »irdischen« Glücksgefühls.
- Reduzierte Erregung in Bezirken des Schläfenlappens, die die Körpergrenzen spürbar machen und eine Raum-Zeit-Orientierung herstellen: Körpergrenzen werden nicht mehr wahrgenommen, man hat den Eindruck mit der Umgebung zu verschmelzen, zu schweben, die Zeit dehnt sich unendlich aus, was als Gefühl von »Ewigkeit« bezeichnet wird.

Doch seit das Geheimwissen der Priester und Schamanen in den sechziger Jahren des letzten Jahrhunderts von neugierigen »Suchern« aus den Tempelschubladen in die Chemielabore gebracht wurde, seit die heiligen Kakteen, Pilze und Blätter in Pfeifen, Tabletten oder Spritzen unter den Freaks die Runde machen, weiß man auch, wie unangenehm und bedrohlich diese Zustände sein können und wie manche Menschen dadurch in eine schwere Entgleisung der Psyche geraten.

Allen spirituellen Phänomenen gemeinsam ist, dass bei ihnen die Regulation der Informationsströme im Netzwerk des Gehirns verändert ist. Manche Regionen bekommen mehr Input, manche bekommen weniger. Die Balance der Regler, die uns im Normalzustand eine kontrollierte Stressreaktion zur Verfügung stellt und uns gut durch das praktische Leben kommen lässt, ist verändert.

Die heiligen Männer und Frauen von früher mussten sich ja auch nicht alleine durch die Mühen des Lebens hindurchkämpfen. Die Gemeinschaft sorgte in der Regel für sie. Von Eremiten, die ihre Kinder zur Schule fahren, hat man noch nie etwas gehört.

Natürlich – und darin sind sich die auf dem neuen Gebiet der Neurotheologie forschenden Wissenschaftler einig – sagen Befunde über Gehirnaktivität noch nichts über die Existenz irgendeines höheren Wesens aus. Und durch bestimmte neurologische Funktionsveränderungen ist man noch kein religiöser Mensch.

Spiritualität für Anfänger

Wer sich mit Religion oder Spiritualität beschäftigt, ist heute freier denn je: Man kann das System wählen, das einen persönlich am meisten überzeugt. Es muss jedoch ganz klar sein, dass die außergewöhnlichen Bewusstseinszustände nicht mal eben in einem Wochenendseminar erlangt werden können. Und das ist auch gut so. Unsere stressgeplagten Gehirne wären nicht in der Lage, diese Funktionsverschiebungen zu verkraften. Darüber hinaus ist eine gewisse Instabilität in den neuronalen Netzwerken nötig, um in diese Zustände geraten zu können. Außerdem fehlen uns meistens die feste Verankerung im dazugehörigen geistigen Gedankengebäude und Menschen, die uns helfen würden, diese verwirrenden Erlebnisse zu verarbeiten.

Vielen fällt es schon schwer, sich auf ein simples Entspannungstraining einzulassen. Das zuverlässig beherrschen zu lernen wäre der erste Schritt, bevor man sich an die großen Erfahrungen heranwagt. Alle, die die Abkürzung über bewusstseinserweiternde Drogen gehen wollen, seien ebenfalls gewarnt. Die Kliniken sind heute leider voll von jungen Menschen, die damit ihre Gehirne geschädigt haben.

Spirituelle Übungen und Stressbalance

Die körperlichen Entspannungs-, Meditations-, Versenkungs-, Konzentrations- oder Gebetsübungen, von denen heute besonders die fernöstlichen bei uns sehr beliebt sind, haben für die Stressbalance einen unschätzbaren Wert. Man trainiert dabei, die Gedanken und Emotionen zu kontrollieren, den Körper bewusst wahrzunehmen, sich auf den Moment zu konzentrieren und mit äußerster Geduld und Selbstdisziplin vorzugehen. Wissenschaftler fanden heraus, dass sie nicht nur Gefühle und Gedanken aufgewühlter Seelen harmonisieren, sondern auch gut gegen körperliche Erkrankungen wie Bluthochdruck, Schmerzen, Herzbeschwerden oder Störungen des Immunsystems wirken. Meditation beruhigt das vegetative Nervensystem und glättet die Wogen der Botenstoffe im Netzwerk zwischen Körper und Gehirn. Doch das ist noch nicht alles. Anders als die meisten Entspannungsverfahren (wie zum Beispiel Autogenes Training oder Progressive Muskelrelaxation) kann Meditation nach einiger Übung im Gehirn Theta-Wellen erzeugen, die normalerweise nur im tiefen Traumschlaf entstehen. Tief entspannt und doch hellwach, bewusst und gleichzeitig in sich versunken, kreativ und von allen Sorgen distanziert – ein angenehmer Zustand.

Ob diese Übungen bewegt oder still vonstatten gehen, ob man eine Kerze, einen Rosenkranz, ein Mandala oder die eigene Atmung als Fokus und Kristallisationspunkt der Aufmerksamkeit wählt: In jedem Fall lernt man, die Stressreaktion zu kontrollieren – und genau davon handelt ja auch dieses Buch.

13. Rezeptblock von Dr. Stress

Die folgenden Empfehlungen und Tipps sind »Erste-Hilfe-Maßnahmen«, mit denen sich für kurze Zeit Balance herstellen lässt, wenn es mal ganz hoch hergeht.

Der Zwei-Wochen-Plan für Hochleistungsphasen

Haben Sie aktuell eine besonders intensive Zeit vor sich – voller Chancen und Herausforderungen, Neuigkeiten und Anregungen? Und voller Stress? Diese ganze besondere Zeit will sorgfältig vorbereitet und geplant werden. Ziel ist es, alle körperlichen Energiereserven zu mobilisieren und positive Gefühle und Gedanken als Kraftquellen zu nutzen. Wer Hochleistungsphasen als Festtage ansieht, ist in der Lage, alles zu erreichen, was er sich vorgenommen hat – bei bester Verfassung und guter Laune. Legen Sie sich eine persönliche Survival-Strategie zurecht, gespickt mit vielen kleinen Wellness-Bonbons, damit Ihre Stresssoftware mit voller Kraft arbeiten kann.

Die erste Woche

Samstag Schlafen Sie aus, und beginnen Sie nach einem Power-Frühstück (Kohlenhydrate, fettarmes Eiweiß, Obst) Ihre Hochleistungsphase mit einem Einkaufsbummel. Besorgen Sie sich

- einen Vorrat an frischem Obst und Gemüse zum Mitnehmen,

- ausreichend Mineralwasser, Kräutertee, Fruchtsäfte oder Schorlen,
- eine Packung Multivitamin-Multimineraltabletten,
- ausreichend fettarme Lebensmittel,
- eventuell besondere Wellness-Pflegeprodukte oder Kosmetika (alles, womit Sie sich einen der nächsten anstrengenden Tage angenehm machen können),
- lustige und/oder interessante/fesselnde Lektüre zum Entspannen; Videofilme, die eine positive Stimmung vermitteln.

Nach einem kleinen Mittagsimbiss und einer circa 30-minütigen Entspannungsübung oder einem kleinen Schläfchen bereiten Sie sich auf Ihre Herausforderung vor.

Bauen Sie eine positive Einstellung auf: Finden Sie heraus, welche Rolle diese Hochleistungsphase in Ihrem Lebensplan spielt. Welche Ergebnisse wollen Sie erzielen? Was genau ist für die Erreichung Ihrer persönlichen Ziele wichtig? Welche Erfahrungen können Sie sammeln? Was werden Sie lernen? Wen werden Sie kennen lernen? Welche Bereicherungen (fachlich, menschlich, finanziell) winken Ihnen?

Rufen Sie Freunde und Bekannte an und verabreden Sie stützende Kontakte: Welche/r Kollege/Kollegin steht bei Problemen als Berater/in zur Verfügung? Bei welchem Freund oder Familienmitglied können Sie sich ausheulen, wenn Ihnen die Power-Phase schwer fällt? Wer tröstet Sie bei Rückschlägen? Machen Sie sich eine Liste mit Emergency-Telefonnummern! Wichtig ist, dass Sie den menschlichen Rückhalt vorher organisieren, sonst hat am Ende niemand Zeit, wenn Sie im Ernstfall dringend ein offenes Ohr brauchen.

Erstellen Sie einen detaillierten Zeitplan: Verschaffen Sie sich einen Überblick über Ihre zeitliche Belastung und finden Sie jeden Tag die Zeitlücken, in denen Sie sich mit sich und Ihrem Body-Tuning beschäftigen können. Beschließen Sie, weniger Alkohol und Kaffee zu trinken als normalerweise und weniger (am besten gar nicht) zu rauchen.

Lassen Sie den Tag mit einem circa einstündigen strammen Spaziergang ausklingen, nehmen Sie ein leichtes Abendessen zu sich, genießen Sie ein angenehmes Buch, Ihren Partner, und gehen Sie früh schlafen.

Sonntag Nicht zu lange schlafen, um nicht aus dem Rhythmus zu kommen. Gemütlich frühstücken, ausgiebige Körperpflege.

Bereiten Sie nun alle Dinge vor, die Sie in den nächsten zwei Wochen brauchen werden: Waschen und ordnen Sie Ihre Kleidung, legen Sie Unterlagen und Materialien zurecht, die Sie für Ihre Arbeit brauchen, packen Sie Ihre Tasche für den nächsten Morgen, stellen Sie einen Essensplan auf und kochen Sie vor, wenn Sie zu Hause essen werden.

Nach einem energiereichen Mittagessen und einer Entspannungsübung machen Sie einen Spaziergang oder Sport. Alternative: Mit Partner und Familie etwas unternehmen, was allen besonders gut gefällt.

Gehen Sie früh schlafen.

Montag Es geht los! Stehen Sie so rechtzeitig auf, dass Sie genug Zeit haben: zehn Minuten Gymnastik sollten drin sein, dann in Ruhe duschen, anziehen und frühstücken: Essen Sie Müsli mit Obst und viel Magerjoghurt, Brot mit Tomate, Gurke und Ei oder eine Portion Obstquark (Protein und Kohlenhydrate halten lange konzentriert und frisch). Trinken Sie ausreichend (zwei Gläser Mineralwasser)! Energy-Snacks (Vollkornbrote mit magerem Belag, ein gekochtes Ei, Obst, Möhren) für das Mittagessen einpacken. Bevor Sie aus dem Haus gehen: Lächeln Sie Ihrem Spiegelbild zu. Auf dem Weg zur Arbeit nehmen Sie alle positiven Eindrücke in sich auf und stellen sich vor, wie sie mit einer positiven Einstellung durch den Tag gehen werden.

Wichtig ist, dass Sie den ganzen Tag über viel trinken (Mineralwasser mit Multivitamin-Brausetablette). Kaffee auf zwei bis drei Tassen vormittags und ein bis zwei Tassen nachmittags beschränken. Zwischendurch immer wieder den Körper kurz bewegen.

Gehen Sie in der Mittagspause mit Ihrem mitgebrachten Snack kurz an die Luft! Schon fünf Minuten im Freien sind besser als eine halbe Stunde in der verqualmten Kantine. Zur Not tut es auch das oberste Parkdeck!

Wenn der erste Tag geschafft ist, ziehen Sie Bilanz: Was ist nicht gelungen? Was können Sie verbessern? Was haben Sie gut gemacht? Genießen Sie Ihren Erfolg ganz für sich allein.

Zu Hause machen Sie einen Spaziergang oder Gymnastik, und nehmen Sie ein leichtes Abendessen zu sich. Wenn überhaupt, nur ganz wenig Alkohol trinken und früh ins Bett mit einer entspannenden Lektüre.

Dienstag Sie haben gemerkt, wie entspannt die Morgenroutine ablaufen kann, wenn man genug Zeit hat und alles gut vorbereitet ist. Deshalb dasselbe Programm wie am Vortag noch einmal.

Auch während der Arbeit haben sich die kurzen Wellness-Bonbons bewährt. Heute jedoch probieren Sie aus, wie leicht die Kommunikation mit anderen klappt, wenn Sie positiv und freundlich sprechen. Verteilen Sie ein Lächeln, einen Dank, eine kleine Aufmunterung, sehen Sie auch an Belastungen die positiven Seiten, sprechen Sie von dem, was schon geschafft ist, statt von dem, was noch vor Ihnen liegt.

Treffen Sie sich mittags außerhalb mit einem netten Menschen.

Machen Sie am Abend ein wenig Sport, aber übertreiben Sie das Training nicht. Rufen Sie Bekannte oder Freunde an, oder unterhalten Sie sich mit Ihrem Partner, und gehen Sie früh ins Bett. Stellen Sie den Wecker fünf Minuten früher.

Mittwoch Der Wecker klingelt fünf Minuten früher. Sie bleiben noch in die Kissen gekuschelt liegen und gehen in Gedanken den bevorstehenden Tag durch: Woran wollen Sie unbedingt denken? Was wollen Sie unbedingt schaffen? Wie werden Sie es anfangen? Welche Gefühle möchten Sie dabei erleben? Setzen Sie das mentale Training ein, um sich emotional auf besondere Herausforderungen vorzubereiten und dann ab unter die Dusche! Der Frischekick kommt durch den schaurig schönen kalten Abschluss!

Während der Arbeit dieselben Wellness-Bonbons wie bisher einsetzen. Immer wieder an die Gefühle und Gedanken vom Morgen anknüpfen. Sie ziehen sich wie ein roter Energiefaden durch den Tag.

Abends gehen Sie zur Belohnung essen oder unternehmen etwas Schönes. Wie gewohnt früh zu Bett gehen. Rekapitulieren Sie vor dem Einschlafen: Was ist mir heute besonders gelungen, und was will ich morgen erreichen?

Donnerstag Noch zwei Tage, dann ist bereits die Hälfte um! Das Morgenprogramm wie bisher. Tagsüber haben Sie sich bereits an die Wellness-Bonbons gewöhnt und merken, dass ein kleinerer Snack mittags sie am Nachmittag frischer sein lässt als schweres Essen.

Machen Sie abends wieder ein Stündchen Sport oder einen Spaziergang mit einem vertrauten Menschen. Erzählen Sie von Ihrem Tag, und muntern Sie sich gegenseitig auf. Lob nicht vergessen!

Freitag Am Morgen klingelt der Wecker wieder fünf Minuten früher als nötig. Fragen Sie sich: Was werde ich heute Abend Schönes unternehmen – ausgehen? Freunde treffen? Oder ein Badefest? Einen romantischen Abend? Freuen Sie sich auf die bevorstehende Atempause und die angenehmen Dinge, die auf Sie zukommen. Die Energie trägt sie durch den ganzen Tag! Ihr Partner mosert, weil Sie so beschäftigt sind? Erzählen Sie ihm/ihr möglichst genau, was alles passiert ist die letzten Tage, wie es Ihnen damit geht und wie wichtig diese Phase für Sie ist. Wer genau Bescheid weiß, hat automatisch mehr Verständnis.

Den Rest des Tages verbringen Sie wie die Tage zuvor.

Die zweite Woche

Samstag Schlafen Sie aus, und frühstücken Sie im Bett. Ziehen Sie eine Zwischenbilanz: Was ist wie gelaufen bisher? Womit können Sie so richtig zufrieden sein? Was wollen Sie anders machen? Was ist für die nächste Woche zu planen? Sind Sie mit sich und Ihrem Body-Tuning zufrieden? Schreiben Sie alles ordentlich auf, dann behalten Sie den Überblick.

Sie kümmern sich um die notwendigen Dinge und freuen sich, dass Sie mal etwas anderes tun können als sonst. Kaufen Sie alles ein, was Ihnen in der vergangenen Woche gut getan hat.

Relaxen Sie den Rest des Tages und pflegen Sie Ihren Körper. Keinen Freizeitstress aufkommen lassen! Lieber einen ruhigen Abend mit vertrauten Menschen als aufregende Unterhaltung.

Sonntag Nach dem Power-Frühstück folgt ein ausgiebiger Spaziergang, Fitness oder Schwimmen. Machen Sie nach dem Mittagessen eine Entspannungsübung, und treffen Sie anschließend Vorbereitungen für die kommende Woche. Erneuern Sie Ihren Zeitplan.

Nehmen Sie sich Zeit für sich selbst: lesen, träumen, nachdenken. Gehen Sie früh ins Bett, um ausgeruht in die Woche zu starten.

Montag Morgenprogramm wie immer. Wenn Sie anfangen, darüber nachzudenken, was Sie heute alles tun müssen, stoppen Sie sich sofort! So setzen Sie sich selbst nur unter Druck. Bitte konzentrieren Sie sich lieber auf den Nutzen, den diese Tätigkeiten für Ihre Ziele haben. Während der Arbeit ab und zu die Muskeln checken: Alles schön locker? Immer mal wieder tief durchatmen!

Bei Hektik: Schalten Sie einen Gang runter. Erledigen Sie Unangenehmes sofort – das gibt einen Energieschub für den Rest des Tages.

Abends machen Sie einen kurzen Spaziergang und Stretching. Tag abschließen: Was ist heute gut gewesen?

Dienstag Morgenprogramm wie immer.

Wenn Sie tagsüber Süßhunger bekommen: Bananen, Äpfel, Trauben oder Rosinen sind besser als Süßigkeiten. Mineralwasser und Multivitamin-Multimineralbrause nicht vergessen, Vorräte auffüllen.

Abends machen Sie wieder ein wenig Fitness. Der innere Schweinehund möchte, dass Sie sich aufs Sofa legen? Gehen Sie trotzdem wenigstens eine kleine Runde spazieren, oder joggen Sie zehn Minuten am offenen Fenster.

Mittwoch Keine Lust mehr auf Power? Lieber im Bett bleiben? Ziehen Sie sich mental am eigenen Schopf aus dem Energieloch: Erinnern Sie sich daran, was Sie mit diesen beiden Power-Wochen erreichen werden und malen Sie sich Ihren Erfolg in den schönsten Farben aus! Schwelgen Sie in Stolz, Freude und Glück über sich selbst. Wollen Sie das alles gefährden – so kurz vor dem Ziel? Nein. Also tief durchatmen, alles stretchen, was Sie an Muskeln spüren und ab unter die kalte Dusche!

Kurze Energizer für zwischendurch: Wasser trinken, tief durchatmen, eine Runde um den Block gehen und immer wieder daran denken, was Sie schon alles geschafft haben.

Gehen Sie abends Ihren Zeitplan noch einmal durch: Werden Sie alles wie geplant erledigen können? Wo wird es eng? Gibt es Dinge, die so nicht vorgesehen waren? Wer kann Ihnen helfen, den Plan einzuhalten? Was ist eventuell gar nicht mehr notwendig? Erstellen Sie sich einen Countdown-Plan für die nächsten zwei Tage, damit Sie den Überblick bewahren.

Donnerstag Morgenroutine wie immer. Noch im Bett schauen Sie sich den Plan von gestern Abend an. Was kommt heute auf Sie zu? Bereiten Sie sich mental vor, und freuen Sie sich auf einen entspannenden Feierabend. Nehmen Sie sich für heute etwas ganz Besonderes vor: Eine Massage, Sauna, ein besonderes Bad oder einen Kuschel- oder Klönabend. Wenn Sie nicht einschlafen können, helfen Baldrian und Johanniskraut als Tee oder Dragees aus der Apotheke.

Freitag Endspurt – noch einen Tag und es ist geschafft! Setzen Sie Prioritäten. Das Wichtigste zuerst und dann langsam zum Sinkflug ansetzen.

Machen Sie in der Mittagspause einen kurzen Spaziergang, das klärt den Kopf und verhindert das Mittagstief.

Abends: Party mit Freunden! Feiern Sie! Genießen Sie die Freiheit, den Erfolg und einfach, dass Sie die beiden Turbo-Power-Wochen so gut überstanden haben!

Lernen Sie wieder, die Stille zu genießen: Ruhe finden in sieben Schritten

Mehr als 300 katholische und evangelische Klöster laden derzeit zur inneren Einkehr während des Urlaubs ein. Sogar in Wirtschaftskreisen ist »Nachdenken im Kloster« neuerdings populär.

Gewöhnen Sie Ihr Gehirn wieder daran, Stille und Ruhe zu genießen. Fassen Sie den Entschluss. Sagen Sie vor jeder Übung laut zu sich: »Ich mache das jetzt!« Gehen Sie in kleinen Schritten vor und steigern Sie die Dosis langsam.

1. Woche: Stecker raus! (Täglich mehrmals, mindestens dreimal) Üben Sie eine ganze Woche lang, der Versuchung von Fernsehen, Radio, CD, Telefon und Internet zu widerstehen (Ausnahme: beruflich Notwendiges). Schalten Sie allen überflüssigen Informationsmüll aus. So viele Eindrücke strömen durch die Medien auf Sie sein, lauter Fliegenfänger mit Superemotionen. Alle wollen, dass Sie kleben bleiben, einschalten, kaufen und teure Einheiten verbrauchen! Wo bleibt das eigene Gefühlsleben in all diesem Sirup? Schalten Sie ab und lauschen Sie der eigenen Seele! Das Programm ist mehr als interessant!

2. Woche: Ich höre mir selber zu (30 Sekunden; zweimal täglich, am besten morgens und abends) Setzen Sie sich bequem hin, stellen Sie dabei beide Füße auf den Boden. Spüren Sie sich: Schließen Sie die Augen und nehmen Sie den Kontakt der Füße mit dem Boden, den des Körpers mit dem Stuhl, den der Arme und Hände mit dem Körper wahr. Spüren Sie den Atem in Bauch und Brust. Wie ist Ihre Stimmung: Müde? Munter? Motiviert? Lustlos? Was geht Ihnen durch den Kopf? Beobachten Sie Ihre Gedanken, und finden Sie Ihren momentanen Standpunkt: Was will ich jetzt? Spüren Sie dann den Boden wieder unter den Füßen, Augen auf und weiter geht's.

3. Woche: Ich genieße eine Pause (3 Minuten; zweimal täglich: vormittags und nachmittags) Nehmen Sie sich einen Kaffee oder Tee und setzen Sie sich an einen ruhigen Ort. Entspannen Sie Schultern und Gesicht. Genießen Sie die Wärme, das Aroma und den Geschmack Ihres Getränkes ganz bewusst. Registrieren Sie, wie der warme Dampf Ihr Gesicht berührt. Lassen Sie Ihren Gedanken freien Lauf. Bei jedem Schluck kehren Sie wieder auf die Beobachtung des Trinkens zurück.

4. Woche: Ich höre die Natur (10 Minuten; zweimal wöchentlich) Gehen Sie schweigend, aber zügig durch den Garten oder einen Park. Ohren auf! Welche Geräusche gibt es zu hören? Vögel, Rauschen der Bäume, Verkehrslärm, den eigenen Atem?

5. Woche: Ich übe, mich zu entspannen (10 Minuten; zweimal wöchentlich) Legen Sie sich hin oder setzen Sie sich in einen bequemen Sessel. Es ist angenehm, wenn der Kopf mit entspanntem Nacken aufliegen kann. Zu Beginn hilft eine CD mit Musik und gesprochenem Text (zum Beispiel einer Fantasiereise). Wenn Sie feststellen, dass Sie gut entspannen können, machen Sie das Ganze in der Stille. Legen Sie eine Hand auf das Brustbein, die andere auf den Bauch. Konzentrieren Sie sich auf diese warmen Stellen, und lassen Sie alles andere los. Das Wärmegefühl wird Ihr »Anker« (= Auslöser) für Entspannung.

6. Woche: Ich bin mit mir (1 Stunde; einmal) Frauen machen das oft: ins Bad, Tür zu, im duftenden Badewasser versinken, ausgiebige Körperpflege. Hören Sie kein Radio! Beschäftigen Sie sich eine Stunde lang ausschließlich mit sich. Hängen Sie den eigenen Gedanken nach (Notizen erwünscht!).

7. Woche: Ich kann abschalten, wo immer ich bin (zweimal täglich) In der Konferenz, auf dem Flughafen, in der Bahn, beim Mittagessen – wo immer Sie sich gerade aufhalten und das Geschehen auf Ihre aktive Beteiligung verzichten kann, verlassen Sie die Außenwelt und konzentrieren Sie sich auf sich selber. Verzichten Sie in Wartezeiten gelegentlich auf ablenkende Tätigkeiten, seien sie auch noch so nützlich. Erinnern Sie sich an den Anker Ihrer warmen Hände auf Brust und Bauch. Dieses Signal löst nun die Entspannung aus. Schalten Sie den Blick auf unendlich, und lassen Sie die Kiefermuskulatur los.

Erste-Hilfe-Tipps: Die schnellsten Refresher der Welt

Alles auf Anfang Energie blockiert? Keine Ideen? Stimmung mies? Mit dieser Übung bringen Sie frischen Wind in Ihr System: Aufstehen, auf Zehenspitzen stellen, ganz lang machen und die Arme zur Decke recken. Dabei tief und kräftig durchatmen und die Streckung noch verstärken. Dann die Arme herunternehmen und die Schultern mit viel Spannung kreisen lassen. Tief weiter durchatmen.

Grounding Sie haben den Boden unter den Füßen verloren? Wissen nicht mehr, wo es langgeht? Erden Sie sich. Im Sitzen oder Stehen die Füße in Schulterbreite aufsetzen. Spüren Sie den Kontakt der Fußsohlen mit dem Boden. Im Sitzen spüren Sie den Kontakt des Körpers mit dem Stuhl, im Stehen den Kontakt der Arme und Hände mit Ihrem Körper. Spüren Sie, wie Ihr Atem den Bauch und den Brustkorb bewegt. Überlegen Sie, was Sie jetzt im Moment am liebsten täten. Erfüllen Sie sich den Wunsch in Gedanken für einen Augenblick, und kehren Sie dann mit frischer Energie in die Gegenwart zurück.

Unsichtbarer Energizer Sie sitzen in einer nervtötenden Besprechung, in der Bahn, im Wartezimmer und schlafen gleich ein. Setzen Sie sich aufrecht hin, straffen Sie den Rücken, und atmen Sie unhörbar tief durch. Jetzt die Füße fest in den Boden stemmen, Bauch, Gesäß und Oberschenkel fest anspannen. Weiteratmen und ein paarmal wiederholen.

Pferd und wilder Affe Kopfschmerzen, verspannte Kiefermuskeln, das ganze Gesicht tut weh? Sobald Sie unbeobachtet sind, schnauben Sie ein paarmal wie ein Pferd durch die Lippen, bis das untere Gesicht völlig locker ist. Ziehen Sie Grimassen, je schlimmer, desto besser. Beziehen Sie alle Gesichtsmuskeln mit ein – je furchtbarer es aussieht, desto besser. Schließen Sie am Ende einen Moment die Augen und spüren Sie das wohltuende Kribbeln im Gesicht. Jetzt kann das Lächeln wieder einziehen!

Lichtpause Nach einem ganzen Tag am Computer werden die Augen schnell müde. Gönnen Sie ihnen doch eine kleine Pause. Nehmen Sie die Brille ab, setzen Sie die Ellenbogen auf dem Tisch oder (wenn vorhanden) auf Ihrem Bauch auf. Formen Sie mit beiden Händen flache Schalen und legen Sie die Augen hinein. Um die Augen mit den Handkanten gut abdichten. Atmen Sie ruhig weiter, und lassen Sie auch den Kopf von den Händen tragen. Starren Sie nun mit weit geöffneten Augen in die Dunkelheit hinein und spüren Sie, wie die Augenmuskeln sich immer mehr entspannen.

Power-Walk Wenn Sie ein paar Minuten mehr Zeit haben, vielleicht sogar eine ganze Mittagspause lang, gibt es nichts Besseres als einen zügigen Power-Spaziergang. Schreiten Sie kräftig aus, lassen Sie die Schultern locker, die Arme pendeln neben dem Körper, und atmen Sie tief durch (allerdings nur, wenn nicht gerade ein Lkw vorbeifährt). Wählen Sie ein paar ruhigere Seitenstraßen, am besten einen kleinen Park. Nehmen Sie anschließend einen kleinen Snack mit viel Eiweiß und langsamen Kohlenhydraten, ein Stück Obst, ein Glas Wasser, eventuell einen Kaffee, und weiter geht's mit voller Power.

Was tun im Stressnotfall?

Bewegung Stehen Sie auf, gehen Sie im Raum umher, zur Toilette, ein paar Treppen auf und ab oder am besten eine kleine Runde um den Block. Sie verlassen die Situation, in der sich Ihre Gedanken weiter aufschaukeln, lenken sich ein wenig ab, und vor allem setzen Sie Ihre hochgepeitschte Energie in das um, wofür sie gemacht wurde: Bewegung!

Ausatmen Ein paarmal tief durchatmen und vor allem das Ausatmen betonen. Im Stress neigen Sie dazu, die Luft anzuhalten. Lassen Sie den Atem langsam ausströmen (wenn Sie allein sind, ruhig geräuschvoll!) und stellen Sie sich dabei vor, wie die ganze Spannung von Ihnen weicht.

Wasser Trinken Sie ganz schnell ein Glas Wasser. Am besten kaltes Wasser – Kältereize jeder Art machen munter! Auch ein Getränk mit viel Vitamin C ist gut, das regt den Stoffwechsel an. Beim Trinken beanspruchen Sie den Teil des vegetativen Nervensystems, der Schlucken, Verdauung und Regeneration beansprucht (Parasympathicus). Der kampflustige Sympathicus wird dadurch in seiner Antriebskraft geschwächt. Sie entspannen ein wenig. Außerdem können Sie nur schnell trinken, wenn Sie sich konzentrieren. Dabei hört das tobende Selbstgespräch einen Moment auf und Sie kommen wieder auf den Boden zurück.

Lassen Sie kaltes Wasser über Hände und Pulsadern laufen, waschen Sie das Gesicht mit kaltem Wasser, gehen Sie an die kalte, frische Luft! Ein paar Minuten reichen völlig aus.

Zucker Nur im absoluten Notfall erlaubt: ein kleines Stück Schokolade, ein Kaffee mit Zucker, ein Keks. Möglicherweise ist Ihr Blutzuckerspiegel abgesunken. Bevor Sie einen Fehler machen, ist es erlaubt, den Zuckerspiegel direkt aufzufüllen. Auf die Dauer nicht.

Licht Öffnen Sie ein Fenster oder gehen Sie ins Freie. Helles Tageslicht (auch an einem bedeckten Tag noch 8 000 Lux) aktiviert sehr gut. Bürobeleuchtungen kann man oft gar nicht als »Licht« bezeichnen (normalerweise 500 Lux).

Positive Gedanken Setzen Sie positive Gedanken bewusst ein! Das Gehirn kann immer nur in eine Richtung denken. Konzentrieren Sie sich auf das berühmte »halb volle Glas«. Steuern Sie Ihr Aktivitätsniveau bewusst über Ihre Gedanken. Freuen Sie sich auf das, was geschieht oder was Sie tun, wenn die ermüdende Situation vorbei ist. Machen Sie angenehme Pläne! Vorfreude macht wach und kreativ.

Falls Sie zu aufgebracht sind, um bewusst umzuschalten, geben Sie sich laut und deutlich den Befehl »Stopp!« und wenden Sie sich dann einem anderen Thema zu. Zugegeben, das braucht etwas Übung! Aber es hilft.

Nutzen Sie Ihre momentane Power für Dinge, die ruhig etwas mehr Schwung vertragen können: aufräumen, putzen, Ablage, unerledigte Briefe schreiben, Anrufe bei Leuten, die ein wenig Druck brauchen … Das macht kurzfristig zufrieden.

Schlussbemerkung

Wie geht es nun weiter? Sie möchten wirklich Ihre Stressbalance verbessern? Doch angesichts der vielen Anregungen und vor allem der Fragen, die sich Ihnen nun stellen, befällt Sie das klamme Gefühl der Überlastung? Bitte nehmen Sie sich Zeit! Vor allem zum Nachdenken. Sie kennen doch das berühmte Pareto-Prinzip, die 80/20-Regel: 80 Prozent eines Erfolges beruhen auf 20 Prozent der Mühen. Tatsächlich ist das auch meine Erfahrung. 80 Prozent der Stressbalance beruhen auf 20 Prozent mehr Nachdenken.

Seit ich persönlich das Familienfrühstück (»Mama, wo sind meine Turnschuhe?«, »Kannst du mir mal eben schnell noch ein Brot machen?«) zugunsten einer großen Tasse Milchkaffee im Bett gestrichen habe, denke ich jeden Morgen mindestens eine halbe Stunde nach. Mit Papier und Bleistift versteht sich. Mein Leben hat sich dadurch grundsätzlich verbessert. Ich habe das Gefühl, die Kontrolle zu haben. Meine Kladde füllt sich mit Ideen und Plänen, der Tag ist strukturiert. Ich habe eine Vorstellung davon, was auf mich zukommt und was ich damit erreichen möchte.

Ich wünsche Ihnen viele voll geschriebene Kladden und viele kleine und größere Veränderungen in Richtung Stressbalance. Auch wenn es manchmal etwas mühsam ist: Beginnen Sie mit den einfachen Dingen, die geben Ihnen den Schwung für Größeres. Stressbalance ist ein großes, lohnendes Ziel. Manche nennen es auch Lebensglück.

Nachwort

Liebe Leserin, lieber Leser,

nun sind wir am Ende des Buches angelangt. Ich hoffe, es konnte Ihnen einige wichtige Erkenntnisse und Einsichten zum Stress vermitteln. Wenn meine Begeisterung für dieses lebenswichtige Thema ein wenig auf Sie übergesprungen ist, habe ich mein Ziel erreicht.

Von dem Augenblick an, in dem ich als Schülerin davon las, wie man bei Tieren Emotionen über elektrische Stimulation verändern konnte, wie sie von extremem Stress in tiefe Friedlichkeit wechselten, indem man ihr Gehirn an bestimmten Stellen reizte, war ich fasziniert. Altersgemäß interessierte mich damals alles, was mir erklärte, wie der Mensch funktioniert. Es gab zahlreiche Hypothesen darüber, und hier hatte ich zum ersten Mal etwas naturwissenschaftlich Belegtes in der Hand.

Später, während meiner Dissertation, nahm meine Vorstellung von Stress erste Konturen an. Ich konnte Veränderungen der Stresshormone während des Herzinfarktes messen und fand so den Weg zu dem Thema, das mich seitdem begleitet. Meine zweigleisige Tätigkeit als Dozentin in der Erwachsenenbildung und als Wissenschaftsjournalistin gab mir die Gelegenheit, es weiter zu verfolgen. Ich konnte Neues recherchieren und berichten und die Ergebnisse sofort brühwarm in den Seminaren weitergeben. Eine besonders gute Schule in der Aufbereitung der Inhalte waren die wissenschaftlichen Sendungen beim WDR mit Jean Pütz und Ranga Yogeshwar, an denen ich als Autorin und Moderatorin mitarbeitete. 1987/88 produzierten wir die Sendung *Lust und Leid aus biochemischer Sicht* und mussten uns mit den ersten Befunden über die Moleküle der Gefühle, die auch beim Stress eine wichtige Rolle spielen, zufrieden geben.

Wie viel weiter ist die Wissenschaft dagegen heute! Mit der engagierten und kreativen Unterstützung von Frau PD Dr. Angelika Buske-Kirschbaum vom Institut für Biologische Psychologie der TU Dresden konnte ich mich für dieses Buch auf die Suche nach den neuesten Zusammenhängen und Ergebnissen aus der Stressforschung machen. Schade, dass die Arbeit jetzt erst einmal abgeschlossen ist, und ganz herzlichen Dank für die vielen Anregungen!

Sehr bedanken möchte ich mich auch bei meinen Ausbildern, Kollegen und Freunden vom Norddeutschen Institut für Kurzzeittherapie. Alles, was ich dort gelernt habe, findet sich in der einen oder anderen Weise auf die Stressbalance angepasst in diesem Buch wieder.

Frau Anne Stadler vom Campus Verlag danke ich für ihre guten Ideen und Anregungen und ihre Geduld und Beharrlichkeit, die das Buch erst lesbar gemacht haben.

Meine Familie, Michael und meine Töchter, verdienen an dieser Stelle ein ganz großes Lob! Danke, dass ihr während der Monate des Schreibens meine geistige wie physische Abwesenheit so gut kompensiert habt. Und danke dafür, dass ihr bei meinen schwallartigen Berichten über Neues aus der Stressforschung vergleichsweise wenig die Augen gerollt habt.

Von Ihnen, liebe Leserin und lieber Leser, verabschiede ich mich nun und wünsche Ihnen alles Gute! Da die Babyboomer, zu denen ich auch gehöre, derzeit mit gewohnt jungdynamischem Schritt in ihre Methusalem-Phase eintreten, gibt es für diese Zielgruppe bestimmt bald etwas Neues zu schreiben. Vielleicht begegnen wir uns da noch einmal!

Herzlichst
Ihre *Sabine Schonert-Hirz*

Anhang

Kopiervorlagen

Die sieben Werkzeuge

1. Problem-Finder: Was ist?

1. Was nervt?
2. Was fehlt mir?
3. Was stört mich?
4. Was bedrückt mich?
5. Was macht mir Sorgen?
6. Was macht mir Angst?
7. Was ärgert mich?
8. Was behindert mich?
9. Was ist mir lästig?
10. Was beschämt mich?
11. Was irritiert mich?
12. Was verunsichert mich?
13. Was verletzt mich?
14. Was macht mich hilflos?

2. Lupe: Was genau? Wie lautet der Ist-Zustand?

15. Wann tritt das Problem auf?
16. Wo genau?
17. Worin genau besteht es?
18. Wer ist beteiligt oder mit betroffen?

19. Wie habe ich es so lange mit dem Problem ausgehalten?
20. Welche meiner Fähigkeiten und Qualitäten haben mir dabei geholfen?

3. Analysator: Warum?

21. Wie habe ich es zu dem Problem kommen lassen?
    Oder: Welchen Anteil habe ich daran, dass es mich heute beschäftigt?
22. Welche guten Gründe oder Absichten habe ich bei meinem Verhalten?
23. Gibt es vielleicht sogar irgendetwas Nützliches an dem Problem?

4. Ziel-Finder: Wie soll es sein?

24. Ich stelle mir vor: Mein Problem ist zu 100 Prozent gelöst! Woran erkenne und bemerke ich das?
25. Wie fühle ich mich (körperlich, emotional, geistig)?
26. Was sehe ich (im Spiegel, bei anderen, in meiner Umgebung)?
27. Was höre ich (mich sagen, andere sagen, Geräusche, Musik)?
28. Was rieche ich (Düfte der Umgebung, an mir, an anderen, in der Natur)?
29. Was schmecke ich (besondere Getränke, Leckereien als Belohnung)?
30. Perspektivenwechsel: Was bemerkt mein Partner an diesem Morgen an mir? Was ist anders? (Alternativ: Was würde eine Video-Kamera aufzeichnen?)
31. Woran kann ich messen, dass mein Ziel zu 100 Prozent erreicht ist?
    - Wie oft insgesamt geschieht das, was ich mir wünsche (permanent anwesend, oder nur einmal)?
    - In welchen Abständen (täglich x-mal, wöchentlich, alle 10 Jahre)?
    - In welchen konkreten Situationen verändert sich dadurch welcher Sachverhalt messbar und überprüfbar?
32. Wie genau lautet nun mein Ziel? Wie lautet der Soll-Zustand?
33. Wie attraktiv ist das Ziel für mich?
    - Was daran ist angenehm?
    - Warum freue ich mich darauf?
    - Warum bringt mich die Zielvorstellung zum Lächeln?
    - Wie viel Prozent meiner Energie möchte ich für die Realisierung einsetzen?

5. Ressourcen-Sammler: Was ist schon da?

34. Habe ich in meinem Leben schon mal ein wenig von diesem tollen Ziel erlebt?
35. Welche meiner Fähigkeiten und Qualitäten haben mir zu dieser Erfahrung verholfen? Was genau habe ich damals gemacht?
36. Welche glücklichen Umstände habe ich dabei zu nutzen gewusst?
37. Was von dem kann ich heute nutzen, um mein Ziel zu erreichen? Was genau geschieht auf dem Weg zu Soll?
38. Was davon könnte ich noch verstärken, ausbauen, verbessern oder erweitern?

6. Prüfer: Passt es?

39. Was bedeutet es für mich, dass mein Ziel erreicht ist?
40. Gibt es etwas, das dann vielleicht fehlt?
41. Könnten irgendwo neue Probleme auftreten? Wird vielleicht auf dem Weg zum Ziel irgendetwas sehr anstrengend?
42. Was verändert sich für die Menschen in meinem Umfeld?
43. Kommen Kosten auf mich zu? Kann ich sie tragen? Ist der Nutzen groß genug?
44. Wie lautet mein verändertes Ziel, oder was muss ich auf dem Weg dahin ändern, wenn ich all dieses berücksichtige?

7. Organisator: Plan und los!

45. Wann genau soll mein Ziel erreicht sein?
46. Wie sehen die einzelnen gut zu bewältigenden Teilschritte aus, und wann finden diese statt?
47. Welche Informationen, Erleichterungen oder Hilfsmittel könnte ich noch gebrauchen?
48. Wer kann mir helfen oder einzelne Schritte übernehmen?
49. Was ist mein allererster Schritt? Wann mache ich ihn?
50. Wann kontrolliere ich das Ergebnis?

Materialpool

In dieser Checkliste finden Sie die wichtigsten Themen zur Pflege Ihrer körperlichen Ressourcen. Sind Sie zu jedem Thema ausreichend informiert? Tun Sie alles, was zur Gesunderhaltung nötig ist? Gibt es Handlungsbedarf?

Schreiben Sie dann alles ungeordnet untereinander auf, was Ihnen während der Lektüre des entsprechenden Kapitels durch den Kopf geht oder was Ihnen zu den Fragen des Problem-Finders aus der Werkzeugsammlung spontan in den Kopf kommt. Sie brauchen allerdings nicht zu jeder Frage etwas zu finden. Die Fragen dienen als »Suchwörter«, unter denen Ihre Gehirn-Suchmaschine möglicherweise etwas finden kann.

Beurteilen Sie anschließend die Wichtigkeit, indem Sie die Ziffern 1 (sehr wichtig), 2 (mittelmäßig wichtig) und 3 (weniger wichtig) vergeben. Ausschlaggebend ist der Grad der Unzufriedenheit, den Sie persönlich erleben. Das Unangenehmste ist das Wichtigste.

Übersicht: Kleine Hilfe zur Beurteilung der Wichtigkeit

- Wie wichtig ist das Problem für mein gesamtes Leben?
- Wie wichtig ist das Problem in Bezug auf die Erreichung meiner Ziele?
- Was würde Schreckliches passieren, wenn ich es auf Dauer nicht lösen könnte?
- Was würde Schönes passieren, wenn ich es auf Dauer lösen könnte?

Sollten Sie die 1 mehrfach vergeben haben, entscheiden Sie sich als erstes für das Problem, das vermutlich am schnellsten und einfachsten zu lösen ist.

Mein Materialpool

Nr.	**Portfoliobereich** **Problem** (Bereich bitte eintragen)	***Wichtigkeit:*** *1 = sehr* *2 = mittel* *3 = wenig*	***Reihenfolge der Bearbeitung***
1.	....	○	....
2.	....	○	....
3.	....	○	....
4.	....	○	....
5.	....	○	....
6.	....	○	....
7.	....	○	....
8.	....	○	....
9.	....	○	....
10.	....	○	....
11.	....	○	....
12.	....	○	....
13.	....	○	....
14.	....	○	....
15.	....	○	....

Analyse- und Planungsblatt zur Stärkung

Bereich	***Okay?***	***Was tun?***
• Ausdauersport	○	....
• Bewegungspausen im Alltag	○	....
• Muskeltraining und Gymnastik	○	....
• Gewicht	○	....
• acht Gläser Wasser täglich	○	....
• Alkohol	○	....
• Nikotin	○	....
• Fettarme Ernährung	○	....
• Obst und Gemüse	○	....
• Zuckerkonsum	○	....
• Vitamine, Mineralstoffe, Spurenelemente	○	....
• Eiweiß (0,8 g / kg Körpergewicht / Tag)	○	....
• Schlaf	○	....

- Entspannung ○ ....
- Vorsorgeuntersuchungen ○ ....
- Medikamente ○ ....
- Behandlung bestehender Erkrankungen ○ ....
- Blutwerte ○ ....
- Risikofaktoren bekannt? ○ ....
- Zahnpflege (3 x täglich mindestens; Zahnseide; Zahnzwischenraumbürstchen; Fluorgel) ○ ....
- Zahnarztbesuch ○ ....
- Zahnfleisch ○ ....
- Augeninnendruck ○ ....
- Impfungen (Diphtherie, Polio, Tetanus, Hepatitis, Zecken-Meningitis, Grippe) ○ ....
- Sonnenschutz ○ ....
- Verletzungsschutz im Straßenverkehr ○ ....

Literatur

Stressbalance

Damasio, Antonio R.: *Ich fühle also bin ich. Die Entschlüsselung des Bewusstseins.* Berlin 2003.

Hüther, Gerald: *Die Biologie der Angst. Wie aus Stress Gefühle werden.* Göttingen 2005.

Klein, Stefan: *Die Glücksformel.* Reinbek 2003.

Ledoux, Joseph: *Das Netz der Gefühle. Wie Emotionen entstehen.* München 2001.

McEwen, Bruce: *The End of Stress as we know it.* Washington D.C. 2005.

Rensing, Ludger/Koch, Michael/Roppe, Bernhard/Roppe, Volkhard: *Mensch im Stress. Psyche, Körper, Moleküle.* München 2006.

Portfoliobereich Gesundheit

Blum, Dorothea/ Dauenhauer, Matthias: *... und wo bleibe ich? Leben mit depressiven Menschen.* Ostfildern 2004.

Carien, Karsten: *Burnout besiegen. Das 30-Tage-Programm.* Freiburg 2006.

Pape, Detlef von/Trunz-Carlisi, Elmar: *Schlank im Schlaf. Die revolutionäre Formel: So nutzen Sie Ihre Bio-Uhr zum Abnehmen.* München 2006.

Seligmann, Martin: *Pessimisten küsst man nicht. Optimismus kann man lernen.* München 1991.

Strunz, Ulrich: *Forever young. Das Leicht-Lauf-Programm. Ultralight-Lauf: locker, leicht, lächelnd. Ihr Start in ein neues Leben.* Reinbek 2006.

Thiels, Cornelia: *Das Selbsthilfeprogramm bei Depressionen.* Freiburg i.Br. 2003.

Trunz-Carlisi, Elmar: *Praxisbuch Muskeltraining. Effektive Übungen für Männer und Frauen. Die Muskeln stärken für einen gesunden Körper. Programme zum Muskelaufbau. Detailgenau in Text und Bild. Mit erklärenden Muskelillustrationen.* München 2003.

Zulley, Jürgen: *Die kleine Schlafschule. Wege zum guten Schlaf.* Freiburg 2006.

Portfoliobereich Arbeit

Herwig, Ute Elisabeth: *Zeit-Diät. Zeit managen und Stress abbauen ohne Jojo-Effekt. Das 4-Wochen-Programm fürs Büro. Tag für Tag besser organisiert.* München 2005.

Küstenmacher, Werner Tiki: *Simplify your life. Einfacher und glücklicher leben.* Frankfurt/New York 2001.
Steiner, Verena: *Energie Kompetenz. Produktiver denken, wirkungsvoller arbeiten, entspannter leben.* München/Zürich 2005.
Tracy, Brian: *Das Maximum-Prinzip. Mehr Erfolg, Freizeit und Einkommen – durch Konzentration auf das Wesentliche.* Frankfurt/New York 2003.

Portfoliobereich Partnerschaft

Bodenmann, Guy: *Stress und Partnerschaft. Gemeinsam den Alltag bewältigen.* Bern 2004.
Fisher, Helen. *Warum wir lieben. Die Chemie der Leidenschaft.* Düsseldorf/Zürich 2005.
Fritz, Hannelore: *Besser leben mit Work-Life-Balance. Wie Sie Karriere, Freizeit und Familie in Einklang bringen.* Frankfurt 2003.
Frankenberger, Anette/Nagler-Springmann, Sibylle: *Power-Paare. Die Balance finden zwischen Partnerschaft, Familie und Beruf.* München 2002.
Tannen, Deborah: *Du kannst mich einfach nicht verstehen. Warum Männer und Frauen aneinander vorbeireden.* Hamburg 1991.
Weiner-Davis, Michelle: *Jetzt ändere ich meinen Mann. Wie Sie ihn einfach umkrempeln, ohne dass er es merkt.* Stuttgart 1999.

Portfoliobereich Familie und Sozialleben

Cobaugh, Heike M./Schwerdtfeger, Susanne: *Work-Life-Balance. So bringen Sie Ihr Leben (wieder) ins Gleichgewicht.* Heidelberg 2005.
Taylor, Shelly E.: *The Tending Instinct.* New York 2002.
Rolus, Tania: *In Balance. Karriere, Familie, Freizeit. Mehr Erfolg mit Work-Life-Balance.* Weinheim 2003.

Portfoliobereich Muße, Persönlichkeit und Weiterentwicklung

Csikszentmihalyi, Mihaly: *Lebe gut! Wie Sie das Beste aus Ihrem Leben machen.* Stuttgart 1999.
Grün, Anselm: *Menschen führen – Leben wecken.* München 2006.
Horx, Matthias: *Wie wir leben werden. Unsere Zukunft beginnt jetzt.* Frankfurt a.M. 2005.
Johnson, Spencer: *Eine Minute für mich.* Reinbek 2005.
Knoblauch, Jörg W.: *Dem Leben Richtung geben. In drei Schritten zu einer selbstbestimmten Zukunft.* Frankfurt/New York 2005.
Selby, John: *Was mich stark macht. Mehr Lebensqualität durch Mind-Management.* München 2003.

Register